Journalism & Communication

General Theory of Journalism

新闻学通论

谢金文 著

上海交通大学出版社
SHANGHAI JIAO TONG UNIVERSITY PRESS

内容提要

　　本书贯通新闻学的三大部分：新闻理论、新闻实务和新闻史，以把握新闻学全貌，并使各部分相互阐释和印证。着重于基本概念、理论、事实和规律，对新闻本体、新闻规律、新闻自由、新闻媒介的传播力和影响力、马克思主义新闻观等重点难点均有深入研究和独到见解，同时紧密结合新媒体时代的新闻理论与实践，包括对移动新闻传播、人工智能新闻传播的探讨。本书既是理论成果，又可作为高校教材，以及更新新闻知识、提高新闻和媒介素养的学习和研究材料。

图书在版编目(CIP)数据

新闻学通论/ 谢金文著. —上海：上海交通大学
出版社,2019
ISBN 978 - 7 - 313 - 22533 - 7

Ⅰ.①新…　Ⅱ.①谢…　Ⅲ.①新闻学－高等学校－教
材　Ⅳ.①G210

中国版本图书馆 CIP 数据核字(2019)第 297260 号

新 闻 学 通 论

XINWENXUE TONGLUN

著　　　者：谢金文
出版发行：上海交通大学出版社　　　　　　　地　　址：上海市番禺路 951 号
邮政编码：200030　　　　　　　　　　　　　电　　话：021 - 64071208
印　　制：江苏凤凰数码印务有限公司　　　　经　　销：全国新华书店
开　　本：710 mm×1000 mm　1/16　　　　　印　　张：19.75
字　　数：310 千字
版　　次：2019 年 12 月第 1 版　　　　　　　印　　次：2019 年 12 月第 1 次印刷
书　　号：ISBN 978 - 7 - 313 - 22533 - 7
定　　价：68.00 元

前 言
Preface

新闻学有三大部分：新闻理论、新闻实务和新闻史，三者相对独立，又相互关联、相互支持。新闻理论从新闻实务和新闻史获得依据和启示，新闻实务从新闻理论和新闻史获得指导和经验教训，新闻史又以新闻理论为指导、以新闻实务为主要内容。本书贯通这三者，使其相互阐释和印证，读者也可看到新闻学的总体轮廓。本书名为通论，一则有贯通之意，二则有别于一些仅为新闻学理论的概论。

现在许多资料网上都有，因此本书尽可能削枝强干，着重于基本概念和理论、事实和规律，尤其是其中的新发展和笔者的新研究。如在新闻理论内容中，关于新闻本体和规律，新闻与宣传、与舆论的关系，新闻专业主义与专业精神；新闻媒介与社会的关系，新闻传播的自由与制约、传播力与影响力，马克思主义新闻观；新媒体、移动终端、人工智能的新闻传播等。又如在新闻实务内容中，关于报道价值和方式，新闻写作、新闻摄影的要求和方法等。在新闻历史内容中，关于西方新闻事业与有关思想理论的关系，当代中国的新闻体制和改革等。

"写传世之作，发警世之言"，笔者深以为然，勉力效颦，期盼不负读者。除了注明出处的，本书基本都是笔者原创的内容，但现在的任何原创都是在前人的肩膀上，因此仍要感谢没能或无法找到出处的启迪者。

目 录
Contents

绪　论
新闻学和新闻规律

新闻规律是新闻学的研究内容之一，在本书的绪论部分，即从这两个基本概念入手，走进新闻学的世界。

一、新闻学的内容

新闻学是关于新闻现象和活动的学科，主要由新闻理论、新闻实务和新闻史三部分构成。

1. 新闻理论

新闻理论可分为以下三方面内容：

1) 新闻本体理论

新闻的本体问题包括新闻定义、新闻价值，新闻的要素和种类、特点和作用，新闻与宣传的关系等。对新闻本体的认识，会在很大程度上影响对新闻现象的认识和对新闻活动的把握。

2) 新闻传播理论

(1) 新闻传播的现象和活动。它包含传播的过程和环节（新闻源、传者、媒介、受众和效果等）、内容和方式、要求和方法，新闻职业道德和精神、职业规范和修养。新闻采、写、编、评、摄等实务中的理论问题。

(2) 新闻传播与社会的关系。它包含新闻媒介的作用、社会角色、与舆论的关系；新闻自由、传媒责任及其实现，涉及社会调控、新闻法治和新闻素养、媒介素养。

3) 新闻传播事业和产业理论

它包括新闻事业的起源和发展、体制和管理问题；新闻业的产业属性和特点、产品和机构、市场和行为；数字化、全球化的影响等。

新闻产业问题受制于新闻事业问题，反过来也在很大程度上影响着整个新闻事业，既关系到经济资源、运行效率和国际竞争力，又对传播内容和效果有很大影响。过去的新闻理论对产业问题很少关注，现在许多人也把新闻产业问题仅仅视为经营管理问题，这是很不够的。

2. 新闻实务

新闻实务也被称为新闻业务或应用新闻学，主要是指新闻报道和评论的实务，包括报道策划和选择，新闻采访和写作，编辑和评论，摄影和摄像，以及广播电视的播音与主持等。过去不包括新闻机构的经营和管理等业务活动，近年来中国学者日益重视传媒经济，有人把新闻实务和新闻业经营管理内容一并归为新闻实务。

3. 新闻史

新闻史指的是新闻传播史、新闻事业史。其主要内容有：

（1）新闻活动的产生与新闻事业的形成。

（2）世界新闻传播的发展。

（3）各个国家和地区新闻传播的发展。

（4）报刊、广播电视、网络媒体等各种新闻媒体的产生和发展。

（5）这些历史中的代表性事件、机构和人物，理论、实务和作品。

以上新闻学的三大部分内容是相互关联、相互支持的。新闻理论从新闻实务和新闻史获得依据和启示，新闻实务从新闻理论和新闻史获得指导和经验教训，新闻史又以新闻理论为指导、以新闻实务为主要内容。

二、新闻学的特点

新闻学是人文科学色彩较浓的社会科学。人文科学和社会科学的区别在于：人文科学是研究人的文化生命（研究人的自然生命和自然环境属于自然科学），探讨人的文化生命存在和活动，如语言、诗歌、艺术等，分别对应语言学、文学、艺术学等。社会科学是研究人的社会环境和人与社会的联系，如社会学、经济学、政治学、法学、教育学、民族学、宗教学。前者总结和指导的实践较多地采用形象思维，也较多地受感性的影响，而后者总结和指导的实践则较多地采用抽象思维，较多地受理性的控制。

新闻传播是人的生命存在和活动的一部分，新闻学应富有人文情怀，因而新闻学当有很强的人文科学色彩。然而新闻传播不是主观思维的表达，而是客观信息的流通，虽然也要通过人，但要尽可能避免偏离客观性。新闻学重点探索新闻传播的要求和方法、新闻活动与社会环境的互动、新闻传播事业和传媒产业的发展，这些都关乎人的社会环境和人与社会的联系，并较多地依赖于抽象思维。

新闻学又是实践性很强的学科，许多理论、观点都直接来自实践经验，又对实践有直接指导作用，如关于新闻作品的要素和新闻价值的元素。

新闻学与许多其他学科密切相关。如果说社会的信息系统犹如人的神经系统，那么作为社会信息系统主渠道的新闻传媒系统则犹如人的中枢神经系统，不仅十分重要，而且与各个其他系统直接相连。新闻传播的问题也涉及政治学、经济学、社会学、法学、传播学等多种学科。1947 年，提出大众传媒（主要为新闻传媒）社会责任理论的美国新闻自由委员会，其 13 名正式委员中，就有法学教授、经济学教授、政治学教授、哲学教授、宗教哲学与伦理学教授、人类学教授、历史学教授、政治家、教育家和银行家。

从新闻活动的角度来看，新闻报道的对象既丰富复杂，又千变万化，需要报道者有足够的相关知识、很强的分析判断能力和表达能力。因此，具备其他学科的知识和社会阅历，对于做好新闻工作也十分重要。因此，许多非新闻专业者，如果掌握了新闻学基本知识，又具有新闻职业道德和职业精神，也能从事新闻工作，还能做得非常好。

社会科学的研究方法有定性研究、定量研究和前两者相结合的综合研究。新闻学以定性研究为主，包括理论思辨、历史分析、价值判断、经验总结。传播学发展起来以后，新闻学也运用传播学的理论和方法，尤其是传播学相应的抽样调查、统计分析、效果测量等定量研究方法。

三、新闻学与传播学的区别

1. 产生背景之别

新闻学是随着新闻活动专业化程度提高、市场竞争加剧而产生和发展的。它于 18 世纪萌发，19 世纪末初步形成，发源于近代新闻事业起源地之一的德国，20 世纪 30 年代成熟于当时新闻事业最发达、市场化程度最高的美国。

为了在中国树立新闻人的职业精神，提高新闻活动的专业水平，中国留学生在 20 世纪初把新闻学系统地引入中国。到 20 世纪 20 年代，新闻学在中国基本立足。1918 年 10 月 14 日，北京大学新闻学研究会成立；1919 年 12 月，该研究会导师徐宝璜的讲义《新闻学大意》出版，成为中国人自撰的第一本新闻学专著；1923 年，研究会的另一位导师、著名记者、《京报》创办者兼社长邵飘萍的讲义《实际应用新闻学》出版；1924 年，邵飘萍的《新闻学总论》出版；1927 年，著名记者、中国新闻教育和研究的开拓者之一戈公振的《中国报学史》出版。

传播学随着传播技术的提高、传播规模和影响的扩大而产生和发展。其中新闻传媒的发展、政治与战争的需要是重要动因。

传播学孕育于 19 世纪末至 20 世纪 30 年代。在这一时期，一些不同学科背景的著名学者，开始不约而同地对大众传播现象和媒体进行讨论。如美国社会学家库利（Charles Cooley）、哲学家杜威（John Dewey）、心理学家托尔曼（Edward Tolman）、文学批评家伯克（Keneth Burke）、语言学和人类学家萨丕尔（Edward Sapir）等。

到 20 世纪 40 年代，已有不少传播学奠基人分别发表了一系列经典著述，如美国政治学家拉斯韦尔（Harold Lasswell）的著名论文《传播的结构和功能》、社会学家拉扎斯菲尔德（Paul Lazarsfeld）与人合著的《传播研究》、社会心理学家卢因（Kurt Lewin，又译勒温）的《解决社会矛盾》、心理学家霍夫兰（Carl Hovland）与人合著的《大众传播实验》和传播学集大成者施拉姆（Wilbur Schramm）于 1949 年出版的《大众传播学》。

传播学被引入中国，是为了突破传统新闻学的局限、解决原有新闻理论难以解决的问题。早在 1957 年，复旦大学新闻系办的《新闻学译丛》就刊登了《美国报纸的职能》一文。但随着"反右"的开始，介绍传播学成果的努力被中断。直到 1978 年，传播学理论再次被介绍进中国，此后逐渐生根发芽。

2. 研究内容之别

传播学是关于人类信息传播现象和活动的科学，包括：① 自我传播（又称内向传播或人内传播）——自己对自己的、人体内部进行的、"主我"与"客我"之间的信息处理和交流活动。② 人际亲身传播——个人与个人之间或两个人之间直接的信息、思想、感情交流，可以是面对面的，也可以通过电话、电子邮件等。③ 群体传播——社会群体的信息交流。如公共聚会、社区活动中的演讲、通报、讨论等，以及网络社群中的传播。④ 组织传播——政党、政府、企业、文教机构、社会团体等组织，有一定目的且通过一定的形式组合起来的群体结构，在其内部或与其他组织的传播交流。⑤ 大众传播——通过大众媒介、面向广大公众的传播，这是传播学的主要研究对象和应用领域。新媒体传播中既有人际传播、群体传播，又有组织传播、大众传播，被称为混合传播。

由此可见，较之新闻学，传播学的研究范围更宽。新闻只是人类信息中的一小部分。此外，新闻理论、新闻业务和新闻史的许多研究，又是传播学视野之外的。

传播的主要环节是传者、内容、渠道、受传者、效果，传播研究的内容也主要有五大部分：

（1）传者研究（因主要关系对传播的控制，故也称为控制研究）。涉及人员、机构、管理层，以及影响传者的各种因素，如社会的传媒思想和体制，传媒的所有者、赞助者和广告商。

（2）内容研究，包括信息、符号问题，以及新闻、政治、经济、教育、科技、艺术、文化、体育等各种具体内容。通过对传播内容的统计和分析，可以看出哪些信息源容易受到关注，传者可能存在的倾向性甚至只是在传者的潜意识中存在的，还可据以推测传播可能产生的影响。对特定内容的传播进行研究，又衍生出政治传播学、文化传播学等分支学科。

（3）渠道研究，主要为媒介研究，包括各种媒介的特点，媒介与社会和个人的关系，以及媒介文化、媒介机构、媒介市场、媒介发展等。

（4）受众研究，包括受众的构成、行为、接受的过程等。受众是大众传播的服务对象和效果产生者，在传播活动和研究中特别受重视。

（5）效果研究，包括效果的表现、程度、成因、产生过程等。效果是传播的直接目的，也是许多传播研究的核心。效果受传播的其他各个环节的制约，又反过来影响、改变其他各个环节。

3. 研究方法之别

新闻学和传播学都要运用思维的分析和综合、归纳和演绎、抽象和类比、假设和验证方法，哲学的辩证唯物主义和历史唯物主义方法，人文和社会科学的政治学、经济学、文化学、社会学、心理学、语言学方法。但作为传播学理论基础之一和重要方法论的信息论、系统论、控制论，则是传统新闻学研究所缺乏的。

传播学大量采用社会学、心理学的定量研究方法。内容、受众和效果研究都可以通过测量手段获得准确数据。传播学有实证学派和批判学派，前者主要运用定量研究。而传统的新闻学则以定性研究为主，概括性较强而准确度较低。

四、新闻学与传播学的联系

1. 传播学与许多学科相互联系和交叉

人类的方方面面、社会的各行各业都需要信息流通，都与传播有关，传播学的产生和发展既源于各种传播实践，又吸取了哲学、政治学、经济学、社会学、信息学、新闻学、心理学、统计学等众多学科的成果。其中，信息论、系统论、控制论是传播学的重要理论基础和研究方法。

反过来，传播学也影响了这些学科及相关实践。从新闻报道、企业管理、市场营销、心理咨询，到选举宣传、舆论引导、国家软实力打造等，其中都有传播学相关理论的影子，因此还形成了许多交叉学科，如传播政治学、传播经济学、传播社会学、传播心理学、儿童传播学、老年传播学、环境传播学、健康传播学，等等。

大众传播学是传播学的主要分支之一，而新闻是大众传播的重要内容，新闻媒介是现代大众传播的主要媒介，新闻活动是大众传播学的重要用武之地，新闻学的许多研究成果，也成为大众传播学的重要依据和来源。

在西方国家，从 20 世纪 50 年代以后，新闻学中的新闻理论部分逐渐融入大众传播学。但在中国，新闻传媒的功能与作用、任务和方针、体制和管理，都与书籍、电影、广告等其他大众传媒有很大不同，至今仍有许多独立的研究价值。

总之，传播学是较为基础性的学科，新闻学是较为应用性的学科，但新闻学又不是完全在传播学之上或之中，而是与传播学相互交叉、补充、支持、影响。

2. 传播学有助于新闻理论和实践的发展

传播学的综合性、关于受众和效果的理论成果、定量研究方法和经验，都使新闻学研究更加科学和有用，更加全面、深刻和准确。

（1）传播学扩大了新闻学的视野，帮助新闻学从各种信息传播的总体，从社会信息系统的总体，从传者、媒介、受众的需要、条件、特征和联系，来把握新闻现象和新闻活动、新闻事业。

（2）传播学给新闻学提供了新的理论和启示。传播学对信息和符号的研究，对传播现象和活动的研究，对受众和传播效果的研究，以及对公关广告传播、媒介经营管理等的研究，都使新闻理论和实践得以丰富和发展。

（3）传播学给新闻学提供了新的研究方法。传播学大量采用定量研究方法，进行抽样调查、内容统计、控制实验等，这些都是传统新闻学研究中缺乏的。传播学运用信息论、系统论、控制论，也给新闻学提供了许多新的视角。

（4）传播学使新闻学从传统走向现代。传统新闻学着重于自上而下的纵向宣传，现代新闻学着重于自下而上或横向的信息传递和意见交流；传统新闻学着重于传者的需要和传出了什么，现代新闻学着重于受众的需要和接受了什么；传统新闻学主要进行定性分析，现代新闻学则是定量分析与定性分析相结合。在这些转变中，传播学理论和方法起了重要作用。

（5）新媒体时代的新闻学更需要传播学。传统新闻学主要研究新闻事业、工作和工作者，现代新闻学引入了传播学的媒介、受众、效果等研究。在新媒体时代，新闻传播问题，包括自媒体、社交媒介、用户创造内容的新闻传播，又大大超出了新闻工作和事业范围，更需要利用传播学的理论和方法，也大大超出了大众传播范围，更需要利用人际传播、群体传播的理论和方法。

3. 新闻学有助于传播学问题的把握和中国本土传播学的建立

传播学是关于人类信息传播的学问，主要研究社会性信息的传播，而新闻是信息的一种，是社会性信息的重要部分。新闻学既能给传播学提供许多素材和范例，又能给传播学提供理论启示和业务经验。从学科的发展来看，较早形成的新闻学给传播学打下了基础。

例如，新闻学中关于舆论监督的理论，有助于认识大众传媒的社会作用；关于新闻自由的原则、实现条件和方式的理论，有助于对传播自由、大众传播的社会条件和社会控制的认识；关于新闻业务的理论和经验总结，有助于各种传播效果的提高；关于新闻史的研究成果，有助于认识人类传播现象和活动的发展演变，把握大众传播与社会的关系。

中国的新闻学研究已经在新闻理论、新闻业务和新闻史方面都有许多成果，尤其是对中国的新闻现象和活动的总结阐释。这些都可以对建立中国本土的传播学——立足于认识中国情况、解决中国问题，提供传播学发展的理论和材料。

4. 许多理论和实践问题，需要新闻学和传播学的共同努力

新闻学局限于新闻现象和活动，而传播学视野中的其他传播内容和活动，包括影视剧、体育、游戏、综艺、广告等，对新闻媒介的到达率（发行量、传阅率、收视收听率等）、传播力和影响力，对新闻传媒机构的生存、发展和经营管理，都有很大的影响。

如果缺乏对新闻现象、新闻活动的深刻认识，缺乏对新闻传播、新闻事业的深刻理解，要深入把握新闻、公关、广告等传播，要深刻认识新闻传媒与政治、经济、社会的关系，要切实掌握新闻传媒的发展变化和经营管理规律，也是不可能的。

因此，关于新闻传播、公共关系传播，新闻媒介的功能与作用，新闻传播事业和传媒产业的发展规律、经营管理和社会控制等，仅有新闻学或仅有传播学的研究都是不够的。

五、新闻规律

认识新闻规律，帮助人们遵循、利用新闻规律，是新闻学的重要

任务。

新闻规律就是关于新闻现象和活动的规律，包含以下三方面问题。

1. 内部和外部规律

狭义上的新闻规律就是新闻内部规律，即新闻传播活动自身内部的规律，包括新闻与新闻活动各个环节之间的关系和各个环节相互之间的关系。从内容生产角度看，新闻活动的环节包括采访、写作、编辑、评论、拍摄、制作等；从信息传播角度看，它包括新闻信息源、传者、内容、媒介、受传者、效果形成、信息反馈等。

广义上的新闻规律包含新闻内部规律和外部规律。新闻外部规律就是新闻现象、活动及其各个环节与社会之间关系的规律，包括与社会大系统和政治、经济、技术等各个子系统之间相互关系的规律。如新闻与信息、宣传、舆论的关系，新闻媒介对个人、群体、组织和社会的影响，新闻媒介的社会作用和社会的反作用，新闻传媒的经济效益和社会效益，新闻传播的发展取决于社会需要和条件，政治体制、科学技术、生产力发展水平对新闻体制、机构和媒介的决定性作用，新闻事业受制于全社会的新闻素养和媒介素养。

2. 一般、普遍与特殊、具体规律

较为一般、普遍、基础性事物的规律，相对于其上各层次的事物而言，就是后者的一般、普遍性规律。唯物辩证法揭示的是宇宙间万事万物的规律，有物质、生物、动物、人类、人的信息现象和活动、新闻现象和活动、各国新闻现象和活动、不同媒体的新闻现象和活动等各层次。基础研究的重要性正在于此。

反过来，较为具体事物的规律相对于更基础的事物而言，就是较为具体、特殊的规律，可直接帮助解决较为具体的问题，也有助于认识更基础的事物。

不同层次、媒介的新闻活动有不同的规律，成为不同的研究对象，形成不同的学科。全人类的新闻活动，不同国家和地区的新闻活动，不同媒体的、不同环节和方法的新闻活动，形成普遍意义上的新闻学，各个国家或地区的新闻学，广播电视、网络传播、移动传播等不同媒体和传播形态的新闻学，以及新闻采访与写作、新闻编辑与评论、新闻摄影与摄像、人工智能传播等不同环节和方法的学问或学科。

如果把人类新闻现象与活动规律视为一般、普遍规律，那么某地方、某国家、某时期的新闻现象和活动规律就可视为具体、特殊规律。如果把某个环节的规律，比如新闻生产、新闻媒介规律，视为该环节的一般、普遍规律，那么该环节在某地方、某国家、某时期的规律，或者该环节某部分（比如媒介环节的新媒体部分）的规律，就是其具体、特殊规律。

3. 新闻活动要求与规律

认识规律是知，是认识世界；提出要求是行，是改造世界。新闻规律衍生出、反映在一系列要求和方式方法中，例如，新闻传播要真实、新鲜，为传播对象所需；要全面客观公正，注重社会效益；要准确具体、信息量大，简练清晰、朴实易懂，鲜明生动、可读（或视、听）性强，有的放矢、针对性强；要科学把握新闻与报道、宣传、舆论的区别和联系，等等。这些要求背后就有相应的规律，包括新闻的真实、新鲜、传播对象需要程度越高，新闻价值就越大，传播效果就越好；新闻报道越是全面、客观、公正，其质量就越高，越有反映和告知作用、符合人们对新闻的需要，越能避免、纠正主观片面性和决策失误；新闻传者有把关作用，会影响新闻的真实性、全面性、客观性和公正性；受传者的选择性注意、理解和记忆影响新闻传播的有效性；等等。

第一章
新闻与新闻价值

本章从新闻和新闻价值的基本概念入手，对全书的研究起到提纲挈领的作用。

第一节 新 闻

一、什么是新闻

1. 概念的演变

"新闻"一词，在中国唐代指新的听闻和见闻。在宋代，"新闻"兼指刊有新鲜事的"小报"——以"邸报"所不载的大臣章奏和官吏任免消息为主、兼有时事议论等的民间出版物，受到当时政府的查禁。在日本，"新闻"二字至今仍指称报纸。在中国现当代，"新闻"既可指口头新闻，又可指大众媒介中的新闻报道作品。

然而，新的听闻有可能只是道听途说，不足为凭。眼见也未必为实，看到星星在闪烁，太阳绕着地球转，其实都是错觉。口头新闻、新闻作品都可能是不真实、不新鲜或人们不需要的，即假新闻、伪新闻、旧闻琐闻，等等，没有新闻价值，不是真正的新闻。

在 1919 年中国学者所著第一部新闻学著作《新闻学》中，作者徐宝璜说："新闻者，乃多数阅者所注意之最近事实也。"1943 年，时任中共中央机关报《解放日报》总编辑的陆定一提出："新闻的定义，就是新近发生的事实的报道。"后来范长江也对新闻下了一个定义："新闻就是广大群众欲知、应知而未知的重要事实。"

复旦大学新闻系主任王中教授引入传播学概念，把新闻定义为"新近变动的事实的传布"。宁树藩教授提出："新闻就是经报道或传播的新近事实信息。"有些学者又提出，应当还包括新近发现、正在发生、将要发生的事实的反映。

上述定义中，陆定一的定义影响最大，沿用至今。然而严格说来，这只是陆定一当年所处报刊时代关于报道的操作性定义，而非关于新闻的学术性定义。即使在操作上，电视时代已有大量的现场直播、正在发生的新闻，新媒体时代又有借助大数据，对一个时期以来的现象、趋势进行统计，对即将发生的事进行预测的新闻。而且，现在人们得知的许多新闻，并非是从大众媒介的报道中看到，而是从朋友圈、微信群等社交媒介的告知和评论中得到，新闻发布、提供者也正日益注重报道以外的新闻传播。

新闻就是真实、新鲜、传播对象（或受众）需要的信息。

2. 新闻是狭义上的信息

信息有广义和狭义之分。广义上说，信息是物质与能量的存在和运动所发出的各种讯号，以及观点、知识、经验等经过大脑处理的产物。信息与物质、能量并列，构成人类生存环境的三大基本因素。各种声音、图像、语言、文字等，都是信息的形式。知识、经验和思想，音乐、电影和小说等，都是信息流。

狭义上说，即通常所说的信息，是减少、消除人们对事物了解、认识上不确定性的东西。例如，关于高校招生录取分数线的报道，消除了人们对这方面的不了解、不确定。这种信息越是明确具体，就越能消除不确定性，质量就越高。

新闻属于狭义上的信息。因而新闻报道中，"日前""闹市中心""一个中年人"等，就不如"昨天""南京路上""一个中年男子"等来得信息质量高。

3. 新闻是事实性信息

信息有事实性、观点（意见）性、情感性信息之分。事实性信息是关于事实的存在；观点性信息包括学术论著、理论文章、杂文时评、演讲报告等里面的各种观点；情感性信息包括感情、态度和情绪。

新闻是事实性信息。观点和情感作为一种事实也可进入新闻，但其本身不是新闻。

新闻还必须完全符合事实，不能在事实的信息上添油加醋，不能有任何虚构，否则即使不完全是假新闻，也是虚的，也属虚假之列。

可见新闻的本源，即根本源头，就是事实。事实没有正确错误之分，而有真假之别，准确不准确之别。因而要强调新闻必须真实准确，而不是正确。

至于通常所说的新闻来源，即新闻报道的信息来源，则可以是事发现场，也可以是别人的转述，不一定是事实本身。

4. 新闻是有新闻价值的信息

新闻不是所有的事实性信息，而是其中有新闻价值的信息。新闻价值是由信息中含有的"真实、新鲜、传播对象需要"的素质所构成，由此可得出新闻的定义。

二、新闻的定义

1. 广义上的新闻

这是指以各种形式存在的、有新闻价值的（即真实、新鲜、传播对象需要）的信息。

"各种形式"包括口头、书信、文件、微信或大众传媒等各种媒介；演讲、新闻发布会、新闻公报、时事评论、报道作品等各种形式；经过或未经公开传播。"汶川地震了！""拉登死了！"这样的信息在第一时间发出时，不论是口头的还是书面的、短信的还是视频的，不论是通过手机、互联网还是广播电视，都是新闻。许多人不看报刊、不听广播、不看电视和新闻网站中的新闻，不是他们不要任何新闻，而是从其他渠道得到了获取成本（包括钱和时间精力）更低或令他们更感兴趣的新闻。

有新闻价值，就是信息中具有真实、新鲜、传播对象需要的素质。这是"新闻"的根本特征。

新闻是事实性信息，否则就可能是文艺作品、理论文章、心灵鸡汤，等等。不过在定义中也可不提"事实性"。因为这里的"信息"指的是狭义上的信息；这里的"真实"已与事实相关联，即使观点真实、情感真实，也只是事实判断，即把有某种观点、情感作为一种事实，而不是认识判断或价值判断，不论其对错、好坏之类。

2. 狭义上的新闻

这是指大众媒介上以新闻样式存在的有新闻价值的信息，包括标题新闻、一句话新闻及其他各种报道，如常说的头版头条新闻、新闻写作、新闻奖等名词中的"新闻"。它们是广义新闻的一部分，但其传播对象不是少量、个别人，而是广大受众，因而其定义应该是：真实、新鲜、受众需要的信息。

此外，沿用至今的"报道说"定义中没有受众，这反映且加强了传者为中心的现实。在受众已有很大自主性和选择余地的移动传播时代，许多新闻传者只有两条路：活路——改变新闻观念，死路——被受众抛弃。

第二节　新 闻 价 值

许多人把新闻价值与新闻的价值混为一谈，既不利于发掘新闻价值，又不利于创造新闻的价值。对新闻价值中的真实、新鲜、传播对象需要，也有一些简单片面的理解。在移动传播时代，新闻价值又遇到一些新问题，包括真实性、"后真相"问题、把传播对象想要的等同于需要的问题、人工智能的副作用等。

一、新闻价值与新闻的价值

价值可以指事物或人物的有用性，如欣赏价值、学习价值，实用价值；也可以指事物或人物的"含金量"，即所含的某种有价值的东西，如"价值规律""价值形式"中的"价值"——蕴含在商品里的社会必要劳动。新闻价值是指后一种价值，而新闻的价值则是指前一种价值。两者经常被混淆，产生出许多误解。

1. 新闻价值

新闻价值就是使信息具有新闻性，能成为新闻的东西，由信息的真实、新鲜、传播对象需要所构成，不同于新闻的价值——新闻的使用所产生的价值，即使用价值。

作为事实性信息，新闻首先必须是真实的。虚假的、虚构的、想象的内容不仅不能消除人们对事实的不确定，还会增加不确定性。

真实和新鲜是新闻价值的基础，只有既真实又新鲜的信息，才有新闻价值，才能是新闻。否则就只有宣传价值、广告价值、游戏价值或其他价值，就只能是文学、宣传、广告作品或其他东西。而只要是真实而又新鲜的，一般就也是传播对象（或受众）需要的，于是就有新闻价值。

然而，仅有真实和新鲜，其新闻价值可能并不大，比如一些明星趣事。如果又是重要的，而且还与受众有很大关系，其新闻价值就大。正是传播对象需要的大小，决定了新闻价值的大小。

传播对象需要是指客观上对他们有知晓意义。虽然一般表现为他们主观上想要，或者说感兴趣，但并不完全如此。例如，感官刺激性强的信息是许多人特别感兴趣的，但不一定是对他们特别有知晓意义的，也就不一定是特别有新闻价值的。

新闻价值应是报道者选择新闻的重要标准（否则就不是选择新闻，而是选择宣传材料之类），因而也是新闻作品及其传播媒介的主要质量标准。

2. 新闻的价值

新闻的价值就是新闻的使用价值，与新闻价值的区别就是价值与使用价值之别。新闻价值与新闻的质量相对应，新闻的价值与新闻的作用相对应。

新闻价值是使信息成为新闻的素质，这是从新闻的构成来看的，其"价值"是指含金量。而新闻的价值，则是从新闻的使用来看的，其"价值"是指有用性，即新闻经过传播后可产生的作用：有沟通信息的信息价值，产生宣传教育作用的宣传教育价值，交流文化和提供娱乐的文化娱乐价值；有推行政治活动的政治价值，提高经济效益的经济价值，促进社会和谐的社会价值；等等。

从功能与作用来看，新闻的基本功能是告知，它源于新闻价值；告知后可产生的政治、经济、文化、舆论等各种作用，产生新闻的使用价值。

新闻价值与新闻的价值虽仅一字之差,却有天壤之别。区分两者有助于避免在新闻工作中混淆标准,以新闻的使用价值取代新闻价值,使新闻报道缺乏新闻性,有违新闻规律,也有损于新闻的使用价值。许多人把两者混为一谈,或把新闻的价值作为新闻价值,要求在新闻选择和加工处理过程中,宣传作用压倒一切,于是在新闻报道中夸大、突出、重复和缩小、推迟、隐瞒成为常态,新闻媒介的公信力和国际竞争力严重受损。

当然,即便天壤之别也是有一定联系的。新闻价值是产生新闻的各种使用价值的基础。没有新闻价值的信息如果也有使用价值,那可能是宣传、广告、文学或其他价值,而不是新闻的价值。一般说来,新闻价值较大的信息,其使用价值也会相应较大,关注的人会多些,关注的程度会深些,影响面和影响力会大些。反过来,新闻的使用价值也会关系到新闻的重要性、接近性,影响到新闻价值的大小。

二、新闻的真实

真实是新闻最基本的素质。不真实的报道也会有宣传价值、广告价值、娱乐价值等,但不是新闻价值。

新闻真实有三个层次:表象真实和真相真实,局部真实和总体真实,浅层真实和深层真实。

1. 表象真实和真相真实

表象是表面上呈现出来的,与真相可能一致,也可能不一致,只是假象,或者是真假混合象。

有的报道纯系杜撰,连表象真实也没有。有的报道确有其事,但可能并非真相,如某地粮仓满满,并非报道者所言的抗洪救灾结果,而是从别处借来的粮食。近年来频频出现"反转新闻",即与初始的新闻相反的新闻,且后者才是真相。究其原因,有的是见了表象就匆匆发布,没做细究;有的是故意造假,以表象惑众。

表象是认识事物的门径,新闻报道者也只能先看到表象。所有表象都在一定程度上反映真相,有的反映比较直接、充分,有的反映比较曲折、微弱。假象也是实质的曲折反映，只是让人以为有某一种事实，而实际上是有另一种事实而已。上述粮仓对救灾的结果来说，是假象，而对造假这件事来说，就是真相。

因此新闻报道首先要保证表象的真实，包括每一个细节的真实准确，不同于文学可以虚构想象，也不同于宣传可以摆布修饰。对真相尚不清楚的时候，新闻报道不应妄加推测。例如，报道某人从楼上坠落，不能随意说是跳了下来或跌了下来，万一是被推下来或扔下来的呢？

即便只是为了使表达更生动些，使画面美观些而做修饰，也改变了事物的本来面目，虽不完全是假新闻，也是虚的，也属虚假之列。既破坏了新闻工作的基本原则，也会损坏有关媒介的声誉。

此外，"事实"及其"表象"是存在论意义上的概念，而新闻报道的"真实"乃认识论意义上的概念，是主观认识基础上的反映与客观存在的吻合。人们往往会有意或无意地按照对自己有利的方式进行表述，在一定程度上偏离真实。此外，报道者的知识、能力、工作态度，都可能使新闻报道被表象所惑，背离真相。如果报道者配合造假那就更糟糕了。

可见新闻传播仅反映表象是不够的，还要尽可能反映、揭示真相，即表象背后的事实。如果由于条件的限制，无法确认是否是真相，也要让受众明白有关事实的可信程度，并给纠正失误留有空间。

2.局部真实和整体真实

新闻传播的真实又有局部真实和整体真实之别。把所有在局部意义上真实的负面新闻堆集起来，并不能反映社会的整体真实，反之亦然。对一件事、一个人、一个群体、一个机构、一个地方等的报道也是如此。例如，某件事有利有弊，而新闻里只有其利或弊的一面，这就以偏概全了，就会误导受众。许多假象，正是通过以局部真实说事而产生。

3.浅层真实和深层真实

浅层真实是表面上呈现出来的真实。深层真实是事物之间关系的真实，包括因果、意义、影响和趋势的真实。不仅深度报道涉及这些问题，其他报道在新闻选择和处理的过程中，也会受制于对这些真实的认识。深层的真实还很容易被"把关人"故意掩盖。因此新闻传者要努力提高对深层真实的把握和反映水平，传媒体制也要给予相应的保障。

三、新闻的新鲜

新闻的新鲜是指能给人带来新的听闻或见闻，包括时间、角度、层面的新。

新鲜与新近既有联系又有区别。新近的事许多是新鲜的，但更多的并不是。"我刚才吃了饭。"这绝对新近，但不新鲜，不能是新闻。

新鲜的事大多是新近的，但也并不全是。"我前天吃了 5 斤饭。"这就新鲜了，虽不新近。2009 年有报道称，北京猿人比人们长期认为的存在年份"老"了 20 万岁，距今已有 77 万年。这是新鲜的，但并不是新近的事。此外，新鲜的事还有正在发生的和将要发生的事。

一般说来，事情越是新近，就越是新鲜，因此新闻报道要尽可能快速及时。然而即使是一件公众已经习以为常的事，或已经有过众多报道的事，也可以从新的角度、新的层面，发掘出以前没有被注意、被认识的方面，令人感到新鲜，或还能有其他的新闻价值。

上海杨浦大桥建成时，许多传媒报道了该桥是当时世界上跨径最长的斜拉桥，《新民晚报》记者却另辟蹊径，以该桥的建设打造了质量的丰碑为视角，做了整版的长篇报道，获得了全国好新闻一等奖。

新鲜本身也能使信息为受众所需，可让人们产生新鲜感、满足好奇心，增长新见识、满足知新欲。因此信息只要是真实的和新鲜的，一般就会有一定的新闻价值。但虽然新鲜却对受众没多少意义的信息，或虽不很新鲜却十分值得关注的信息，也比比皆是。信息还有其他素质使其为受众所需。

四、新闻的传播对象需要

1. 传播对象需要的必要性和相对性

新闻还必须是传播对象需要的，不论这种需要是关乎生死存亡，还是仅仅满足一下好奇心。"我买房了。"这信息当年对笔者的亲友来说，既真实，又新鲜，是个不小的新闻，但没有一家报社来采访，因为报纸的读者不需要。

有许多信息是传者需要传播的，而不是受众需要获得的，尽管采用了新闻报道的形式，也仍然不是新闻，而只是软性广告、虚假新闻之类。这种伪新闻与真新闻的根本区别，就在于受众不需要，不感兴趣，因而缺乏新闻性。

传播对象需要与否、感兴趣与否，都是因时、因地、因人而异的，因此新闻价值也是相对的。报纸很快就成为废纸，因此不用纸张很好，也不用装订。北京房价上涨的消息可以上北京报纸的头版，也可能进上海报纸的第二版，而在伊拉克报纸上不会有。有些经济新闻对经济类报纸的读者是重要的，对生活类报纸的读者却未必。这和"美"相仿，是主观与客观的统一，所谓情人眼里出西施。

2. 传播对象需要与想要的联系和区别

传播对象需要通常表现为他们想要、感兴趣。越是人们需要的信息，就越令人感兴趣，如重大突发事件的报道。反过来，人们越感兴趣的事，通常也越能成为新闻。"狗咬人不是新闻，人咬狗才是新闻"，"新闻就是女人、金钱和犯罪"等说法，就是由此而来。

但这只是"通常"如此，并非"全部"，传播对象需要的并不完全等于传播对象想要的、感兴趣的，而是客观上对传播对象有知晓意义的。传播对象需要的程度与想要的程度、感兴趣的程度也往往并不一致。

例如，有些重要信息，传播对象并不了解其重要性，或不知其与自己的关系，因而并不感兴趣，或并不很感兴趣。2005年4月29日，中国证监会发布《关于上市公司股权分置改革试点有关问题的通知》，许多人对此并无多少兴趣，许多新闻媒介也没有予以足够的关注。然而历史证明，股权分置改革既带来市场经济体系的改进，又是导致当时中国股市由熊转牛的最大因素，让千千万万家庭获得财产性收入，这个《通知》应是许多人很需要的，很有新闻价值的。

反过来，信息并非人们越想要的、越感兴趣的就是人们越需要的、新闻价值越大的。许多奇闻轶事令人很感兴趣，但一般只被编排在新闻栏目的末尾，很多大型商业性传媒都是如此。

中国著名新闻记者范长江在《记者工作随想》一文中提出："新闻就是广大群众欲知应知而未知的重要事实。"其中，欲知的当属于想要的、感兴趣的；应知但又不是欲知的，属于需要的但又不是已经感兴趣的；而未知的当属新鲜的。

五、传播对象需要和感兴趣的元素

新闻性信息中，传播对象需要和感兴趣的元素（或曰特质）有很多，其中有的是要素——必要或重要、主要的元素。它们往往交织在一起，并有相对性。

1. 真实和新鲜

新闻中的真实和新鲜是必要元素，且缺一不可，无此便不成为新闻，也就不存在使传播对象需要和感兴趣的元素。而只要有了它们，基本就可使传播对象需要和感兴趣，就可成为新闻了。

其中"真实"又是不言而喻的。传播对象不会需要假新闻。

因此，当人们说"使信息成为新闻的元素"时，说的就是真实信息，关注的是"真实"以外的元素，首先就是新鲜。有人说，从变动中找新闻。因为变动会带来新鲜。

2. 其他元素

其他主要元素还有重要、显著、接近、有味。

（1）重要，即对社会和个人会有重大影响。重要的信息往往最令人感兴趣，经常被放在新闻媒介的头条。

（2）显著，即很突出。新闻中的人物、机构、事件、场所等越著名，新闻价值就越大。自家的房子在装修不是新闻，而天安门城楼装修，还没动工就已经是新闻。

显著与重要既有联系又有区别。一般重要的也是显著的，但在人们并没有认识到其重要性时，往往并不显著。有些重要的学术成果，包括马克思的有些重要论著在刚发表时，往往并不显著。而许多显著的人和事也并不一定是重要的，如一些明星的花边新闻。

（3）接近，即与受众的关系近，主要为空间关系上的近。关于上海的事情，上海人远比北京人感兴趣。附近街上有汽车撞人了，会比万里之外有火车翻了更令人关注。但还有许多其他关系上的近，对于有许多外汇存款的人来说，国际经济的变化、汇率市场的波动，会比本地二手货市场的价格更令他们关注，这是经济关系上的近。对于有子女在美国读书的父母，美国学费的涨落、打工机会的多少会比本地的学费和打工机会更令他们关注，这是心理或利益关系上的近。《足球报》在全国都有不错的销路，是与许多人兴趣上的近。此外还有文化、职业、年龄、需求、嗜好等关系上的近。

实用也是一种接近，如某地公交车降价，某银行卡异地存取款免收手续费等。

（4）有味，包括趣味、意味、人情味。"动物园猴山政变"是有趣味。"父亲捐肾给儿子"是有人情味。能引起人们好奇、惊异、喜爱、怜悯等情绪、情感的大多有味。西方新闻传媒特别注重新闻的有味，英国广播公司连续多次在正点新闻中，把美国医院给一对连头婴儿做分头手术放在头条播报。西方新闻学还强调与性有关的事，如恋爱、婚姻、家庭，偷情、性骚扰、性暴力，都很有新闻价值，其实这些事大多也就是能引起不少人的兴趣而已。

在操作中，这四种元素可与新鲜一起，并称为五要素。

此外，令人感兴趣的元素还有独特、反常、有悬念等。但这样的信息大多也具有上述元素。独特或能称为第一的人和事，一般也是新鲜的、显著的、有味的，反常的事也是令人感到新鲜的；有悬念往往也是因为与上述元素有关。

移动新闻传播的重要渠道如微博和微信中，娱乐性的内容占很大比重，许多严肃内容也以娱乐的方式呈现，新闻和时事评论也是如此。有人认为应在构成新闻价值的元素中增加一项——娱乐性。不过上述"其他元素"中的有味，包含了趣味，即使人感到愉快，能引起兴趣的特性，而"娱乐性"也是使人感到愉快的特性，只是在引起兴趣方面稍弱些，可大致归入趣味性。

3. 交织和相对

上述各种元素往往相互交织在一起。有些人和事既新鲜，又重要和显著，有些则既有接近性，又有趣味性，等等。这些素质越多、越强，新闻价值也就越大。

受众需要与否，感兴趣与否，都是因时、因地、因人而异的，因此新闻价值也是相对的。2001年9月12日《纽约时报》要闻版共28版，全部围绕"9·11事件"展开，而且仅最后一版为广告。同日其他国家的报纸不会如此。

第二章
新闻的要素和种类、特点和作用

新闻作品的重要元素有何时、何地、何人、何事、何故以及怎样，具备这些要素可保证新闻传播的基本质量。新闻种类的划分有助于分门别类地把握各种新闻的传播，其中硬新闻和软新闻、正面新闻和负面新闻是经常遇到的两组概念。

作为一种信息，新闻具有信息的基本特点和使用特点。此外，新闻还有新闻价值，大众媒介上的新闻又有时效性、公开性、主客观统一的特点。这些特点从根本上影响着新闻传播、媒介、事业与产业。

新闻信息的作用不等于新闻媒介的作用，而是新闻媒介作用的重要来源。以下从新闻的本源、传者、受者、媒介来看新闻的作用。

第一节　新闻的要素和种类

一、新闻的要素

狭义上的新闻，即有新闻价值的报道，其要素——必要或重要元素，主要为时间、地点、人物、事情、原因，即 5 个"何"：何时、何地、何人、何事、何故，也即英文中 5 个以 W 开头的词：When, Where, Who, What, Why，被称为"5W"。有人又加了一个 H：How，即如何，强调状态和过程，合称"5W1H"。报道要含有这些基本信息，以免造成缺失。

并非所有新闻报道都必须完全具备这 5W1H，只有其中的 What（何事）是必不可缺的。比如"今天上海下冰雹"，这条新闻标题可能既没有人物也没有原因。"肯尼迪总统被刺杀！""中国载人火箭发射成功！"作为标题新闻、一句话新闻也都是成立的。然而新闻报道中经常出现的问题不是这些元素过多，而是有所遗漏，因此强调5W1H仍是有必要的。

报道时还可按新闻信息中5W1H的重要程度安排句子和词语的出现顺序。比如"邓小平：发展是硬道理"，把重要人物放在前面；"深圳蝉联发展速度最快的城市"，把地名放在了首位；"今年人均收入的增幅预计超过GDP的增幅"，把时间和事情放在了首位。

在当今的数字化传播时代，Why（何故）在报道中日益重要。何时、何地、何人、何事、如何都可以迅速方便地从互联网上搜索到，而"何故"则仁者见仁，智者见智，成为许多受众选择这一个而非另一个传者的重要理由。

二、新闻的种类

1. 按时间或地点划分

按事实发生的时间划分，可分为突发新闻和日常新闻。前者如战争爆发、政变发生、交通事故、意外灾害等。这类新闻往往在新闻传播中置于突出位置，对时间有精确的交代。后者如事件进展、要人动态、行业状况、气候物价、生活变化、社会问题等，这类新闻数量更多，对时间的交代一般只要准确，难以或无须精确。此外还可分出即时新闻、预告新闻、预测新闻等。

按事实发生的地点划分，可分为校园新闻、本地新闻、国内新闻、国际新闻或世界新闻等。许多新闻媒介正是以此来设立新闻版面或广播电视新闻栏目的。

2. 按内容或性质划分

按新闻的内容，可分为政法、经济、文化、社会、科技、教育、军事、环保、医疗卫生等新闻，时尚、旅游、娱乐、体育等新闻。许多新闻单位正是以此来设立各个采编部门和媒介版面、栏目，有些大学的新闻系也据此设立相应的专业和课程。

按新闻的性质，可分为公益性、宣传性和商业性新闻。公益性新闻是以公共利益为目的，其主要特征是注重新闻价值；宣传性新闻是以宣传影响为目的，其主要特征是用事实说话；商业性新闻是以营利为目的，其主要特征是令人感兴趣。这三种新闻有交叉关系。

3. 其他划分

还有按新闻与受众的关系，分为硬新闻和软新闻；按好消息还是坏消息，分为正面新闻和负面新闻；按新闻来源，分为官方新闻、民间新闻、公民新闻；按新闻媒体，分为报刊新闻、广播电视新闻、网络手机新闻。

4. 硬新闻和软新闻

硬新闻是指关系到国计民生和人们切身利益的新闻，包括国家的政局变动、政治活动、大政方针，以及经济状况、市场动态、天气变化、疾病流行，等等。下面是一则典型的硬新闻。

天安门事件完全是革命行动

新华社北京十一月十五日电　中共北京市委在最近举行的常委扩大会议上宣布：一九七六年清明节广大群众到天安门广场沉痛悼念敬爱的周总理，愤怒声讨"四人帮"，完全是革命行动。

会上宣布：一九七六年清明节，广大群众到天安门广场悼念我们敬爱的周总理，完全是出于对周总理的无限爱戴、无限怀念和深切哀悼的心情；完全是出于对"四人帮"祸国殃民的滔天罪行深切痛恨，它反映了全国亿万人民的心愿。广大群众沉痛悼念敬爱的周总理，愤怒声讨"四人帮"，完全是革命行动。对于因悼念周总理、反对"四人帮"而受到迫害的同志要一律平反，恢复名誉。

这篇消息除去标题和电头，其正文（包括标点）仅 239 字，发表于 1978 年，获得当年全国新闻奖。

软新闻是以人情味见长、与人们的切身利益没有直接关系，或纯系知识性、趣味性的新闻，可以给人以知识、见闻、娱乐、消遣、谈资等。软新闻在形式上比硬新闻更注重生动活泼、可读（视、听）性强。

硬新闻比较重要，有很强的必读性，人们首先需要获得硬新闻。因此新闻传播一般把硬新闻作为立足之本。但也有不少人对软新闻更感兴趣，因此也有不少新闻媒体以软新闻为主。在生活长期安定、生存和安全不受威胁的情况下，人们会更多地爱好软新闻，以致有些新闻传媒的硬新闻也软性化——加入软新闻的内容和写作方法。

各种新闻在媒体中的位置和数量，反映了该媒体的市场定位和内容特色。对新闻媒体的优劣高下不能完全以硬新闻和软新闻的多少、比重来判断，只能以服务其目标受众的质量和效果来论定。《新民晚报》前总编赵超构曾提出"软些软些再软些"，该报在读者心目中的地位则从来不低，其发行量、阅读率在很长时期中，都远高于其他同类报纸。

5. 正面新闻和负面新闻

正面新闻指工作成果、发展成就、先进事迹等"好消息"，负面新闻指天灾人祸、危机冲突、社会阴暗面等"坏消息"。

许多人认为，正面新闻有正能量，能产生正面作用，负面新闻则相反。实际上并不那么简单。

正面新闻也会有掩盖、麻痹、误导作用。如片面的、夸大的、极端化的新闻宣传，会有失于新闻的真实、全面和客观，形成错误认知，还会令人对整个宣传产生怀疑。一定时期内过量的新闻宣传又会引起人们的腻烦情绪和逆反心理。正面内容的报道也会传播错误的思想和作风。

负面新闻则也会有认知、警示、教育、监督等正面作用，构成正能量。1995 年前后，河南省某些乡村就已有不少人感染了艾滋病。然而在很长时期内，不仅当地媒体难以报道，为患者呼号和医治的七十多岁退休医生高耀洁也被视作"刺头"，有关部门任其工作自生自灭。艾滋病在当地很快蔓延。直到 2003 年，媒体大量报道了河南艾滋病的严重情况，得到了社会的极大关注。2003 年 12 月 1 日，温家宝总理来到北京市地坛医院，与三名患者一一握手，并肩攀谈。半个多月后，副总理兼卫生部部长吴仪进入艾滋病最为肆虐的河南驻马店市上蔡县文楼村考察，走访了艾滋病患者的家庭。2004 年 2 月，河南省政府抽调 76 名干部进驻 38 个艾滋病高发村，与患者们同吃同住，为他们提供救助和救治。高耀洁也在 2004 年 2 月当选中央电视台 2003 年度"感动中国"十大人物之一，被誉为"民间防艾第一人"。

任何社会都有负面的和正面的情况，只有全面地报道，才能让人们对环境有全面的认识和准确的把握，以做出正确的决策和行动。对一个人、一个机构乃至一个政党、政府都是如此。

这并不等于说，正面新闻与负面新闻的比例，一定要严格按照现实社会中的比例。"好事不出门，坏事传千里"，负面新闻比较容易引起人们的关注，人们通过微博、微信转发的新闻中，负面新闻远远多于正面新闻。西谚云："Good news is bad news."（坏消息是好新闻。）另有言："No news is good news."（没新闻就是好消息。因为没有坏消息）。在西方媒介中，负面新闻占很大比重，在美国往往达一半以上，许多西方受众对此也习以为常。他们了解媒介中的世界与客观世界的差异，这也是媒介素养的一种表现。

当然，在具体处理负面新闻时，也应考虑传播效果，进行适当的安排。如果一个时期内对某一个地方的大量报道都是负面新闻，人们对这一地方就会产生负面的总体印象，接触负面新闻较少的受众尤会如此。

第二节　新闻的特点和作用

一、信息的特点

新闻是信息的一种，首先具有信息的特点。

1. 信息的基本特点

（1）客观性。信息是一种客观存在，如新闻信息源于客观事实。

（2）多样性。同一种信息可有多样的表现。比如"我高兴"这一信息，可通过"我"的笑容或笑声、"我"的语言或文字、"我"的照片或录像等多种方式表现出来、传播出去。

（3）扩缩性。信息可以不断增加、丰富、扩充、发展，也可以减少、提炼、压缩、简化。

（4）传播性。信息的存在方式就是传播，即信息在时间和空间中的移动与变化。信息必须通过有效的传播才能发挥作用。

（5）寄载性。许多信息是寄载于一定的符号，有形体和动作符号，语言和文字符号，声音、节奏和音乐符号，颜色、图像和影像符号。

2. 信息的使用特点

（1）相对性。信息在不同的地方、时间，对不同的人，有不同的质量、价值和用途。上海的天气预报在北京没多少用。今天的新闻到明天就会成为历史记录。报刊上的新闻对许多人是新鲜的，而对经常听广播看电视上网的人往往就只是旧闻了。正是由于信息的这种相对性，新闻价值也就有了相对性。

（2）共享性。信息可以被众人共享，不会因为使用而减少或降低质量。一般来说共享者越多，效用越大。

二、新闻信息的特点

新闻信息的特点主要体现在以下方面：

1. 有新闻价值

有新闻价值，即真实、新鲜、传播对象（或受众）需要。详见本书第一章第二节。

2. 其他特点

（1）时效性。仅在一定的时间内有效，越及时效果越大。

新闻报道要迅速及时，越快越好。既不同于宣传要讲究时机，选择适当的时候进行传播，也不同于文学可以隽永，值得反复修改提炼，"十年磨一剑"。有些新闻被延迟报道，只是考虑到社会影响、宣传效果等其他因素，与考虑到保密的需要而不予报道一样，并非出于新闻传播的本性。

新闻报道、新闻媒介的制作和更新周期较短，要尽可能快速地送达受众。

（2）公开性。非公开的新闻如内部参考、情况简报，不属于狭义上的新闻。公开不仅能冲破阻挠封锁，迅速广泛地传播，还能产生特别的效果，如公之于众后产生公论，如对被揭露者产生强大的舆论压力。当然公开也会扩大负面影响。

（3）主客观统一。好的新闻报道应客观反映事实，但仍会带有主观性。材料的选择，内容的加工制作，包括角度、主次等安排，词语、编辑手段等使用，都不免带有主观的因素。深度报道还要积极发挥主观能动性。

有的报道融入主观倾向，则有自以为是或别有用心之嫌。例如，2001年中国加入世界贸易组织那天，美联社报道的导语是：

世贸组织大会今天通过了中国加入的决议。会场外面示威抗议者与警察发生了冲突。

这两句话说的都是事实，可以说是客观报道。然而把这两句话这样放在一起，显然会让人误以为抗议者是针对中国加入世贸组织。而实际上，他们是针对经济全球化、大公司的跨国经营，使许多弱小企业及其员工受到了损害。这种抗议活动几乎在每次世贸组织大会的会场外都有。那次与警察发生冲突，是他们要冲击象征着经济全球化的麦当劳餐厅。

美联社的这篇报道还用大量篇幅描述中国为加入世贸组织进行了长期的、多次的努力，给人的印象是这次让中国得逞了，却避而不谈这是互利多赢、值得庆贺的事情——否则世贸组织大会也不会通过这个决议。

同样的镜头，经过不同的蒙太奇手法，会传达出完全不同的含义。如果有三个镜头：一个人惊恐的脸，一个枪口，那个人的笑脸，按照这样的顺序拼接，与按照相反的顺序拼接，传达出的含义完全相反。可见尽管内容和形式都是客观的，也会由于事实的选择、报道的角度、内容的编排等主观意图而含有主观性。作为新闻的传者，要尽可能避免受自己的观点、态度、情绪等影响，避免自己的主观性损害新闻的客观性。而作为新闻的受传者，要了解即使是看起来很客观的报道，也可能暗藏主观玄机。

三、新闻的作用

新闻的作用主要有：

1. 反映及相应作用

从新闻的本源（事实）来看，新闻可反映事实、反映环境、反映世界，反映问题、反映舆论、反映民情民意。进而带来沟通作用、瞭望社会作用、舆论监督作用，实现公民的知晓权、监督权，进而构成参与权、表达权的基础——不了解情况就没有发言权，也就无法参与。可见新闻是民主政治、民主社会建设的重要条件。通过反映，还可起到记录活的历史的作用。

2. 告知及相应作用

从新闻的传者来看，新闻有广而告之的作用，可让人及时了解真相和实情。进而带来宣传作用，用事实来树立形象、证明观点，影响人们的思想和情感、态度和行为，如影响舆论。

"事实胜于雄辩"，新闻的事实性使宣传容易被接受，现在的受众已有很多的选择余地和很大的选择主动权，单纯的宣传越来越难以吸引受众，而新闻则是许多受众追逐的对象，因而发挥新闻的宣传作用日益成为重要的宣传方法。因此要防范为了宣传而夸大或缩小、歪曲或颠倒、编造或隐匿事实，进行片面报道，损害反映作用和媒体的公信力。

3. 了解及相应作用

受传者可从新闻了解信息、获取咨讯和知识，认识世界，此外，软新闻还有消遣作用。

4. 建构媒体及相应作用

从媒介来看，新闻有吸引注意力、提高媒体的知名度和美誉度、构建传播力和影响力的作用，创造社会效益和经济效益，包括带来广告投放，中国广告发布的黄金时段就是中央电视台每天新闻联播节目结束后的几分钟。新闻媒介的许多其他作用，如瞭望社会、设置公众议题、授予报道对象地位等作用，也主要是通过新闻实现的。

可从三个维度来看新闻媒介的作用：一般（普遍性）功能带来一般作用，具体（特殊性）功能带来具体作用，即具体表现出来的作用，具体功能的发挥方式带来相应作用。显然，新闻是新闻媒介许多作用的重要来源。

移动传播中，新闻还有：① 个人表达作用——许多移动用户看到符合其看法的新闻，便产生转发的欲望，通过转发显示自己的态度或印证自己的看法，这也是一种表达；② 社交作用——许多用户把发送或转发新闻作为一种社会交流方式，一种对他人的馈赠，接收者除了接收信息，也接收了传者的善意，增进了对传者的了解。

第三节　新闻与宣传

新闻是一种信息，其本源是事实；宣传是一种传播，其本源是观点。它们的内涵和作用、要求和方式、出发点和直接目的都不同。许多人有意无意地把它们混为一谈，不按新闻的特点和规律办事，甚至助长片面报道和虚假新闻，根据宣传需要隐瞒、篡改、捏造新闻，削弱了新闻媒介的公信力、传播力和影响力。要从理论上厘清新闻与宣传的区别和联系，科学地把握和利用新闻媒介。

一、新闻与宣传的区别

新闻是一种信息，宣传是一种传播，它们的内涵与作用、要求与方式、出发点和直接目的都不同。

1. 内涵与作用不同

新闻是真实、新鲜且传播对象需要的信息，宣传从广义上说就是宣示传扬，从狭义上说，是传播一定的思想观点（包括各种理论、主张、纲领、方针、政策、法律、道德、观念等），以影响人们的思想情感、态度行为，使之朝着宣传者所希望的方向发展，如理论宣传、政治思想宣传、宗教宣传、道德法律宣传、商业宣传、公关广告宣传，等等。

新闻作为一种信息，其本源是事实。宣传是一种传播，其本源是观点。毛泽东说：帝国主义和一切反动派都是纸老虎。这个"说"是事实，当年对这一事实的报道是新闻，后来我们对这个观点的宣传，则不是新闻。

也可用新闻做宣传，"用事实说话"，但这些事实只是证明观点的材料，从属于说话，是为观点服务的，因此这不是新闻之道，而是宣传之道，落脚点在"说话"，而非报道。

从作用来看，宣传的作用是影响人们的思想情感和态度行为，使之朝着宣传者所希望的方向发展。新闻则除了有宣传作用，还有反映和告知作用、了解和消遣作用、构建新闻媒介等作用。

2. 要求和方式不同

新闻传播要求真、新、快，新闻价值大，要求全面、客观、公正，这些都与传播信息相关。而宣传要求的是：① 正确——观点正确，推理正确，材料运用得恰当、典型；② 鲜明——观点明确，突出主要观点，尽可能给人以清晰深刻的印象；③ 针对性强——有的放矢，不要对牛弹琴。这些都是与传播观点相关。

新闻传播注重新鲜，一般是一次性的传播，一家报纸不会连续刊登同一则新闻，广播电视新闻的重播是针对还没有收听收看到的人。而宣传经常以重复来加深人们的印象，比如广告。

新闻传播注重信息的质和量，使其达到准确、充分和有用。而宣传注重提法、口号、符号标志，使宣传准确和有力，便于反复传播加深印象。例如，宣传所用的符号，具有特殊的意义，用以唤起接收者相应的心理反应。

新闻传播追求速度、时效，以保持更大的新闻价值。而宣传讲究时机、时宜和场合，以达到更好的宣传效果，减少副作用。

总之，新闻重事实，宣传重观点；新闻重告知，宣传重影响；新闻重时效，宣传重时宜；新闻重新意，宣传要反复；新闻重信息，宣传重符号；新闻重沟通，宣传重操纵；新闻讲平衡，宣传有重点。[①]

3. 出发点和直接目的不同

新闻传播是从受众对新闻的需求出发，而宣传是从传者的意图出发。

新闻传播的直接目的是告知，满足人们了解信息的需要。新闻传播也会为了宣传，但那是间接的，是通过告知而达到的。宣传的直接目的则是要让人们接受一定的思想观念，使人们的思想、情感和态度、行为朝着宣传者所希望的方向巩固、加强或变化。

正是由于上述不同，新闻报道与宣传报道也就相应不同。例如，以报道的形式做广告，是一种宣传，不应作为新闻处理。

许多论著中所说的马克思主义新闻思想，其实是宣传思想、报刊思想、传播思想。毛泽东关于用事实说话、关于党报要宣传党的路线方针政策等思想，一直被作为新闻思想，其实更准确地说，应是与新闻传播有关的宣传思想、报刊思想。那些思想也与写作有关，显然也不能作为写作思想。

二、用新闻做宣传

1. 现象和原因

毛泽东很早就提倡用报道事实产生宣传作用，即用事实说话。这些事实只是证明观点的材料，从属于"说话"，是为观点服务的，因此这不是新闻之道，而是宣传之道，落脚点在"说话"，而非报道。后来人们将其

---

① 展江. 新闻频道：先更新理念后制度创新 [J]. 南方电视学刊，2003 (4)：49.

作为毛泽东的新闻思想，乃至成为对新闻报道的最高要求，则是真理往前多走一步了。①

用新闻做宣传日益成为重要的宣传方法。面向国外听众的"美国之音"，是西方国家用新闻做宣传的典范。许多企业也尽可能用新闻手段进行公关宣传、做"软性广告"，树立企业和产品形象。许多新闻传播还会产生意料不到的宣传效果。

"事实胜于雄辩"，新闻的事实性使宣传容易被接受。现在的受众已有很多的选择余地和很大的选择主动权，单纯的宣传越来越难以吸引受众，而新闻则是许多受众追逐的对象，容易得到受众的关注。

2. 运用宣传规律

要提高宣传效果，需要符合宣传规律，主要是使传播内容有宣传价值，具有能够产生宣传效用的要素，包括：

（1）一致性。即与宣传者所持的观点、主张、价值标准、宣传目的相一致。

（2）针对性。针对宣传所指向的目标、所涉及的问题。

（3）普遍性。能具有普遍作用，会受到广泛关注，可产生广泛影响。

（4）典型性。正面典型能给人以经验和榜样的力量，反面典型能给人以教训和警示。

（5）时宜性。即合时宜，发表的时机适当，以产生较大的宣传效果，避免副作用。②

3. 运用新闻规律

由于受众追逐的是新闻信息，因而用事实做宣传时，仍要遵循和利用信息传播、新闻传播的基本规律。尽可能用客观的形式，让事实自己说话，力避宣传味和宣传腔。这不仅能给人以客观、真实之感，还有助于避免和纠正报道者的偏见。

中央电视台对外宣传栏目《中国新闻》的系列报道《20年巨变》中，有一集为《上海外滩公园的"情人墙"悄悄消逝》，反映的是20年前，由于住房紧张和活动场所缺乏，外滩的黄浦江围墙前成了谈恋爱的极好去

---

① 谢金文. 中外新闻传播史纲要 [M]. 北京：北京大学出版社，2013：80.
② 李良荣. 新闻学概论 [M]. 上海：复旦大学出版社，2001：265.

处。夜幕一降临，那儿就聚满了一对对恋人，以至于很拥挤。尤其是在墙边，甚至有大龄青年的弟弟妹妹提前去占位。20年后，这一景观不见了。究其原因，主要是上海市区比过去扩大了几倍，公园和绿地增多了，年轻人又有了许多新的活动场所，如咖啡屋、公园、保龄球馆，等等。两三分钟的节目讲述了中国人生活变化的一个侧面，不添一词却实实在在地宣传了中国改革开放和现代化建设的成就。

编辑处理上，也要让人们对内容的真实全面客观公正完全相信，自然而然地接受。"美国之音"的英语广播在社论之前和之后，会加上一句"这是社论，反映美国政府的观点"，表示他们是把新闻和评论分开的，只是在评论中反映美国政府的观点。

三、虚假新闻与宣传

许多虚假新闻与宣传需要有关。不顾人们了解客观事实的需要，完全"从我出发"摆布新闻，而罔顾事实，甚至故意制造虚假新闻，这是许多宣传的致命伤。

例如，"大跃进"时期的宣传——当时小麦亩产一般400斤左右，而1958年6月8日的《人民日报》在第一版中间位置刊登消息《河南遂平县卫星农业社小麦亩产2 105斤》，4天后的6月12日，《人民日报》又在头版头条刊登同一个农业社的消息《卫星农业社发出第二颗卫星二亩九分小麦地平均亩产3 530斤》；6月21日，《人民日报》刊登消息《（河南辉县）南田庄社一亩多小麦亩产4 535斤》；6月23日，《人民日报》头版刊登消息，报道湖北谷城先锋社亩产小麦4 689斤；6月30日，《人民日报》头版刊登消息，报道河北安国卓头村小麦亩产5 102斤（在1亩7分地上）；9月22日，《人民日报》第六版消息《小麦冠军驾临青海出现亩产8 585斤纪录》。当时《人民日报》连续刊登了数量更多的水稻"卫星"，1958年9月18日刊登的消息说，广西环江县放出"中稻卫星"亩产达到13万斤。[①]

---

① 钱江. "放卫星"中的《人民日报》[EB/OL]. (2012-03-07) [2019-04-27]. http://media. people. com. cn/GB/192301/192377/192679/17321108. html.

有些人认为，只要宣传效果好，新闻报道与事实有些出入也无所谓。于是把关不严，让虚假新闻钻了空子。

让人们了解真实世界和周围环境，这是新闻工作的基本职责。假新闻的根本危害正在于误导受众，使人们的认识产生偏差，从而影响与此相关的各种思维和行动。即使是看起来有正面宣传教育作用的假新闻，也免不了如此，而且还会侵蚀新闻报道的真实性准则，瓦解新闻传媒的公信力。

四、"后真相"效应被利用

移动传播让所有机构和个人都能方便地面向社会传播信息，大大增加了信息来源，传播内容变得更加充分和多元，新闻真实有了更多的实现可能，同时又有了更多的受干扰可能，以至于虚假新闻泛滥，许多人无所适从，只能相信自己愿意相信的。这种"后真相"现象又被人利用，他们不是尽力挖掘真相，而是尽力说得动听以让人接受。

所谓"后真相"（post-truth），是指诉诸情感及个人信念，较陈述客观事实更能影响舆论的情况。这个词被《牛津词典》评选为2016年度词汇，"后真相"被解释为情绪和个人理念影响公众意见，而事实真相反而无足轻重的氛围。换言之，后真相的主要表征是情绪的影响力超过对事实真相的寻求欲。2016年"后真相"一词的使用率是2015年的20倍。这反映了现在许多人不理会摆事实讲道理，而是怀疑一切，跟着感觉走。

人们会倾向于期待、接受那些与自己价值、态度和情感、愿望相近的信息，对其真伪减少或不做留意。在真假难辨时，许多人只相信自己愿意相信的。甚至在出现了与自己立场相悖的证据后，有些人仍倾向于无视这些信息。以致客观事实的陈述往往不及诉诸情感和煽动情绪更容易影响民意。如2016年英国脱欧公投和美国大选时，南苏丹等地在虚假新闻和挑动性言论下陷入仇杀。

造成这种情形的原因很多，包括经济与社会的不确定性，后现代主义和相对主义的全面兴起，但移动传播、社交媒介的普及无疑是重要原因之一。

基于移动传播的社交媒介让人人都能面向公众传播信息，许多人在事实还不清时已急于通过社交媒介发表评论。人们接收信息也越来越多地从专业媒体转向社交媒介。反常、诡异、情绪化、耸人听闻的流言、谎言、阴谋论往往比事实更能吸引眼球，经由缺乏把关人的社交媒介得到广泛传播。正如牛津大学出版社词典部总裁格拉斯夫（Casper Grawthwohl）所说："随着社交媒体崛起成为新闻来源，人们对主流机构提供的事实越发不信任。"①许多人的信任鄙视链是：微信私聊里说的＞微信朋友圈里说的＞微信社交群里说的＞大众媒体里说的，尤其是在自身与媒体的倾向性不一致时。

此外，移动媒介的低信息容量很难全面客观地传递信息；移动传播使传媒市场竞争更加激烈，有些传者一味猎奇，未核实消息就抢先发表。这也给片面、主观、虚假信息的传播提供了土壤。

从深层看，人们往往倾向于选择那些符合自己的看法、能满足自己某种心理的信息，拒绝那些相反的信息。在注意、理解、记忆过程中都是如此。此外，现在移动传播用户获得信息往往是经过所谓的"协同过滤"，即往往不是自己找来信息，而是得自社交媒介如朋友圈、微信群。关注跟你相似的人、你所偏好的事，这些人把相似的观点给你，使你原有的观点更加固化，甚至歧化、偏执化。进而倾向于接受与自己观点一致的事实性信息。传播机构的大数据分析、算法推送，也使受传者局限于同自己原有选择偏好相符的传播内容，不断加强这种偏好和相应的思想情感，丧失了纠正偏误认知和思想情感的机会。

五、正确处理新闻与宣传的矛盾

1. 各司其职，避免公信力受损

新闻与宣传要各司其职，避免互相排挤和替代——如认为不是宣传需要的，就不予报道，而不顾社会和公众是否需要。

新闻与宣传要按各自的规律，主要表现为按各自的要求，避免把宣传的突出强化、倾向鲜明、反复强调等同于新闻报道，使新闻缺乏新闻价

---

① 转引自佚名.情绪放大化，明星八卦就是样板戏［EB/OL］.（2016 - 12 - 31）［2019 - 09 - 19］. https://www. douban. com/note/599665652/.

值，偏离真实全面、客观公正。还要防止为宣传而弄虚作假，或因宣传价值而放松新闻质量，助长虚假新闻。

要正确处理新闻传播与宣传的矛盾。应以事实来检验观点的正确与否，当传者发现事实与宣传的观点有矛盾时，应尊重事实，而不应在报道中削足适履，用偶然、例外的事实来宣传观点，或扭曲、篡改、捏造事实，误导受众。

新闻传播的要求与宣传也会有矛盾。新闻的时效与宣传的时宜，新闻的全面、客观与宣传的突出、强调、鲜明的倾向性，都会有不一致之时。在选择和传播新闻时，是以新闻价值为主，还是以宣传价值为主？是保证、突出新闻价值还是宣传价值？这要根据各种不同的时期、不同的环境、不同的任务和对象进行综合权衡。如在战争等特殊时期和环境中，往往需要以宣传价值为主，而在和平建设时期，尤其是在新媒体时代，信息扩散的可能和受众的选择余地、能力和自主性都大为发展，新闻价值的地位也自然上升了。

例如，对同一件事情，新闻传播要求尽快报道，而宣传要在事情彻底搞清楚以后，选择适当的时候报道。现在手机、互联网已使不予报道、推迟报道、部分报道、对内对外有别报道等传统做法的效果大打折扣，任意使用这些做法，不仅会使公众的知晓权、批评权、监督权及其他相关权益受损，还会使传媒机构的公信力和形象大打折扣。在数字化、全球化时代，新闻传媒的国际竞争日益广泛和激烈，国内市场也成为国际市场的一部分，新闻性的强弱还关系到传媒的国际竞争力和国家的软实力。同时，也要比以往更注意满足国际社会对中国信息的正当需求。

长期以来，人们把新闻与宣传混为一谈，把新闻传播、新闻工作都视为宣传活动、宣传工作或舆论引导工作，仅按宣传要求、舆论引导需要，来选择报道内容和加工制作新闻，来管理新闻媒介和新闻业。不利于宣传引导的新闻就不予报道，有利于宣传引导的就突出强化。这在某些特殊情况下是需要的，如在革命战争年代和中华人民共和国成立之初，但即使在那样的非常时期，仍要尽可能保持新闻的真实性，且对内的新闻传播与对外的宣传仍应有所区别。而在和平建设时期和新媒体时代，仍然如此就会使新闻的信息传递、意见交流、舆论监督等功能有所丧失，不能充分发挥新闻传播和新闻媒介的积极作用，满足社会和公众的多种需要，就不能有足够的吸引力和公信力、传播力和影响力，更不能具备国际竞争力。还会因新闻媒介缺位、片面、错误而又得不到及时纠正，带来很大的危害。我们的许多认识偏误、决策失误、工作错误，乃至权力失控、腐败严重等问题，都与此有关。甚至还会被有些人以宣传引导需要为借口，肆意封锁信息、歪曲事实、压制意见和操纵舆论。

2. 防止用事实说假话

片面追求宣传效果会放松甚至放弃对真实性的追求和把关，甚至导致故意造假。

说话被掐头去尾，含义就会走样。事实经过精心选择和处理，也会说出别样的意思，甚至被用来说假话。

事物往往有例外，如果用例外的事实来说话，就会说出相反的话。例如，在虐待囚犯的地方，找一两个囚犯，说他们受到了善待，即使说的都是事实，也可能只是例外。事实被说话者按需加工，会变得面目全非。

选取个性与共性相统一的典型进行报道，会有较大的认识作用，但为了树典型而突出强化甚至编造报道对象的某些方面，隐去或改写另一些方面，则会带来片面的认识。

用越直观的方式说话，说服力越强，而如果用来说假话，欺骗性也越强。作为受传者，则要明白有的新闻是用来"说话"的，其中有的话是对传者和受者都有益的，有的则只是对传者有益，而对受者无益，甚至有害。

3. 关于"典型报道"

新闻宣传中经常使用"典型报道"。一般而言，典型是个性和共性的统一：既有一定的个性，是独特的"这一个"，又有较大的共性——许多同类的人物或事物共有的性质。因而典型能有较大的认识价值：既是真切的，独特的，又具有代表性，或者说普遍性。其共性越丰富广泛，代表性强，典型性也就越强。现实主义文学通过描绘典型情景，塑造典型环境和典型人物，能以小见大，以少见多，"一滴水珠见太阳"，让人们对现实能有既具体又深入的认识和感受，比如杜甫的诗歌、茅盾的小说、夏衍的报告文学。新闻传播也可以通过对真实人物和事物的报道，产生类似于现实主义文学作品的效果，如许多长篇通讯、大特写，以及由新闻与文学衍生出的报告文学。

　　然而在新闻领域，许多人认为只要人物和事物突出就是典型，比如特别好或特别坏。其实突出的人物和事物虽然有较为鲜明独特的个性，但不一定就有较广的共性和较大的代表性。

　　许多人还认为只要能有较强的宣传教育效果就是典型。在用新闻做宣传时，尽力突出强化报道对象的某些方面，而隐去相反的、不利于宣传效果的方面。这种方法还被上升到了"典型报道理论"的高度。后来有人提出反诘：新闻报道要求全面、客观、注意平衡，而"典型报道"抓住某一个或几个侧面大做文章，进行突出、强化报道，有很强的主观性，不符合新闻之道，应予摒弃。

　　新闻媒介的许多"典型报道"并非真正的典型报道，而是应加上引号的。其中有些确实能产生一定积极的效果，但只是一种宣传方式，而不是通常的新闻报道方式。主要着眼于宣传教育价值，主要方法是"突出报道"——对突出的人物或事物进行突出强化的报道，并不注重报道对象的普遍性和代表性。甚至正因为其特质稀缺，才更要加以宣示传扬。这时的"典型"，其实只是某些方面较为突出的人或事。在报道中又将这些方面凝练、集中、强化，而略去相反的方面。于是产生许多毫不利己专门利人、革命生产样样精通的模范。于是有些"先进典型"活得很累，还被人指为虚伪；有些"反面典型"不是气死就是寻死。

　　不可否认，有些并不全面又不一定含有较大共性的"典型报道"，也能产生不小的、积极的宣传作用，因而不必排除，就像不必因为新闻要新鲜、广告却重复，而否定广告的生存权，也不能因为"用事实说话"能产生较好的宣传效果，而否定别的报道方法。但突出强化某些方面，隐去另一些方面，至少会使认识价值打折扣，甚至还会干扰人们的正确认知和判断。还应清醒地看到，这是宣传手法，而非新闻三昧，不能用得过滥，否则会使人产生审美疲劳和腻烦心理，更不能要求所有新闻报道都以此为优。

第三章

新闻传播现象

　　传播不仅有单向的信息传送，还有双向的信息交流。新闻传播的许多问题正与缺乏双向交流有关。

　　传播的核心环节是从传者到受传者，其间有内容和媒介环节，其前可追溯到信息源，其后可延伸到效果的产生和反馈的发出。这些环节相互影响，又受到外部力量的影响和控制。传播的各种问题由是而生，各种改进也由此着手。

　　新闻传播的内容不仅直接反映了社会的各个方面，还间接反映了传者及其政治、经济、文化、社会环境。今天的新闻可成为明天的历史记载，不仅由于记录了什么，还由于怎样记录的。

　　数字化使新闻传播的内容更加新鲜和广泛、客观和全面，更多地反映民情民意，舆论监督更强，数字化对新闻传播的方式影响更明显，并大大推动了公共新闻和公民新闻的发展。同时也带来了种种负面影响。如何取其利而避其害，是当今全世界面临的新问题。

　　新闻与宣传既有联系，又有区别，如不加区分，既有害于新闻传播，也不利于新闻媒介的发展和宣传效果的实现，还会催生出片面报道和虚假新闻。

第一节　新闻传播的含义和过程

一、新闻传播的含义

　　传播是信息的存在方式——信息在时间和空间中的移动与变化。

传播学中的"传播"一词来源于英语的"communication"，既有传达、传染的意思，又有双向或多向的交流、交往、通信、交通的含义；既可以是点对面的，又可以是点对点的。而汉语中通常所说的传播，则只是从点到面、由传者向众多受者的单向扩散。

因此，"communication"包含接收、反馈问题。如"传播自由"包含接收自由、申辩自由、反批评自由问题。而汉语"传播"一词在习惯性使用中的单向含义，则容易令人联想到宣传，容易令人忽略接收、反馈、交流问题。这是新闻工作和管理中的常见病，也给普及传播知识、提高人们的媒介素养多了一道障碍。

然而语言是约定俗成的，现在"communication"已翻译成"传播"并广为接受，只有在需要更精确时，才使用"传播交流"。

广义上的新闻传播包括口头、书信等所有传播媒介上的传播，而狭义上的新闻传播，即通常所说的新闻传播，则仅指大众媒介上的传播。

这里的"大众"指的是广大公众，不是与精英人群、专业人士等概念相对应的普通大众。"大众"的"大"也是个相对的概念，现在随着大众媒介的增多，其传播对象出现了分群化或者说"小众化"的趋势。但相对于人际传播、群体传播、组织传播的对象而言，这种"小众"仍属于大众。

二、新闻传播的过程

1. 基本过程和操作过程

新闻传播的基本过程与其他大众传播没有大的差别，也是通过七个环节：信息源（即原始信息）→传送者（传者，包括新闻机构和人员）→传播内容（包括内容的形式问题）→传播渠道（包括媒介和传输系统）→受传者（包括直接和间接受众）→传播效果（包括显性的和隐性的）→信息反馈可影响传者。这些环节又有其自身的过程，如内容的形成过程，媒介的制作过程和受众的接收过程。

并非每次传播都有这样完整的过程。有的传者自己就是信息源，有的没产生传播效果，如报纸没人看，有的没得到反馈信息，这在新媒体诞生前是常态。但一个传播总有传者、内容、渠道和受者，这四个环节被称为传播的四大要素，也是传播研究的主要对象。

新闻传播的具体操作过程有策划、采访、写作或拍摄、编辑、时事评论（其中也会有新闻内容）等。

2. 新闻传播过程所受的影响

传者不仅起传送的作用，还选择和加工制作传播内容。大众媒介的传者把信息编制成符号系列，如用一系列文字符号组成文章，一系列声像符号组成电视节目。他们有"把关人"的作用，同时又受到各种主客观因素的影响。

对新闻传播进行把关的还有传播机构的所有者、管理者。他们都对传者、内容和媒介会有很大的影响，可被视为间接的传者。

广义上说，传、受者也是信息传播渠道，狭义上说，传播渠道主要是物化的传播媒介，如通信工具、书报刊、广播电影电视等，也包括相应的发送、传输机构和设施。他们都会受到各种因素的影响，包括有意的和无意的干扰。

受者并不是完全被动地接受，而是有选择地注意、理解和记忆。传播出去的符号到达受者以后，有些被丢弃了，有些被解读出与传者的原意并不一致的含义，有些后来又被遗忘了。

没有被丢弃遗忘的部分会产生一定的效果。有的效果是即时的、明显的、直接表现出来的，有的是长期的、潜在的、间接表现出来的。有的效果是与传者的意愿一致，有的是与传者的意愿相反。这些效果的产生，很大程度上取决于受者的需求、愿望、能力等个性特征。

直接和间接的受者都会产生反馈信息，传送到传者，如读者给报社提建议或接受报社的读者调查。许多反馈是无意中产生的，如读者购买或不买某一报纸，使报社得到了读者需要与否的信息。反馈会影响传者的再传播，引起相应的调节，取得动态平衡，提高传播的效率。当然，反馈也会产生误导。

反馈是传播过程的最后部分，又是一个新的传播过程的开端——反馈本身也是一种传播，是由一个传播而引起的许多其他传播之一。反馈者也是传者。有些反馈又成为新的原始信息，进入新的传播过程。这时的传播过程就成了从反馈到反馈的过程。网络、手机等新媒体传播给反馈提供了很大的方便，越来越多的传播成为反馈之反馈。

传播学者还借用通信术语，把干扰传播过程的因素称为"噪声"。客观报道中如果掺入传者的观点和态度，就会成为"噪声"。因此消息的写作要把新闻与评论分开。

由于新闻传播会有较大的社会影响，还有舆论监督、议题设置、授予地位等功能，因而从信息源到信息反馈的整个过程和各个环节，都会受到许多人尤其是政治、经济权力人物和机构直接或间接的影响、干扰、控制。其中有的是必要、有益的，有的则起妨碍作用，甚至会产生严重后果。因此对新闻传播过程和环节要有社会调控，以充分发挥新闻传播的积极作用，降低消极影响。

第二节　新闻传播的内容和方式

一、新闻传播的内容

1. 内容概述

关于新闻本体的探讨也是对新闻传播内容的基本介绍。在实践中，对新闻传播内容分门别类，可形成相应的报纸版面，电子媒体的栏目和频率频道等，如要闻、经济新闻、社会新闻，体育新闻、本地新闻、国际新闻。对这些内容的传播分别进行研究和教学，又形成新闻学的一些分支学科，如经济新闻学、体育新闻学、国际新闻学和相应的高等学校系科专业，如经济新闻系、体育新闻系和国际新闻专业。

新闻传播的内容大多经过了传者的选择和加工，有意无意地掺入了传者的思想观念和态度情感，同样的内容往往有不同的表达，反映了不同的传者及其环境。对特定国家、特定时期、特定方面的报道和时事评论内容（包括选材和用词）进行科学的抽样统计和分析比较，可在很大程度上看出传者及其社会环境的情况，这种内容分析成为新闻研究的重要方法之一。今天的新闻报道可以成为明天的历史记载，不仅通过记下了什么，而且通过怎么记下的。

清华大学教授郭镇之研究《人民日报》上"人民""公众"两词出现的频率，发现"人民"在中华人民共和国成立之初出现的频率最高，"反右"运动以后进入低谷，改革开放以后又逐渐升高，意义相近的"公众"也逐渐增多，两词相加一度接近中华人民共和国成立初的频率。

2. 新闻不是大海全貌，只是瞭望报告

2013 年中国发生了多起病人或其家属打伤、杀死医务人员的事件，有人怪罪媒体过多报道了医院的负面新闻，导致医患关系紧张，成为医闹泛滥乃至伤害医生的"元凶"之一。按此说法，那么对城管、对官员、对教授、对各行各业人和事的负面情况报道，都应严格限制。

然而，这种限制对监督、解决负面问题是否有利？如果掩盖问题使问题越来越大，是喜是忧？对一个地方的负面情况也是如此。有人说，现在负面新闻那么多，看了心烦，甚至会影响对社会的信心。

其实，如果那些报道是真实、新鲜、受众需要的，媒体的报道并没有错，对于引起社会关注，对于加强监督、减少类似事件的发生、从根本上改善医患关系等，也是有好处的。然而又确实会使许多人过于关注"黑"的一面。这就需要公众对新闻和媒介的特点有所了解，同时新闻传者也要顾及其他的新闻传播要求，尽可能避免造成不利的社会影响。

要求新闻媒介中负面新闻所占比例与社会中正面情况与负面情况的比例相当，也是不符合新闻规律的。好事不出门，坏事传千里。大多数飞机在正常飞行，安全到达，这些飞行信息成不了新闻，某一架飞机失事坠毁，便成了新闻，许多人想了解怎么回事、什么原因，等等。可见坏事更容易成为新闻，尽管他们在事物总数中的比例很小。

更好的办法应是让人们正确地认识新闻。如果把社会比喻为大海，那么新闻媒介只是瞭望塔，新闻只是瞭望报告，而不是大海全貌的反映。

如果把新闻报道中的人和事比喻为汪洋大海，新闻媒介仍只是瞭望塔，新闻仍只是瞭望报告，而不是人和事的全貌，并且也不是文学中的典型人物或典型环境，可由一斑窥全豹。

如果报告说，前面有条鲨鱼，或一块礁石，不要认为大海里到处都是鲨鱼或礁石。

如果报告的 95％以上是风平浪静、阳光明媚之类的信息，估计没人会一直关注。这也正是许多新闻媒体吸引力不强的原因之一。

还有人一看到西方媒体关于中国的报道，负面新闻的比例很大，就断定是敌视中国。怀有敌意的不是没有，但西方大多数新闻媒体是商业性的，吸引眼球、赚钱对他们更重要，他们对自己本国的报道，也是负面新闻占很大比例。

3. 数字化对新闻传播内容的影响

数字化使新闻传播的内容无限丰富且多元，还使质量更加优化，同时也带来许多负面影响。

1）新鲜和广泛

新媒体使传者能更方便和快捷地得到来自各方面的信息，又能更方便地进行即时传播，从而使传播内容更新鲜。大数据还带来许多前所未有的实时性统计结果和预测性新闻。

新媒体的内容来源可以从各种机构到各种普通人。有些弱小、边缘媒介的内容，也能通过网络媒体进入其他媒介和全社会的视野。新媒体使多元的信息和观点、真知灼见、创造性思维都能得到展现的机会，不同意见在交流碰撞中得到充分的发展和迅速、广泛、有效的传播。网络媒体上的不同意见交流已远远超过传统媒体，不仅让我们看到多元意见交流的好处，还让我们看到即使是不全面甚至不正确的意见，也并非洪水猛兽，一般很快会得到补充和纠正。

这种广泛又很珍贵的内容来自一些突发性事件的图像，或具有舆论监督价值的内容。如2008年中国汶川大地震最早的实景纪录及其传播，是地震爆发时一位游客在震中拍摄、上传在自己博客上的录像。

这种广泛还使新闻媒介容纳了许多与受众的日常生活关系密切的实用性内容，以及边缘性的、少数人感兴趣的内容，使新闻泛信息化，微内容在总量上远远超出宏内容的增长速度，"长尾"效应日益显现。

2）客观和全面

传者多元化、人人可参与使新闻传播能反映多来源、多角度、多方面、多层次的信息，众多反映的总和，就能更接近事物的原貌，达到客观和全面。以片面报道、虚假新闻欺世蒙人永远会有，但在网络宽带普及的地方却很难。能骗一个人一世，也能骗一世人一时，但要骗一世人一世，在新媒体时代就不容易了。互联网与一世人相通，网民的上网时间加起来近乎无穷，他们如要对某一公开报道的人或事深究，其洞察力是无与伦比的。

3）反映民情民意

受众的主动化还使传媒机构倾向于尽可能满足受众的需求，而不是仅仅考虑传者的需要，于是传媒内容也会更倾向于反映民情民意。许多新闻机构越来越多地把来自受众的信息纳入其传播内容，如转载受众的帖子，讨论受众提出的话题，阅读、点评受众的短信。

从 20 世纪 90 年代起，伴随着 Web 2.0 时代的到来，兴起博客、微博等个人媒体，或称自媒体（we media），同时发展起"公民新闻"（Citizen Journalism），即非专业新闻传者的普通公民，通过个人传播工具和大众媒体，向社会发布自己在特殊时空中得到或掌握的新闻性信息。打破了"传播者"与"受众"之间的传统界限，实现了传播主体的位移，促进了民间话语体系的崛起，并促使主流媒体的新闻报道客观化、平民化，许多主流媒体还直接把公民新闻纳入其中。

现在博客、微博、微信已成为新闻机构的重要信息源。广播电视主持人也经常利用微博、微信与受众互动。这使新闻和评论更丰富和生动，也更反映民情和民意。

4）消极方面

新媒体使虚假信息，色情暴力等不良信息，侵犯隐私权、名誉权、著作权等信息大量增多。新媒体中低俗化、娱乐化内容过多，也不利于公民素养的提高。对此又难以通过简单的禁堵来解决。一方面禁堵的难度很大，成本很高，这种难度还被数字化传播技术的发展不断加大。另一方面，许多内容的界限很难分清，如色情与人体艺术，暴力与现实生活，合理批评与过分谴责，问题探讨与不良宣传，简单禁堵难免会出现失误，甚至违背宪法中有关传播自由的精神。怎样既阻止这些负面影响，又不妨碍有益的传播，不侵犯人们的传播权，已是全人类的新课题。

4. 移动化对新闻传播内容的影响

移动终端的分群化、个性化传播以及"长尾效应"，使许多不为大众媒介所关注的信息也得到了传播。移动传播的碎片化又使许多片段的、零散的信息得到了传播，如知情者的揭秘，路人拍的现场视频，还有许多新闻性信息通过评论被人们知晓。2016 年的雷洋案、刺杀辱母者案等，多数人都不是从大众媒介上的报道获知的，而是从社交媒介上的各种转发和评论中了解的。

在传统媒体时代，人们更关注大众媒介报道的新闻，所谓新闻传播，也是指狭义上新闻的传播。而在移动传播时代，社交媒介大行其道，大众媒介以外的、报道以外的新闻传播十分便利，其数量和影响与日俱增。这也是一种螺旋式上升、波浪式前进的过程。需要我们及时更新新闻及其传播的概念，及时重视广义上的新闻，更好地搜集、发现、制作、研究、利用那些零散片段的新闻，长期存在、正在发生、将要发生的新闻，人际传播、群体传播中的新闻，聊天、演讲、评论中的新闻。

二、新闻传播的方式

新闻传播的方式包括信息传播的基本过程、大众传播的一般方式、新闻传播的特殊方式，以及报刊、广播电视、网络手机等各种媒介的特殊方式。

1. 大众传播的一般方式

大众传播的方式基本分为单向和点对面，有单媒体的和多媒体的，也有直接的和通过其他传者产生二级传播、多级传播的。

大众媒介内容的呈现方式有朴实的和文学化的，严肃的和娱乐化的，服务式的和训导式的，和风细雨、连续不断、潜移默化的和疾风暴雨、立体交叉、狂轰滥炸的，等等。

数字化给大众传播的方式也带来很大变化，主要为：

（1）由单向变为双向　从过去基本由传者到受众的单向传播变为很大程度上的双向互动。许多传播成为反馈之反馈。对传者而言，受众可以不再是难以捉摸的"黑箱"，可更有针对性地进行传播，并根据受众的反馈及时调整传播。

（2）由单媒体变为多媒体，包括多媒体平台和多媒体链接。

（3）由我传你受，推向（push to）受众，变为我供你取，由受众自己拉出（pull out）。不仅新媒体中的内容由受众自己点击搜索，广播电视的传播也可由线性的变为非线性的，即由传者安排的、按规定时间和先后顺序播出，变为受众自己选择的、打破时间和顺序限制的点击播出。连广告也很难再向受众硬推，要千方百计放在能让受众"拉"出来的内容中间（植入式）或旁边（如搜索结果旁）。

（4）由大众化、一定程度分众化的点对面传播，变为无限分众、点对点乃至社会化媒体的多点对多点传播。相应的，许多传播内容也由统一化变为个性化乃至碎片化。

现在受众也"碎片化"了：传统的社会关系、思想观念、行为模式的整一性瓦解了，代之以一个个利益族群和"文化部落"的差异化诉求，社会成分的碎片化分割。受众的个性特征、偏好需求也碎片化了。这使服务受众的新闻媒介进行不同的传播，乃至点对点或多点对多点的传播。如提供点播服务，提供那些虽不重大，但是对特定人群仍有用的"微内容"，按各个机构和个人的不同需要提供定制信息、研究报告、专项咨询和数据库。需要的满足又刺激了需要的发展，形成正向循环。

（5）由少数人控制变为无限多元，呈现出"去中心化"、全民化。"公民记者"、平民意见、江湖文化、草根艺术与权力机构和人物、权威组织和人士共存于互联网平台，一起面对受众的选择。权势力量、利益集团控制信息和舆论的局面有了很大改观。这一方面可更多地反映多元的、底层的信息和意见，另一方面许多传播缺乏把关，虚假内容、不良内容、有害内容、侵权内容也常见于新媒体，并快速扩散。

2. 新闻传播的特殊方式

大众媒介的新闻传播还有自己的特殊方式，包括信息摘要、时事评论等，但主要通过新闻报道，其基本方式有客观报道、主观报道、深度报道、预测性报道。此外还有电子媒体的特定报道方式，如现场直播、纪录片式。

第四章

新闻传播活动

社会和公众需要及时地获得真实、全面、客观、重要的信息，这对新闻传播活动提出了要求，同时要求新闻从业者具有职业道德和职业精神，并由此发展出新闻专业主义，包括成文和不成文的新闻职业规范，维系、提升着新闻传播水准。新闻传播中的许多问题，如新闻价值不大、独家大作不多、虚假有偿（新闻）不少，正与许多管理者和从业者认为新闻无学、不重视专业素养有关。

第一节　新闻传播的要求

新闻传播的基本要求，就是新闻价值要求的真、新、快和受传者需要，进一步的要求，还有全面、客观和公正，以及注重信息质量和社会效益。所谓按新闻规律，也就是按这些要求，不应提出违背规律的其他要求。

一、新闻价值的要求

1. "真"的要求
新闻传播中"真"的要求与前述关于新闻真实的三重含义相对应：
1) 表象真实和真相真实的反映，包括每个细节的真实准确
世界上的事情是很复杂的，有时亲耳听到、亲眼看见的也不一定是真实

的。人们看见天上的星星在闪烁，其实星星并没有闪烁。孔子落难陈蔡，看到自己的得意弟子偷吃饭食。其实是有烟尘掉进了饭里。即弟子将沾尘的饭撮出，不舍得丢掉，自己吃了。有些人为了自己的安全、利益和其他难言之隐，故意对记者说假话或示以假象。

失真的原因还有很多，包括报道者粗心大意或偷懒，因知识不足而不辨真假，为报道生动而加入"合理想象"，为赶时髦而牵强附会，为达到某种宣传（包括广告）目的而不做细究或以偏概全，甚至故意造假，受各种"把关人"的牵掣，或受工作关系、人情关系的影响，为贪图私利而睁一只眼闭一只眼。在注意力经济时代，为"争夺眼球"造成许多不客观、不真实新闻的传播，包括对网上出现的材料不加核实，以讹传讹。

还有一种虚假报道，所言事实，甚至每个细节都是真的，但给人的印象却是假的。在世界贸易组织大会刚通过中国加入该组织的决议时，美联社报道的导语中有两句话。第一句是世贸组织通过了该决议，第二句是许多抗议者在会场外与警察发生冲突。这两句说的都是事实，但给人的印象是，许多抗议者在反对中国加入世贸组织，这却不是事实。实际上，多年来几乎每次世贸组织大会的会场外，都会有来自不同国家或地区的抗议者，他们反对全球化，因为全球化使这些国家或地区的有些行业遭到很大冲击。那次之所以发生冲突，主要是由于会场附近象征着全球化的麦当劳店遭到袭击。

可见事实的报道也会给人以假象，用事实说话也会误导人。这时，报道的事情都是真的，但却让人有另一种联想或感受。需报道者避免，接收者防范。

2）局部与整体真实的反映、浅层与深层真实的反映

新闻报道首先要"真"，不仅要剔除那些虽有新鲜、重要、显著、有宣传价值等要素，但却不够真实的报道，而且要求不被表面、局部现象所惑，不满足于表象、局部和浅层的真实，还要努力追求真相、整体和深层的真实，包括新闻背后的新闻，正反两面和多侧面的真实，事物的内在联系、相互关系、发展变化规律，等等。这些都需要新闻传者认真负责、严守新闻工作规范，对报道内容具有必要的知识，对弄虚作假者有必要的防范，需要一定的职业道德、职业精神和专业能力，同时也需要相应的体制安排，保障各种真实的揭示，宽容难免的失误。

此外，要每篇报道都反映整体或深层是不现实的，也是不必要的。新闻报道的篇幅容量有限，还要争抢时间，而认识、反映事物的整体和深度，需要有较多的篇幅和时间。况且，对真相整体和深度的认识一般只能以表象、局部和浅层为入口。更何况，又怎能保证新闻传者对整体、深层的认识一定是正确的呢？而且，受众对新闻也有不同的需要，如大多数人只需知道出门后会不会下雨，并不在意那雨的来龙去脉。因此，决不能忽视对局部、浅层事物的真实反映，更不能以整体、深层真实为借口，掩盖、歪曲基本事实。

但是一个记者、一个媒体、一个传媒集团、一个地方媒体群的所有相关报道，应大致符合整体和深层情况，这对社会的影响很大，因此既可以也有必要提出这样的要求，在每次报道时，应尽力全面和深刻。

"真"的要求直接关系到人们对事物的认知，左右人们的思想和情感、态度和行为，包括从个人到国家的各种决策。如果说，实践是检验真理的唯一标准，那么对事实的反映和认定，就是对真理还是谬误的判定。

2."新"和"快"的要求

这里的"新"即新鲜。除了时间上的新，报道新的发生、发现、发展，反映新的情况、事物、问题，还包括富有新意——找到新角度、新层面、新广度、新深度、新内涵，发掘出独特的、被他人所忽视的新闻价值。

新鲜的要求又衍生出"快"的要求。一则新闻如果被别人先发表了出来，再发表就不新了，所以要"抢"新闻。"快"又关系到新闻的及时性，如果没有足够快，受众已经知道有关情况，或已经来不及做出必要的反应，新闻价值和新闻的使用价值都会大打折扣。数字化传播使新闻报道稍有迟缓就会落后过时，同步报道正在成为常态。

3.传播对象需要的要求

传播对象需要与否和需要的程度也决定新闻价值的有无和大小，报道者要能够迅速感觉到、发掘出事实中蕴含的受传者需要的信息，甚至能够预见到某些受传者所关注事情的发生，并为此做好报道准备。这就是有新闻敏感性。

既然传播对象感兴趣的内容总是他们需要的，即使只是满足兴趣的需要，新闻报道者也要找新鲜的、受传者感兴趣的人和事。然而如果仅此而已，便会流于平庸，甚至还会趋于娱乐化、刺激化、低俗化，媒介中的世界与现实世界也会相去甚远。新闻报道者至少还要考虑到以下几点：

（1）有些需要是不正当的或低级趣味的，如窥探别人的隐私，报道者不应一味予以满足。

（2）有些信息虽很吸引眼球，但并无多少意义，甚至副作用很大，如有些"星、腥、性"闻。报道者须从传媒声誉和社会责任全面衡量。

（3）有些对受传者很有价值的信息，起初并不令人感兴趣，由于人们不相信，或不知其重要，或不知其与自己有何关系。报道者不能轻易放弃或放在次要的位置，要有针对性地解决受传者的兴趣问题，如挖掘接近性。

当把传播对象需要与感兴趣统一起来，可把传播对象需要的信息分为三类。一为传播对象有直接兴趣的，例如，很新奇的或传播对象明显感到与自己的利益密切相关的信息。二为传播对象有间接兴趣的，例如，传播对象感到有些重要信息与自己的切近利益并无关系，仅与长远利益有关联，仍值得知道一下。三为传播对象并不知道自己需要，因而没兴趣或兴趣很小。

其中第一类信息的数量最多，第二类次之，第三类更少。按吸引力排列也是如此，因此有些新闻传媒只关注第一类的，以吸引眼球。

但若按重要性排列，往往第二、第三类为上，第一类次之。因此社会责任心强的、以受众利益为重的新闻传者，不是仅跟在受众兴趣的后面，而是对第二、第三类信息也高度重视，尽力提供受众需要的而不仅仅是想要的信息。加拿大有个全新闻电台的广告语是："我们提供所有你需要知道的，甚至你还不知你需要知道的。"（We provide all you need to know; even you don't know that you need to know.）显示出一种高级媒介的姿态。

新闻传媒还要善于捕捉和呈现新闻价值，包括善于发现和揭示出第二、第三类信息的重要性及其与传播对象的关联。这种揭示不是在报道中直接进行主观判断，而是通过其他事实的引证和有关专家的看法，另写新闻评论。美国资深新闻人把"使重要的信息有趣并且和公众息息相关"列为"新闻的十大基本原则"之一。

然而什么是新鲜和重要的？对哪些人来说是新鲜和重要的？从哪些角度、哪些层次看是新鲜和重要的？新鲜和重要的程度如何？对此要及时准确地把握并不容易。对显著、接近、有味的把握也是如此。新闻敏感性就是对事实性信息的新鲜和受众需要的感应能力，其基础是判断者所有的知识、经验、思想水平和分析能力。

二、全面、客观、公正的要求

1. 全面

新闻传播的全面包括事实的全面和意见的全面。前者是对报道对象的各个主要方面、过程、情节都予以反映，不以报道者自己的偏向故意隐去不合己意的情况；后者是对有争议人物和事情的各种主要意见都予以反映，不以报道者自己的偏向故意隐去不合己见的观点。否则就会成为片面的报道，误导公众。

例如，对某件事情，绝大多数人持否定态度，但也有一些人肯定，如果只报道肯定者的意见，给人的印象就会是大家都肯定的。反之亦然。许多"强奸民意"的报道就是这么做的。

这里的全面是相对于片面而言，并不是说，局部真实的反映就不重要了。整体由局部构成，众多的表面、个别事实的真实报道，有助于对深层和全面、整体的反映。许多对真实的掩盖、扭曲，正是以所谓的总体真实为幌子。应力求既见树木，又见森林，但不能要求每个报道见森林，只要不是有意无意地以偏概全。

平 衡 报 道

平衡报道是实现全面的有效方法。平衡就是在突出报道一种主要因素时，还要顾及其他因素，特别是相反的因素；在突出报道一种主要意见时，还要注意点出其他意见，特别是相反的意见。平衡不是均衡，不是做中庸的报道。现实事物中，平衡是相对的，不平衡是绝对的，平衡报道的手法追求的是更准确地反映事物及其内外联系。可使人们对事物的各方有更全面的了解，并避免有些受众对报道的反感抵触。

如某国外媒体在报道重庆环境污染严重时，也讲了污染与当地经济的迅速发展有关，市政府已总结经验教训，正努力治理污染、协调发展与污染的矛盾。在报道北京由于交通拥挤，部分小车只能隔日上街时，也讲了道路建设已经很快，是经济的增长、车价的降低、私车拥有量的增长使道路供给仍然跟不上需求。这些节目既报道了负面新闻，又道出了含有正面信息的原因，取得了平衡。如果他们报道中国时总是只讲负面情况，一定不受中国政府和受众的欢迎，也不能让外国受众对中国有比较全面的、更符合客观实际的了解。

2003 年 6 月末，《成都商报》刊登《"皇上"提出怪要求》一文，称女歌手周璇在筹办其小说的签名售书活动时，邀请一个影视大腕来担任签售嘉宾，对方提出以性作交易，并称该影视大腕以演皇帝而出名。7 月初，《成都商报》又发表《"皇阿玛"就是张铁林！》，称周璇在记者会上当众指出"皇阿玛"就是张铁林，并提供了她和张铁林在北京名人饭店的合影作为证据。于是，张认为周与该商报的所为侵害了他的名誉权，提起诉讼。法院认定：周璇不能提供证据证明其散布的言论的真实性，因而构成了对张的名誉权侵害。

《成都商报》虽然报道的是周璇的真实叙述，法院也没判罚，但事实上扩大了这种陈述的影响，即扩大了名誉权伤害。报道者应做出符合一般人理性的审慎判断与处理，包括进行核实和平衡报道，否则很容易被人利用，或给报道者制造新闻留下空间。如果报道者没有核实的条件，如在此案中，周说的内容只有天知地知周知张知，报道者仍当尽可能真实全面、客观公正：第一，只对周的"说"做出客观报道，而不对其说的内容有认可倾向；第二，明确指出消息来源，让人可以判断消息的可靠程度；第三，让另一方如张铁林，有同等的申辩机会——可随即采访、平衡报道，或给予相应的版面刊登申辩。

全面要求提供完整的信息，让受众了解各方面情况和意见，自己做出判断。而"典型报道"，则是按宣传的需要对事实、观点进行选择和处理。两者有一定的矛盾性。但前者是新闻传播的要求，目的是反映、告知；后者是宣传的方法，目的是影响人们的思想观点和行为。两者可各司其职。

2. 客观

新闻传播的客观包括内容的客观和形式的客观。前者是要求尽可能排除主观的干扰,符合客观实际。即使是报道将要出现的事实,也必须有足够的依据,并在报道中交代这个依据。例如,预告某天将出现日食,须有消息来源的交代,而且这来源必须是可信赖的。

内容完全客观是做不到的。新闻生产既无必要,也不可能完全排除主观的参与。实际情况是,新闻性信息往往与其他信息混杂在一起,需经过选择、加工才能提炼出来,形成新闻报道作品。虽然也有并不需要加工的新闻作品,如一张偶然拍下的照片,一段偶然摄取的录像,可以不加修改完全采用,但这种新闻作品的量不大,而且作者是否拿出来用于报道,编辑是否采用,为什么选用这张而不是那张照片,都免不了主观决断。有些新闻如深度报道,还必须有较多的主观参与。这种参与必然会在内容中留下痕迹。即使是CNN这样的国际性商业电视台,客观程度与它们的市场拓展、商业利益休戚相关,也会有意无意地在报道中流露出一定的倾向性。如对以色列强硬派的内塔尼亚胡而不是温和派的佩雷斯当上总理表现出失望;对叶利钦能不能参加总统竞选、俄共会不会重新上台执政表现出担忧;对东欧和非洲国家的"民主化"改革也以西方的眼光来报道和评论;把中国改革开放的成就归为西方化的结果。

但主观性难以避免并不等于可以取消客观的要求,更不应成为滑向主观主义的借口。如果主观性明显,一则主观片面的可能性增大,二则会给人以不信实的感觉,甚至引起对整个媒介的不信任。应把客观作为一种追求,一种努力方向,一种无法完全达到但可以更加接近的目标。这种追求甚至还能突破报道者的思想局限和偏见。

形式的客观主要表现在:

——交代新闻出处;

——多用直接引语;

——注重数据引用和细节描述,以白描求生动;

——语言简洁朴实,少用、慎用副词和形容词。

形式的客观化不仅能给人以信实感,也能在一定程度上保障内容的客观性,还可成为避免因不客观导致新闻纠纷的重要措施。新华社曾报道说,某国总理在飞机失事中丧生。实际上那总理并没有死,该报道源于法新社的消息,但没有交代这个来源,于是造成了无谓的冒犯和自身信誉受损。

　　内容和形式的客观都需要方法的客观。在认识方法上，要努力由表及里、由浅入深、由感性到理性，保持批判的眼光、不为假象所迷惑，不以主观臆测代替客观调查、多方求证。

　　在报道方法上，不以主观理念罗织事实。不将自己的意见、态度表述于一般报道，尤其是消息中。一方面，观点不是新闻。另一方面，要避免使人以为报道者的意见、态度是新闻事实本身的组成部分，妨碍受众进行客观判断；避免使人认为报道的内容是为证明报道者的观点而挑选出来的。即使是深度报道，包括解释性报道，也尽可能通过交代事实引出观点和结论。

　　在具体操作中，还要严格遵守客观报道的操作规程，避免失误或被人利用。例如，有的新闻机构要求记者编辑对重要的人名、数字等核实后做上标记，没标记的或另作核实，或弃之不用；对重要的或可能引起争议的消息，尽可能从不同的途径加以核实，并在报道中交代出处。

　　新闻传播的全面与客观也是相辅相成的。同时，新闻传播的全面、客观还需要公正。

　　3. 公正

　　新闻传播的公正包括态度的公正和机会的公正。前者是不以一己之见在内容和形式上偏向于某一方，后者是给争议双方平等了解信息、说明情况、发表观点、进行申辩的机会。总之，不应以自己对媒介的掌控，阻拦、压制甚至歪曲某一方的情况和相左的意见。

　　当然这公正是在法律和条件许可的范围内。有的信息有一定的保密范围，人们也不会认为这样的限制不公正。而在人民内部，在法律和条件允许的范围内，应尽可能公正。

　　对公正的一般约定是：① 完整。如果省略了重大、有意义的事实，是不公正的。② 相关。如果以牺牲有意义的事实为代价而报道那些无关的信息，是不公正的。③ 诚实。如果有意无意地误导甚至欺骗受众，是不公正的。④ 坦率。如果记者把他们的偏见和情感巧妙地隐藏在贬义词后面，是不公正的。

三、信息质量和社会效益的要求

　　1. 信息质量的要求

　　上述新闻价值的要求和全面、客观、公正的要求也是质量要求，这是就新闻的信息属性而言的质量，包括要准确具体，信息量大；简练清晰，有用性强；朴实易懂，可信度高；有的放矢、针对性强；鲜明生动、可读（包括视、听）性强；以及富于人文精神、感染力强。

还有人提出雅正——高雅纯正的要求，但这不应与生动（如采用新出现的网络热词）相矛盾。

2. 社会效益的要求

以上都是从新闻专业的角度来看的要求，而从社会作用的角度来看，对新闻传播还有揭示真相、反映实情、监督权力，做好党和人民的耳目喉舌，充分发挥积极作用，防止消极影响的要求。

不同的时期，不同的环境，不同的媒介，有不同的社会效益要求。中共中央机关报在革命战争时期，要宣传共产党、揭露国民党，现在要宣传改革开放；民主人士办的《新民报》要服务市民，《生活周刊》要服务青年，等等。

有时，按新闻价值的要求应及时、充分地报道某事，然而这种报道又会引来负面效应。这时应全面衡量社会效益，包括这种报道与公众利益、公民知情权的相关性，与传媒乃至政府的公信力和影响力的相关性，对认识、解决问题的全面性、长期效应等，同时需要公众对什么是新闻、为什么负面新闻比较容易获得新闻媒介青睐有所了解，并具备一定的新闻素养。

3. 有立场

社会效益是从一定的立场来看的，没有立场也就没有社会效益的判断标准。新闻传播、新闻媒介要真实全面、客观公正，与有立场会不会相矛盾呢？其实只要是站在广大人民群众的立场上，就可以统一起来。对丑恶事物的否定，对美好事物的褒扬，都可以是真实全面、客观公正的。即使从宣传的角度来看，真实全面、客观公正的传播也可以使宣传的说服力和公信力更强。

但如果只是站在小部分或个别人的立场上，则会带来不全面、不客观、不公正，甚至不真实。由此可见，真实全面、客观公正的要求也有助于防止新闻媒介由社会公器变为私器。

以上是从学理上对新闻传播的要求进行了较为完整的探讨，而如要易学易记、可操作性强，则可简要归纳为八个字：真实、全面、客观、有效。

第二节　新闻专业精神和职业规范

一、新闻专业主义和专业精神

1. 新闻专业主义

新闻专业主义是在新闻专业化的长期实践中形成的、源于新闻专业化要求的一系列主张、理论和理想。

新闻专业化要求在拥有更好的专业知识与技能的基础上，以更自觉和自律的方式，向社会提供高质量的新闻服务。

新闻专业主义包括新闻是什么和如何实现其重要作用，主要基于新闻媒介的角色功能和新闻报道的要求原则。

1）新闻专业主义的基本观点和逻辑

（1）新闻传播、新闻媒介具有传递信息、交流意见、整合社会、制约权力等重要作用，是社会瞭望、沟通、整合的重要工具。

（2）新闻工作要尽可能客观地报道有价值的新闻，尽可能反映真实，揭示真相，彰显真理。

（3）因此新闻工作者需遵守新闻职业道德和专业规范，具有专门的知识和技能，并追求高度的新闻职业精神和专业水准，包括忠于事实，客观公正，防止误导受众或新闻侵权，或被利益集团不当利用。

（4）因此新闻工作者要有中立的态度和独立的地位，具有独立工作的条件，能排除各种干扰，包括主观性的干扰、传者利益的干扰和社会环境的干扰。

2）新闻专业主义的主要诉求

（1）客观。选择和处理报道内容时，尽可能避免主观情感和意见的干扰。事实和观点分开，新闻报道只陈述事实，不掺入报道者自己的观点，要发表自己的观点可另写评论。可用客观描绘代替叙述，用中性词语代替倾向性的词语，用直接引语代替间接引语。

（2）中立。选择和处理报道内容时，采取不偏不倚的公正态度。给对立的各方或各种观点平等的表现机会，注意采用平衡报道的方法（见本章

第一节）。

（3）独立。须有独立的判断和表达，不为政治、经济权势所左右。所有权与编辑权分开（这有些理想化），编辑部门要有独立的编辑权。采编与经营分开，评论员有权拒绝撰写违心的评论，老板也无权干涉。尽可能以新闻行业的自律进行约束。

3）新闻专业主义的实现

新闻专业主义有助于明确职业理念，树立职业精神，加强职业规范，提升专业水准，也有助于提高新闻工作者的职业地位，调节他们与社会的关系。

然而在现实世界中，新闻工作的客观、中立和独立就像新闻自由一样，只能在一定范围内、一定程度上实现。在西方有西方的范围和程度，在中国有中国的范围和程度。例如，西方的私有新闻传媒，其编辑部的独立自主权只能在不损及老板利益的范围内行使，老板即使"不踏进编辑部一步"（默多克购买《泰晤士报》时的表态），仍然有足够的途径影响媒介内容，例如，通过人事安排。

在中国，新闻报道也要真实全面、客观公正、富有新闻价值，新闻媒介也要发挥信息传递、意见交流、舆论监督等作用，新闻机构也要采编和经营分开，提升职业道德和职业精神。然而新闻传媒还要做好党和政府的喉舌，宣传党的方针政策、国家的建设成就、社会的先进典型，等等，还要探索有中国特色的新闻专业主义理论和实践。

数字化传播的发展给新闻专业主义带来了新的挑战和机遇。一方面，传媒竞争加剧，专业主义的理想追求与迎合市场的实际需求之间矛盾加深，同时大量业余或不够专业的新闻夺走了许多眼球。另一方面，专业要求的实现有了许多新的手段，如新的既丰富又便捷的信息来源，包括大数据挖掘和向受众征集，同时一些专业水准高的新闻获得了更多的传播机会。

2. 新闻专业精神

"主义"是指人们十分推崇的观点、主张、理论、学说或理想，往往具有极强的排他性，而倡导新闻专业精神就无此问题。

新闻专业精神的内涵包括追求真实、揭示真相，全面、客观、公正，尽力履行沟通信息、瞭望环境、反映民情、代表舆论、监督权力等职责。

在人人都可方便地面向公众进行传播的时代，许多传者不知、不顾新闻传播的重要作用，不专业的、不够真实全面客观公正的内容到处泛滥，这是必然的。此时专业的内容就更加可贵，而且具有榜样引领作用。

在"后真相"的效应下，专业的新闻传播内容往往并不受市场待见，成本反而更大。这时，坚持新闻专业精神就更为难能可贵（关于新闻专业精神的具体内容参见本书第八章第三节）。

二、新闻职业规范

新闻专业主义要求新闻工作按一定的专业规范行事。这些规范既是工作的指导和自律的准绳，也是评判新闻工作的重要标准。它们不同于职业道德和职业精神，例如，在报道法治新闻时怎样做到保护隐私、不干扰司法；在什么情况下才可偷拍偷录，都不是职业道德和职业精神范畴的问题。但许多新闻职业规范，正是新闻职业道德和职业精神的落实，如怎样保障新闻报道的全面和客观，如何保护新闻源。

中国人民大学教授陈力丹主持的"新闻职业规范研究"借鉴国际公认的规则，提出《中国新闻职业规范标准》，包含五大章：基本准则、职业角色、利益冲突、业务操作、罚则与改进，涉及职业意识、法律规范、操作规范和程序规范等问题。

职业意识是按照新闻专业主义的基本原则，结合中国新闻业的实际，对某些职业行为或现象的认识。这其实是基本准则在具体新闻实践中的应用和细化，还能在法律规范、操作规范和程序规范无力处理新问题时进行适当的推导，以便传媒和新闻从业人员据以做出合适的行为选择。

职业意识的缺失使不少传媒和新闻从业人员肆意挤占传媒作为社会公器的空间。例如，将采访权和报道权当作自己拥有的权力而滥用，实际上这些权不是国家赋予的行政权力，而是公民的获知权利的延伸，是人民赋予的，用以满足他们的获知需要。

多数国家新闻职业规范中并不包含法律规范问题，而中国目前还没有专门的新闻传播法，相关的法律规定比较分散和笼统，不少新闻从业人员又缺乏相关准备，在具体职业行为中并不清楚许多禁区，有可能因不熟悉相关规定而触犯法律。例如，中国目前《民法通则》和一些最高人民法院司法解释对公民的名誉权、肖像权、隐私权等人格权做了明确规定，但不少新闻从业人员对这些具体规定知之甚少或者理解不透彻，在新闻报道中漠视了这些权利。因此，有必要将这些分散的法律规定集中到具体的职业规范中。

法律规范是传媒机构和新闻从业人员的职业规范底线，明确规定哪些是不能做的。在职业规范中还要对能做的部分加以规定，以便做对做好，体现新闻职业操守、职业精神和履行社会责任。这些专业层次的问题就落实在操作规范上。

任何一部新闻职业规范，都会有一些具体规定随着时事变迁而变得不合时宜，传媒机构和从业人员在遇到新现象或新问题，尤其碰到一些道德困境时，往往会难以按照固定的规范做出行为抉择，或者不能有效地解决问题。因此，职业规范要具有弹性调整或取舍的空间。

这就需要程序规范，即依次对具体情境、价值判断、原则规范和忠诚行为进行分析、推理和自问，以做出适当的抉择。

职业规范的实施也需要有效的执行和监督，尤其需要传媒机构的重视。如《深圳商报》设立专门的部门，由专人负责处理群众对记者的投诉、对报社的意见，逐条核查落实后形成报告，提交编委会。利用编前会的机会，报社领导讨论该报告，即时做出处理决定，如刊登更正声明、扣发当事人奖金等。此举使之后的投诉案减少了一半以上。

此外，要通过教育培训和长期实施，把这些职业规范内化为从业人员的自我要求，形成自觉行为。

第五章

新闻报道的基本问题

新闻报道又称新闻报导，其本义是一种向公众报告新闻性信息的活动，如人们常说的迅速报道、全面报道、深入报道、现场报道，也指这种活动产生的新闻作品。

不论用什么方法报道，都首先遇到内容选择问题。新闻报道的内容选择往往既不取决于新闻价值，也不取决于宣传价值，而是取决于报道价值。随着新闻实践的发展，又形成了与不同的报道内容和方式方法相应的一系列报道体裁。

报道的基本方式有客观报道、主观报道、深度报道、预测性报道，操作方法有策划与选择，采访、写作、编辑、评论、摄影等。

第一节　报道价值和体裁

一、报道价值

报道可以说是"知难行易"。相对来说，新闻的传递是比较容易的，主要难在报道什么，即内容选择——对报道价值的判断和把握。

1. 什么是报道价值

报道价值是报道对象对于新闻报道的有用性。它是由多种因素决定的，包括新闻价值、宣传价值、政策法规的要求、目标受众的需求、传者的需要等。

一般说来，有新闻价值就有报道价值，但报道价值往往是新闻价值与"新闻的价值"的结合。有些明星轶事虽然很能满足人们的好奇心，但并没有很大的报道价值，上不了严肃报纸的头版；有些迎合低级趣味、社会效应不良的新闻，或侵犯别人隐私权的新闻，就没有报道价值。

报道价值与宣传价值也是既有联系又有区别。许多报道在很大程度上甚至完全是因其宣传价值而有报道价值。当我们在新闻与报道之间画上等号或近似等号的时候，也就很容易在新闻与宣传之间画上等号或近似等号，即新闻≌报道≌宣传，则新闻≌宣传。与此相应，我们经常把宣传要求作为新闻报道的要求，按宣传价值选择新闻、编排版面或节目。

此外，许多报道不一定有宣传价值，比如天气预报。许多有宣传价值的内容又不一定与报道形式相适应，比如一些复杂深刻的思想观点。

政策法规的要求包括关于新闻传媒的、关于报道对象的、关于报道内容的政策法规。

同样一件事情、一个人物，在不同的时候、对不同的媒介、向不同的受众，会有不同的报道价值。

报道价值的大小取决于报道的效果，通俗地说就是在多大程度上值得报道。不同的传者有不同的需要，不同的效果追求，因而他们对同样的人和事，也会有不同的报道价值大小判断。

2. 报道价值的把握

新闻价值的有无和大小因人而异，差异性很强，传者在选择和处理新闻时，应以谁的标准为准呢？一般情况以目标受众的需求为准，然而，许多受众一时不能意识到有些信息的重要性和有益性，此时就不能放弃传者的判断，但仍要尽可能用受众感兴趣的方式进行处理。

传者的需要直接影响对报道价值的把握。传者包括媒介机构和媒介人、媒介的主办主管机构和领导者，以及广告商、赞助商等。传者有宣传、指导、教育、服务乃至赢利的需要，广告商有树立企业和产品形象、发布商品信息、影响消费者的观念和行为的需要，这些会影响报道内容的选择，影响对报道价值的判断。

在新闻传播高度发达、受众的选择余地十分广阔的今天，判断报道价值、选择报道内容时，必须把受众的需要和新闻价值放在十分重要的位置。即使是以宣传为主的报道，也要尽可能增强新闻性，否则会缺乏吸引力和影响力，甚至降低媒体的声誉。

人们关注新闻主要是为了了解客观世界的变动，新闻报道的内容主要是新近发生、变动的事实。变动越大，有关信息就会越新鲜和令人感兴趣，也可能越有意义，从而越有报道价值。富有经验的记者很注意从变动中寻找、挖掘新闻。

二、报道体裁

人们报道新闻最初是简单和流水账式的记录，或采用文学的笔法。随着社会需要和新闻实践的发展，逐渐形成了一系列与新闻传播的要求相适应的、独具特色的新闻报道体裁，主要有如下几种。

1. 消息

消息是最常用的新闻体裁，能迅速、准确地报道新闻。它可分为动态消息和综合消息。顾名思义，前者为单一新情况或新发现的反映，后者则综合各方面的情况，例如，香港回归之际，社会各阶层的态度、情绪；全国各地住房价格的涨落情况和控制措施；某个人物的行为、思想、生平、别人对其评论等。

消息的开头部分往往冠有"本报讯""本台消息""××社××地×月×日电"等字样，这些被称为消息头。它们是版权的标志，也是承担责任的表现，又突出消息文体，表明新闻来源，便于受众选择和判断。

紧接在消息头后面的第一、二句话，一般构成消息的第一自然段，被称为新闻导语，通常由新闻事实中最吸引人的内容或要素、提示所组成。写好导语很重要，使受众能迅速了解主要内容。有些导语甚至被做成副标题。写好导语又很不容易，体现了作者的思想、知识、技能等各方面的修养。

导语后面是消息的躯干，用以解释和深化导语或补充新的材料。西方的新闻报道中，紧接着导语的一般是交代新闻来源，便于受众推测、判断报道内容的可靠性、权威性和潜在价值。

消息的结构有倒金字塔式、时间顺序式、悬念式、并列式等，或几种样式的结合。其中最常用的是倒金字塔式，即按各项内容的新闻价值大小程度，把最有新闻价值的放在最前面，依次类推，构成"头重脚轻"的形体，犹如上大下小倒置的金字塔。这种结构能让读者尽快获得最有新闻价值的信息，又给快速成文和编辑裁减提供了很大的便利。悬念式是先以某种情况或问题让人产生悬念。并列式一般用于综合报道，两种或几种情况并列陈述。

2. 特写

特写名称由电影的特写镜头而来，即截取新闻事件、人物、场景的某个部分、片段或侧面，进行形象化的展现。以描绘为主要手法，强调视觉印象。

3. 通讯

通讯包括人物通讯、事件通讯、风貌通讯、工作通讯、特稿、访问记、新闻小故事等。通讯能够比较详尽、生动地报道新闻事件或人物，可综合运用叙述、描写、议论、抒情等多种表现手法。通讯在中国出现于20世纪初，最初被称为通信，当时那些篇幅较长、时效性又不是太强的报道，通过电报发送成本太高，就作为信件邮寄。

4. 深度报道

深度报道包括解释性报道、调查性报道、精确性报道、体验式报道，以及对人物、事件的深入专访、透视、追踪报道。

深度报道有单篇的、连续的和组合的之分。它们一般题材重大，报道全面，透视深刻，注重解释和说明原因、结果、含义、影响（尤其是与受众的关系）和趋势。与新闻评论不同的是，这些解释和说明主要通过事实的介绍来展示，如新闻背景、他人之言、相关事实等。随着广播电视和网络媒体的崛起，时效性、形象性相对较弱的报纸日益依靠深度报道。

以上是中国的分类，而在英语国家，一般分为纯新闻（straight news report）、解释性报道（interpretive report）、调查性报道（investigative report）、特稿（feature，相当于中国的特写和通讯）。

5. 广电新闻体裁

广播电视新闻在运用上述这些体裁时，尽可能发挥声音和图像的长处，从而形成一些自己的独特样式，如新闻专题报道——对某一领域或某一方面的事情、人物进行较为集中的专门报道；现场直播报道——把新闻事件现场的声音、图像和报道者的现场解说直接传播出去，不同于播音室、演播室直播和录制后播放的录播，也不同于实况转播。

与新闻有关的体裁,还有评论——包括(但不仅限于)社论、时评、短评、编者按、编后语、杂文,以及报告文学,广播电视中的纪录片、专题片等。它们或属于言论,或属于文学、纪实(不一定是新闻之实)、访谈,但其中有些作品也传播了新闻性信息。

第二节 报道方式

一、新闻报道的基本方式

1. 客观报道

从新闻传播的要求来说,客观报道是一种原则。新闻报道只有符合客观事实,才能有新闻价值。从新闻传播的实施来看,客观报道又是一种与主观报道相对的方式方法,它有两层含义:一是客观地认识和选择新闻事实、按照事实的本来面目进行报道,避免报道者的主观倾向;二是采用客观化的方法,如以细节描述代替主观叙述、多用直接引语、语言准确朴实等。

客观报道与客观主义既有联系又有区别。新闻报道的客观主义认为,报道的最终目的是客观地反映现实,应尽可能排除主观的选择,尽可能进行"纯客观"的报道。事实和观点是应该而且可以完全分离的。这种认识有助于避免主观主义,过去的客观报道就是客观主义的实现方法。

然而在客观主义的主张下,不顾意义大小、效果好坏、真相和假象、表面和实质,有闻必录,详细报道犯罪细节、血腥场景等,就会产生很大的负面作用。而且人们发现,纯客观是做不到的,新闻报道不可避免地会受到政治、经济、舆论等的影响,甚至还会受报道者主观意识的影响;仅仅客观地反映事实也是不够的,不能满足社会、公众对新闻传播的多种需求,包括对新闻事实的深入认识,甚至还会由于反映的只是片面的事实,或误导性的言论,而产生很大的负面效果,进而被别有用心者利用。如在 20 世纪 50 年代,美国参议员麦卡锡利用媒介对他的言论和活动进行报道,大肆兜售麦卡锡主义,迫害进步人士。

现在的客观报道强调的是尽可能接近客观,避免主观片面性,并不排除在主观努力下，选择新闻价值大的内容，以及尽可能反映全面、总体的真实，也并不排斥解释性报道等其他方法。

2. 主观报道

这是以报道者的主观意图、倾向、观点统领报道，以此选择报道的内容、形式和手法。

西方新闻界认识到纯客观不可能达到、客观主义有明显的不足以后，一部分新闻从业人员尝试走向另一个极端：在报道中大量融入意见观点、分析解释、宣传鼓动以及小说式的气氛渲染、人物塑造，等等，并在 20 世纪 60 年代席卷美国报业乃至其他文化领域。然而好景不长，这种被称为新新闻主义的主观报道方法之后也销声匿迹了。

有学者认为，新新闻主义并非主观报道，因为其意图并非为了表达某种思想观点，而是为了更准确、更真实地向受众反映事实、传递信息，与客观主义殊途同归。然而意图不等于事实，新新闻主义高度的主观参与乃至主观的主导是事实。新新闻主义的手笔目前仍很少见，一般只在报道比较富于戏剧性的事件中偶然出现，可见主观性很强的报道不符合新闻报道的普遍规律。

而采用客观化的手法用事实说话，是隐蔽的主观报道，与报道者直接表露自己意见的主观报道相比，或与宣传味很浓的报道相比，更容易被人接受。胡乔木同志在《人人要学会写新闻》中说："最有力量的意见，是一种无形的意见——从文字上看去，说话的人只是客观地朴素地叙述他所见所闻的事实（而每个叙述总是根据一定的观点的）。这样，人们就觉得只是从他那里接收事实，而不是从那里接收意见（而每个有自尊心的人一般都是不愿相信意见，而宁愿相信事实的）。[①]"

但严格说来，这种报道仍只是一种"说话"，是用报道的形式传播一定的思想观点，以影响人们的思想和行为。

"典型报道"也与之相近：选择突出的事例、人物进行报道，着重报道符合传者的意图、倾向、观点的某些方面，忽略相反的方面，以产生宣传效果。

3. 深度报道

深度报道要反映事物的深层内涵、联系、意义、影响、趋势等，需要

---

① 张举玺. 实用新闻理论教程 [M]. 郑州：河南大学出版社，2012：41.

有较多的主观参与。但仍要尽可能客观，尽可能用事实，包括调查数据、专家意见、亲身感受等，避免主观武断。

深度报道又可分以下几种。

（1）解释性报道。解释性报道就是在进行客观报道时，以背景材料和相关事实揭示原因、意义、影响、趋势，帮助人们正确、全面、深刻地认识有关事实。一般夹叙夹议，不同于客观报道的平铺直叙，并且会或明或暗地显示出报道者的主观倾向。

（2）调查性报道。通过深入的调查，揭示隐蔽的事实和问题，往往用于舆论监督性报道。在西方尤指揭露权势机构和人物的腐败和违法行为，因此又称"揭丑"报道、"扒粪"报道。

（3）精确性报道。采用社会科学的抽样调查、统计分析等方法，依据充分的事实、数据和严密的逻辑推理。这种报道方法能发掘出其他方法证明不了的事实，更能反映普通人的意见和要求，且能够更加客观公正，可靠性、说服力更强。但这种方法的人力和资金成本较高，周期较长，时效性、可读性较差，且如果调查统计方法不够科学，或故意造假，欺骗性也较大。一般传媒机构碍于成本高，较少采用，可与社会科学研究者合作。现在又可利用大数据，乃至发展出又一个新闻种类——数据新闻，其中有的还属于预测性新闻。

（4）体验式报道。通过报道者的亲身体验、经历，使报道富有特殊的细节和感受。

4. 预测性报道

此即预测性新闻的报道，对将会发生的事所做的有新闻价值的预测。其内容有不确定性，不同于预告性新闻。其价值很大程度上取决于事实的重要性和预测的科学性。其报道者要尽可能充分地占有材料，进行严密的论证。可采取滚动方式，及时考量和反映事实的发展变化。数据库、大数据、云计算给预测性新闻提供了新的条件。

新闻报道的方式还有消息、特写、通讯等各种体裁，以及电子媒体的特定报道方式，如现场直播、纪录片等。

二、公共新闻和公民新闻

公共新闻和公民新闻既是传播内容问题，又是传播方式问题。

1. 公共新闻

"公共新闻"作为一个专有名词，是由新闻媒介引导公众积极关注、参与公共事务的公共新闻运动而来。由该运动发展出的一套新闻思想和理论，被称为公共新闻学（public journalism）。

该运动兴起于 20 世纪 80 年代末的美国，波及许多其他国家和地区。当时美国公众对公共事务和媒体冷漠疏离，使民主和媒体陷于危机。他们并非不想关心国家利益、自身利益，而是感到即使关心，也人微言轻、无济于事。面对受众的流失，传媒业不是改进新闻活动，而是一浪高过一浪地进行娱乐化。

公共新闻学的倡导者认为，新闻工作者除了提供信息，还应关注公众之间对话和交流的质量，帮助人们积极地寻求解决问题的途径，提高社会公众在获得信息基础上的行动能力。如果市场成为现代社会中唯一的舞台，我们将全部沉沦。

公共新闻学强调民主和公共利益，呼吁传媒贴近公众生活，重新唤起人们参与公共事务、维护自己利益的热情，也使媒体重新焕发活力。要针对公众关注的议题，包括有关事实、看法、方案进行报道；呈现多元的论据和理由，帮助公众掌握完整准确的信息；重新树立公共意识，鼓励公众了解他人、关心公共生活、参与讨论，培养公民辨别不同意见和参与公共事务的能力。

公共新闻学被称为美国新闻业第四种模式的理论和实践。前三种是市场模式、鼓吹模式（宣传模式）、托管模式。

市场模式强调市场的作用，主张自由竞争。鼓吹模式（宣传模式）是以宣传为基本功能、主要内容、管理目标。托管模式主张由媒介人代表公众利益，在现实中更多的是人们的愿望和媒体机构的声称。经济利益的追求，传播新技术带来的媒体增多和竞争加剧，不断瓦解着这种模式。因此，公共新闻运动和公共新闻学应运而生。在 1994—2001 年间，美国约 1500 家日报中，至少有 322 家，也就是五分之一以上的报社做过这方面的努力，对当地社区产生了积极影响。

2. 公民新闻

20 世纪 90 年代在美国还兴起一种新闻思想和理论，并随着 Web 2.0 的到来而日益兴盛，迅速传遍全球，名为公民新闻学。

公民新闻是指普通公民个人（不是职业传者）通过大众媒介或自媒体直接发表的新闻，比如发送到微博上的突发事件现场见闻，发送这样新闻的个人被称为公民记者。

"公民新闻学"在公共新闻学的基础上，进一步倡导由公众直接参与新闻报道和时事评论，以此构建和监督公共空间，营造公民社会。

公民新闻是由公民直接提供的新闻和时事评论，是公民参与公共生活、公共事务的一种形式，而公民参与是民主的希望和基石。公民参与要有参与意识和条件，包括制度和参与途径。新闻媒介在培育参与意识和创造参与条件的过程中有重要作用，新闻媒介本身又是一种十分重要的参与途径。

公民新闻学的兴起不仅使传媒采用了更多的公民新闻，还催生了许多公民媒体，即以公众、新闻爱好者提供的新闻和评论为主要或全部内容的报纸、广播、电视、网站等，其中以网络媒体最多，如韩国著名的"Oh My News"，在2000年打着"每个市民都是记者"的口号成立。

公民新闻的理论和实践使新闻传播的内容更加全面地反映民情民意，也促使其他新闻更及时和客观。

第六章

新闻报道的操作方法

新闻报道方法有两层含义。一是各种报道的一般方法，包括策划与选择、采访与写作、编辑与评论、摄影与摄像。二是各种报道方式的特殊方法，有倒金字塔结构、新闻与评论分开、多用直接引语、交代信息来源等一系列方法。

报道方法的运用既需要新闻理论的指导，又需要掌握基本操作方法，其中策划与选择是关键，采访是基础，写作是基本功，编辑有决定性作用，评论是媒介的灵魂，摄影与摄像则在新媒体时代备受重视。

第一节　新闻报道的策划和选择

一、新闻策划与报道策划

报道策划与新闻策划有所不同——如果"新闻策划"不是指新闻报道策划的话。

1. 新闻策划

新闻是源于新闻事实的信息，其本身是不能被策划的。有害于社会的新闻事实自然不应被蓄意策划制造出来，但有益于社会的事实如慈善活动呢？

应该说，策划、组织实施有益的活动是值得鼓励的。但新闻报道者（记者编辑或传媒机构）为了使自己的报道出彩、受众增多而策划，有如其他企业在公关业务中策划、制造出一些新闻由头，让新闻机构报道，那就值得商榷了。

显然，这种策划的出发点就不符合新闻活动的基本职责——帮助人们了解环境、认识世界，也不符合新闻工作者的使命。作为新闻传者，这种策划至少会有两种副作用：一是使人们怀疑该活动及其策划者的其他意图；二是使人们感到其他报道也可能是策划出来的，不足为据，于是会倾向于选择其他的媒介。

因此，这种策划虽然也可能会轰动一时，但从长远看，对传媒的社会效益和经济效益都会产生损害，尤其是在受众较为成熟、选择媒介的余地又很大的当今社会。这种策划形成风气的话，还会产生其他弊病，如影响正业、无事生非，等等。

那么是不是传媒机构就不能策划公益活动了？显然也不是。关键在于要把策划公益活动与新闻报道业务区分开来，不要为了自己的利益而策划。

传媒机构也可以像其他企业一样，为了自己的营销目的而进行公关策划。但这种公关活动不应擅用自己手中的社会公器，这会损害传媒的公信力。

如果报道活动本身也能成为新闻，能否策划这样的活动呢？如"质量万里行"报道活动，如《解放日报》组织的"体验式报道"，如记者扮成顾客暗访商场和"KTV"等娱乐场，扮成"客户"暗查卖淫和倒卖火车票等。显然，这样的活动不仅可以策划，而且应该精心策划。但只应是为了报道活动而策划，而不应是为了制造新闻而策划，报道活动本身也成为新闻只应是"无心插柳柳成荫"，而不应刻意为之，不应是策划时的主要着眼点。否则这种报道活动就有了为夺人眼球、为名利双收而制造新闻之嫌，会损害传媒的声誉和公信力。①

2. 报道策划

新闻报道策划是通过对新闻报道资源的开发与配置，实现最佳的传播效果。与新闻策划虽仅两字之差，却有本质的不同。

报道策划包括新闻传播层面的报道方针、战略策略、版面栏目等的策

---

① 谢金文."新闻策划"的概念不确切［J］.中国广播电视学刊，1998（1）：76-77.

划，以及报道活动层面的报道阶段策划、专题报道策划、突发事件报道策划等。

报道活动策划的主要内容有：选题、设计报道方案、组织报道力量、设定运行机制、接收信息反馈、修正报道方案。[①]

选题要依据新闻事实、受众需求、传媒方针和条件。

报道方案包括报道的范围与重点，规模与进程，发稿计划（如确定稿件的选题、内容、体裁、篇幅、作者、版面位置、刊出时间等），报道方式（包括有集中报道、系列报道、连续报道、组合报道、读者参与、各种媒介联动等方式）。

在实施报道方案的过程中要不断接收信息反馈，以根据客观情况的变化修正报道思路、内容、规模、方式等。这些反馈有来自报道对象和有关部门的，来自报道者的上级机构和新闻同行的，还有来自受众的。

二、新闻报道的选择

新闻报道的选择是指报道的内容选择、方式方法选择和作品选择。

大千世界中的新闻性信息无穷无尽，而报道者的人力、物力、财力等资源，受众的时间精力和注意力资源等总是有限的，必须进行内容选择。同样的内容以不同的方式方法传播，又会有不同的效果，因此又要进行方式方法的选择。编辑还要从众多的作品中做出选择。

内容选择的依据，或者说选择标准，主要就是报道价值，其中包含了预计的社会效果，传者的媒介方针、特色和受众需求等考量。有的传者还考虑轰动效应、经济效果等，对于应把社会效益放在首位的新闻传媒来说，这是不该提倡的。

方式方法的选择除了上述报道的基本方式，还有体裁、风格的选择和编辑处理的选择，如把报道放在报纸的头版还是其他版面效果大相径庭，还有版面或节目的结构、元素等"编辑语言"的选择。

选择的程序一般为：记者首选，各部门编辑初选，版面主编、部门主管复选，总编辑、编委会定选。也有例外，如不少报道是编辑或总编先确

---

① 参见中国人民大学新闻与传播学院蔡雯教授的讲义。

定内容甚至形式，指派记者去采写的。

这些选择的过程也是把关的过程。此外，有关领导提要求、审稿件等也是把关。影响把关的因素有很多，包括媒介环境，传者任务，领导部门、传媒机构及其人员的利益和水平，传播内容和对象，以及各种社会关系、人情关系等。

第二节　新闻采访和写作

一、新闻采访

新闻采访的线索分他人提供的和自己寻找的两种。受众、采访对象、组织机构都可提供，自己也可从会议、社会事件、公众活动中，从自己的社会关系、社会交往、社会活动中获取。政府机关、公检法机构、公用事业和社会服务机构以及经济金融部门，都是重要的新闻来源。还可从其他媒体中发现线索和材料，尤其是从新媒体上。

采访的方式有很多，如现场观察、个别访问（包括通过电话和电子邮件等）、开座谈会、参加会议、收集资料（包括从其他媒介和互联网上搜索）、亲身体验、隐性暗访、个案调查、问卷调查。

新闻采访要注意以下几点。

（1）尽力获取真实、准确的信息。时间、地点、数据、人名、职务、机构名称（包括外文译名）等信息都必须准确无误。注意带回采访对象能够提供的各种资料，包括名片。

（2）尽力获取具体的信息。"不久前"与"5月2日"，"一位干部"与"财务处处长"，"豪吃"与"十万元一桌"，后者显然比前者更具体明确，可读性也更强。

（3）尽力获取新闻价值大的信息。例如，某次全国性会议上有众多人物和资料，报道者要能找出其中最有新闻价值的人物或资料，不能兴之所至地进行采访。又如某个政要人物谈了八个问题，其中有两个是既新鲜又重要的，报道者采访时要牢牢捕捉这两个问题，深入挖掘。

（4）把握采访技巧。包括以下几点。

尽力做好充分的准备。了解、熟悉采访对象和内容，能够敏锐地察觉到新闻价值，能够提出高质量的问题，甚至能与采访对象进行交流探讨。拟订采访计划和提纲，准备好采访设备、纸笔、行装等。

尽力取得采访对象的信任。注意自身形象，给人以专业之感；采访要事先约定，准时到达，要让采访对象感到可信赖并有安全感。还要注意平时的关系积累、友情培养。

创造良好的访谈条件。选择适当的访谈时间和场所；尊重采访对象，虚心、专心、耐心倾听；尽可能不用录音机，以免采访对象心存戒备，因此要有迅速记录的功夫；善于把握采访对象的心理，采取相应的仪表风度，适当提示采访的意义，形成融洽的访谈气氛。

对方不愿谈时不要强求，可在其他谈话中让对方感到说了也无妨，比如感到你已有所闻，只是想知道得更详细一点，或只是想证实一下。被采访者不大乐意回答的问题可放到最后问，以免早早破坏了谈话氛围。

还可采用非语言交流手段，如与采访对象的距离、位置，自己的表情动作等。

采用适当的提问技巧。可从浅到深，从易到难，逐步引导启发，适时旁敲侧击，还可从反面激问，如采用激将法，或故意让对方感到被误解，引起对方的表白、申辩等，由要他谈变成他要谈。提问还要注意简洁、具体、自然，不犯常识性错误。

二、新闻写作

1. 新闻写作的要求

中文写作要求准确、鲜明、生动，英文写作强调 3C：clear，clean，clever，即清晰、简洁、巧妙。新闻写作与一般写作有共性。在此基础上，新闻写作又有自己的特殊要求。

（1）准确具体。写作的准确性方面，新闻写作还要求具体精确，有较高的信息质量。

（2）简练清晰。写作的清楚度方面，新闻写作比一般写作更为强调要让受众能快速地、一目了然地获得信息，不能像文学作品那样曲折复杂、留白跳跃、需要受众细细品味和用想象补充。一个段落一个意思，故段落较短。句子也尽可能简洁。

（3）朴实易懂。新闻写作还要求朴实浅显，采用社会上大多数人（如中学文化程度者）都能懂的陈述，避免深奥难懂的名词术语或行话。同时以朴实的语言保障、增加客观性和信实感，显得"言之凿凿"。

（4）鲜明生动。新闻写作不能堆砌辞藻，不能妙笔生花，而要不妨碍准确性和信实感，避免夸大和过分修饰，可用白描的方法反映细节，也可采用新出现的鲜活语言。

要而言之，新闻写作要具体精确、简明生动。

2. 新闻语言

上述新闻写作的要求也是新闻语言的要求。用语上需注意以下几点。

（1）多用短句、简单句，少用长句、复杂或倒装句。

（2）不说过头话，不用夸张词。

（3）多用白描，少用形容词和副词，以传神的描述、有力的动词产生鲜明生动之感。

"会场上掌声不断"之类的语言不应出现在新闻中。中央电视台2001年元旦晚上的新闻联播中说："北京的大街小巷，家家户户挂起了彩旗、宫灯。"生动了，文学了，但显然是不准确的，不可能"家家户户"，外国人看了还会以为我们在说谎。

广播电视新闻还要口语化。为了容易让人听懂记住，需要一定的重复，尤其是人名、地名、关键词等。要少用代词，多用具体的人名、地名等取代"他""这里"等；少用简称略语、方言土语，分清同音不同义的词。标点符号也需词语化，如用"和""跟""同"代替顿号，用"是"代替破折号，用"等等"代替省略号。

3. 其他写作技巧

"真"的技巧：交代新闻出处、多用直接引语等，都是重要技巧。

"新"的技巧：有的信息很有吸引力，但已被别人抢先报道了，这时可寻找新的角度，关注新的发展。一发现新的新闻由头，就把其他材料挂上去。

"快"的技巧：新闻写作有很大的时间压力，除了要练就立马成章的功夫，还可套用模式，如倒金字塔结构、从具体事例开头等。

长篇的报道可寻找吸引力较强的小切入点，如一个小情景、小人物、小故事，由此引人入胜。

第三节　新闻编辑和评论

一、新闻编辑

新闻编辑的工作一是策划——确定编辑方针和媒介、版面或栏目的特色，设计内容和形式，策划报道活动；二是实施——组织报道活动，选择、修改图文或节目，制作标题，编排合成版面或栏目。

新闻编辑要根据新闻报道的内容和要求，以及传媒的特点——性质、任务、特色、风格、传播对象（市场定位、目标受众）、传播条件等开展工作。

如党报以宣传为主要任务，以权威性强为特色，以稳重大方为基本风格，以党政干部和党员为主要对象。如晚报、都市报具有城市综合报性质，以提供综合信息和服务为主要任务，以可读性强、雅俗共赏为特色，以亲近随和为基本风格，以本地市民为主要对象。

新媒体因其性能特点而有特殊的编辑要求。如可充分利用链接和多媒体内容。网络媒体中的新闻和评论要尽可能简短，最好不必下拉或下翻屏幕。手机媒体中的内容要更简短，图片和影像尽可能用近景或特写。这些要求反过来也影响到内容的采制。

二、新闻评论

新闻评论就是对具有新闻性的现象、事件、人物或问题进行评论，也被称为时事评论，其体裁很多。大型的有社论、编辑部或评论员文章，中型的有一般评论、述评，小型的有短评和短小的时文——随笔、杂谈、漫议、编者按、编后语等。

新闻评论是新闻媒介的灵魂和旗帜，可产生有很大的影响力，比如报纸的社论。一般被放在醒目突出的位置，用楷体——不同于其他文章的宋体，并加框。

新闻性、思想性、公众性（面向公众）是新闻评论的基本特点。论点、论据（事实性论据和理论性论据）、论证是论说文的三要素，但有的新闻评论较为短小，只有论点，或稍加阐述，没有或很少有论据和论证。

新闻评论人员应对所评事物有深透的了解，有高于常人的认识水平。许多评论出自新闻机构以外的专业人士，甚至党和国家主要领导人。

新媒体上的许多议论也是新闻评论，如网络媒体的论坛或博客、微博。这种评论更直率和不拘一格，各种人都能表达自己的观点，打破了传统媒体的话语垄断，且更有群众性和广泛性，同时各种观点鱼龙混杂，其中也不乏"杂音""噪声"和"有害之音"。

第四节　新闻摄影和摄像

一、新闻摄影

1. 作用

新闻摄影有许多优势：报道速度快；真实感强，说服力也强；能给人鲜明深刻的印象，产生很大的吸引力、感染力和影响力；可让人轻松阅读，并在很短时间里获得很多信息，"一图值千言"；可用于报刊和新媒体；可打破语言和文字的局限性，便于对外宣传、跨文化传播。

获得 1968 年度世界新闻摄影赛最佳照片的《西贡街头枪杀越共》，被认为引发了美国国内的反战浪潮，迫使美国政府考虑改变越战政策；而获得该赛 1972 年度最佳照片的《战火中的女孩》，则被认为使战争提前 6 个月结束。

《西贡街头枪杀越共》，世界新闻摄影赛1968年度最佳照片，美联社记者艾迪·亚当斯（Eddie Adams，1933—2004年）拍摄。

画面中是南越首府西贡的大街上，警官阮隆上尉枪杀了一名未经审判的越南共产党嫌疑人。这幅照片发表后舆论哗然，激起了美国人民对越战的反思，引发了反战浪潮，从而改变了越战进程，并影响了当年的美国总统大选——照片发表后不到两个月，美国总统约翰逊宣布自己不再争取连任。它还涉及一个法律问题：警官有无权力在未审判的情况下击毙嫌疑人？

这幅照片还获得了1969年普利策突发新闻照片一等奖。新闻摄影史专家肯内利说，这幅照片是"20世纪改变历史的5幅最伟大照片之一"。

但由于眼睁睁地看着嫌疑犯被枪决，亚当斯受到了一些同行的责难，一位荷兰记者当众质问他："当时你为什么不阻止他（阮隆）向那人开枪？"有将近两年时间，亚当斯都不敢看自己的作品一眼，更加不敢将它挂在自己的工作室里。他对媒体表示："因为表现了一个人杀害另一个人，我获得了奖金。两条人命都被毁掉了，而我获得了报酬，我真是一个英雄！"

亚当斯还说："有时一张照片会被误解，因为它并没有完整地讲述整个故事。我不是说他（阮隆）的所作所为是对的，但他正在打仗，而战争是残酷的。"

照片发表后阮隆被免职，后来移民到美国，在弗吉尼亚开了一家比萨店。但很多人都熟悉他的面孔，使他怎么也摆脱不掉狼藉的声名，还不断接到辱骂和恐吓电话。

《战火中的女孩》，世界新闻摄影赛1972年度最佳照片：被烧伤的潘金淑（图中央）和其他儿童一起逃避南越飞机误投的凝固汽油弹引起的大火，后面是一群无动于衷的美国大兵。美联社记者黄功吾（Nick Ut）拍摄。

新闻摄影成为提高传媒贴近性、争取受众注意力的重要法宝。现在许多报刊机构撤销了原有的摄影部，而让所有文字记者也提供照片。过去是"图配文"，现在是"图文并重，两翼齐飞"，有的杂志甚至"文配图"。"读图时代"的特征日益明显。

2. 要求

新闻摄影作品首先要真实，避免摆拍、拼贴、运用软件等。在此基础上力求深刻，以小见大；力求内涵丰富，具有人性化的视角和全球传播的可能。经济新闻图片要见物更见人，多采用抓拍的方式。

画面要主题突出，用好特写；构图完美，力求新意。前后景一般都要清楚，从而有较强的现场感。要比一般照片更清晰，明暗反差大——用在媒介上时，反差会有所损失，要在众多文字和图片构成的版面中，较为显眼。

3. 方法

技术上，持相机和按快门要尽可能稳定，选择清晰度高的光圈和速度，做到不看取景器进行盲拍。

新闻摄影也有采访。除了文字记者那样的采访外，还要做好形象采访。

新闻摄影是新闻形象的现场纪实摄影，尽可能采用现场抓拍，不干涉拍摄对象，不进行摆布，甚至尽可能不用闪光灯。

文字说明可补充图片的局限和点明重点，要尽力使图与文相得益彰，既说明清楚，又画龙点睛。

4. 数码时代的新闻摄影

现在人们充分利用数码摄影和处理速度快、数量多、成本低、网络化的长处，采用以量求质的策略，轻易地进行新闻摄影。他们身处社会的各个角落，可提供大量的、难得的新闻图片。传遍世界的伊拉克阿布格莱德监狱虐待俘虏丑闻照片，就是普通军人用数码相机拍摄的。

用电脑弄虚作假的问题，新闻图片的偷拍、隐私权、著作权等问题，也随数码技术而日益凸显。要根据专业要求、公众利益和法律规范进行取舍。

新闻摄影教育则要改变重技术轻思维、重形式轻内容、多模拟少实战的错误做法。

5. 手机新闻摄影

手机拍摄质量的提高、无线上网的普及，对新闻摄影的内容和运行都带来革命性的变化。

手机拍摄新闻图片要注意以下几点。

（1）像素要多，以便后期剪裁图片，尤其是与拍摄对象距离较远、需从图片中抠出一小部分时。

（2）持机要稳，尤其是在单手持机和按快门时。抓拍时，手和身体要有个"定格"动作。

（3）用脑要勤。手机拍摄比较"傻瓜"，没多少技术发挥的余地，要拍得不同寻常，更需靠头脑，包括善于选择画面，捕捉时机。

手机摄影的普及使大量新闻图片来自普通公众，且带来许多新的问题，如虚假、不良、侵权内容泛滥，新闻摄影的机构、经营和管理应提出应对策略。

二、新闻摄像

（1）要交代完整，不缺少必要的画面。

（2）注意不同角度和景别相结合。如果能够左面、中面、右面、正面、反面都拍到，就可大大方便后期剪辑，使成片既匀称、平衡，又富有变化。所谓景别就是指摄像机取景器视野范围的大小，有远景、全景、中景、近景、特写，不同景别的结合，可使片子既有全面，又有重点和细节，且错落有致，不至于单调、平淡和重复。

（3）少用推、拉、摇、移手段，多用固定镜头，以增强真实感，也增加单位时间内的信息量，还便于快速剪辑。

（4）注意录好现场声音，避免各种杂音的干扰，如风声、空调声。

（5）精心配好语言文字。人们看电视时不像看电影那么专注，电脑手机视频的画面较小，这时语言的解释就很重要了。语言又能比画面更方便地出入时空，更准确地表达意义。文稿不仅要口语化，还应与画面和现场声音相呼应。

新闻摄影和摄像都涉及偷拍问题，有时不用暗访、偷拍的手段，就得不到必要的画面。这种手段只能在为了公众利益时用，不应出于自己或传媒机构的私利。还要保护拍摄对象与公众无关的隐私，并且不能为了获取图像而诱使拍摄对象做出不合法或不道德行为。

第七章

新 闻 源

新闻源指的是新闻报道的信息来源。有源自个人的、组织机构的、新闻现场的和其他媒介的，也来自现实世界或网络虚拟世界。

这些新闻源能否真实地、充分地反映和提供新闻信息，报道者能否及时地、深入地接触这些新闻源和辨别其真假，会在很大程度上决定新闻传播的质量，决定社会和公众对真相的了解程度。因此要保护新闻源，保障新闻工作者能够接触这些重要新闻源，还要提高去伪存真的能力，防止被不当新闻源利用。

第一节　个人和机构新闻源

一、个人新闻源

1. 采访对象

绝大多数新闻采访对象是个人，其中有的是与记者有人情关系，有的是出于公民义务感、社会责任心而积极配合，也有的是希望通过记者向社会进行宣传。于是记者编辑等新闻传者要广交朋友，还要注意以下两点。

一是辨别真假，严防虚假信息。对重要的、可能不确切的或容易引起纠纷的信息，要尽可能核实，包括从不同的渠道了解同一个事实，并在报道中交代新闻源，可显得言之凿凿、有根有据，可让读者对新闻的可靠性、权威性做出自己的判断。此外，还要防范有的新闻源事后否认提供过相关信息。

二是保护新闻源。有时被采访者提供信息会得罪一些人，甚至招致严重报复，因此不能透露新闻源，否则公众也就无从得到许多有价值的新闻。

2. 会议上的人物

个人在大会上的讲话或讨论中的发言都可能含有新闻，其中的新闻价值甚至会高于会议本身。其他与会者也往往会提供富有新闻价值的信息。

3. 主动提供信息者

许多个人直接向媒体提供新闻信息、稿件或线索，新闻机构也经常对他们予以奖励，或给予相应报酬。

互联网、手机等数字化传播使个人直接提供新闻稿变得十分容易，近年来还出现了"公民记者"，即专业新闻工作者以外的普通公民自己采写新闻，给有关新闻传播采用。显然，这可以扩大新闻源，并更多地反映民情和普通公民的视点。国外有的网站甚至以"公民记者"的稿件为主。

二、机构新闻源

包括党政机构、企事业单位、社会团体等在内的组织机构的许多活动都会带有新闻价值很大的信息，如政府机构推出政策，司法部门审理案件。有的机构还收集了大量信息，其中也有许多具有新闻价值，如政府部门统计的经济运行信息，公安部门获得的案件信息。

各种组织机构都会利用新闻媒介发布信息，传达意见，与公众沟通，如召开记者招待会，或向记者"吹风"透露，或直接向新闻单位提供稿件。有的是出于社会需要，有的则是出于自身需要，尤其是商业性机构，往往通过送礼品、红包等方式拉拢记者编辑。新闻传者应有所防范，注意分辨信息的真实程度，全面、客观与否，有多少新闻价值，防止被不适当地利用。

国家、地方、公共团体保有的（包括其自身和从外部获得的）与公众相关的不在保密范围之内的文件和其他信息，都应向人们公开。这是保障公民知晓权的重要措施，也是整个民主制度的基础。1766 年，瑞典国会制定的新宪法规定政府公文要公开，禁止新闻检查。1789 年，法国在《人权宣言》中提到公民有权向公务员索取行政文书。1951 年，芬兰颁布《政府文件公开法》。1966 年以来，瑞典、美国、丹麦、挪威、法国、荷兰、加拿大、澳大利亚等国相继制定了专门的信息公开法。现在中国也建立了政府发言人制度，发布了《中华人民共和国政府信息公开条例》（还有待进一步完善和上升为法律）。

有些公共性机构垄断了自身掌握的信息，仅提供给相关机构或与自己关系密切的新闻机构，一些西方政府部门还以此为筹码控制新闻传者。造成传媒市场上机会不平等、竞争不公平、优胜劣汰机制失灵，使新闻媒介被权力左右，舆论监督作用难以发挥。对此也要采取政府与传媒分开、信息公开、新闻发言人制度等措施。

第二节　现场和其他媒介新闻源

一、现场新闻源

新闻事件现场含有第一手新闻，富有多样的信息，其真实性不受转述者的影响，从现场直接发出的报道速度也是最快的。因此报道者要尽可能深入新闻现场，而不要满足于别人提供的材料，尤其是对一些重要的、复杂的新闻更应如此。

数字化传播给直接从现场获取和发出新闻提供了新的条件。一方面，记者可通过远程传输与传媒机构联络，能有更多的时间和机会直接从现场发出图文和音视频报道；另一方面，许多普通人也能在新闻现场拍摄数码照片或录像，传输给新闻机构或微博等自媒体，其中有些内容还是记者难以获得的，如一些突发事件现场或舆论监督性的图片。仅从这个角度看，发展"公民记者"也能有效提高新闻传播质量。

二、其他媒介新闻源

1. 其他媒体新闻源

各种媒体的信息来源不同，有些内容可以互补，因此其他媒体上的新闻或时事评论可成为间接的新闻源。

广播电视、网络媒体的传播速度快于报纸，经常成为报纸的信息源。传统媒体也成为新媒体的重要新闻源，博客、微博等自媒体更是如此。2012年"意见领袖微博"的信息中，转载传统媒体的占48%，原创的占44%，转载他人（非新闻机构和个人）的仅占8%。

此外，通讯社既向其他媒体提供新闻，也从其他媒体获取新闻线索。境内的报道往往成为对外报道的新闻源，对外报道、境外媒体也成为境内媒体的新闻源。

在利用其他媒体新闻源时，不能照抄新闻作品，否则容易产生版权纠纷，但可以利用其中的新闻元素。

2. 网上新闻源

互联网成为越来越重要的新闻源，不仅由于其信息数量多和速度快，还由于许多内容是难以得到的，如现场性的、私密性的、揭露性的信息。上网找新闻成了记者们的工作习惯。

网上新闻源大大丰富了新闻传播的内容，也使新闻报道可以更新鲜和广泛，全面和客观，更反映民情民意，舆论监督作用更强。

此外，虚假信息也更多地进入新闻报道，并被广泛流传。2013年8月上旬中央电视台报道：亚马逊集团创始人贝佐斯否认收购《华盛顿邮报》，称是个误会。央视依据的是美国《纽约客》杂志，而《纽约客》的这则消息是刊登在以"假新闻"的形式写搞笑文章的专栏。这则报道很快通过互联网一传再传。

网上新闻源降低了对记者新闻采访能力的要求，而增加了对选择、分辨、核实、整合能力的要求。新闻机构要做出相应的制度安排，新闻教育也要有相应的转变。

3. 移动传播的新闻源

移动传播的新闻源不再局限于记者采访和公众向新闻机构提供，还有大量信息由人们直接发送到网上和移动终端，有的还被不断转发和评论。记者编辑也经常利用这些信息源。这使信息来源大大丰富，同一个新闻也可有来自不同角度、反映信息的不同侧面和层面。

然而这又使信息鱼龙混杂，真假难辨。一些传者投人所好，着力诉诸情感因素，扰乱视听，一些权威媒体也有意无意地根据自身利益选用片面和不实的信息。人们无所适从，只能根据自己的判断。而这种判断又会受到主观意愿、好恶和分辨能力的影响，人们往往倾向于相信自己愿意相信而非客观的信息。这也是"后真相"现象的主要由来。

第八章

新 闻 传 者

传者对信息进行选择、加工、制作和发送等。经过选择和加工，信息就会带有传者主观意识的成分，即便只是潜意识。就连电视转播，也有内容选择、镜头切换、主持人点评等。

传者在很大程度上决定着信息的内容、质量、数量和流向。然而他们又受到各种环境因素、利益考量、传播条件和方式等因素的制约。

传者应当具有一定的权利和义务。这种权利和义务的落实，对每个社会和传者都是难题。

第一节 新闻传者的种类和特点

一、新闻传者的种类

传者可分为个人传者和组织机构传者。每个人都在通过口头、邮件、传真、互联网等进行传播，都是传者。组织机构传者不仅有新闻、出版、影视等传媒机构，还有发布信息的党政机构、社会团体、企事业单位等。

个人和组织机构传者都可分为职业传者和非职业传者。职业传者即以传播为业的个人传者，除了媒介工作者，还有作家、演员、教师、公关广告人员、自由撰稿人，等等。他们有的在组织机构之中，受组织机构较大的制约，有较好的工作条件和经济保障；有的在组织机构之外，自由度较大，并分布在社会的各个角落，能见人所不能见，言人所不敢言，然而往往缺乏经济保障。

职业的组织机构传者，广义上包括各种宣传部门、政府的新闻办公室，以及教育机构，狭义上则仅指大众传媒机构。

大众传媒机构又有官方和非官方之分。官方大众传媒机构体现官方意志，满足官方需求，利用官方的权力和其他资源，如经济、信息、人才、频率频道等，在媒介竞争中能处于优势位置，但也会忽视受众需求、压制不同意见、扩大错误宣传、排斥舆论监督，并挤压非官方传媒。

非官方的传媒机构有独立的经济、市场地位和经营管理权力，可以较为充分地按照经济规律、传播规律进行运作，按照市场、受众的需要提供传媒产品和服务，因而有较强的市场吸引力和竞争力；可以较为自主地传播信息、传达意见、监督权力，因而能成为社会信息系统和监督系统的重要部分。但他们并非完全自由，除了只能在法律的范围内活动，还受到信息来源、社会主流意识形态的影响，以及自身经济利益、认识水平等制约，往往会以营利为导向。

数字化使传者分散化。传媒机构要帮助受众选择、整合、分析信息，以公众的认同而非行政级别来树立权威性和影响力。新闻机构还可利用移动互联网的便利性，让记者编辑更多地在采访现场，甚至可大量聘用非在编的新闻采集人员，如签约撰稿人、签约摄影师等，既提高时效性和现场感，又降低成本。

二、新闻传者的特点

1. 一般特点

传者掌握一定的信息，有一定的传播条件和能力。同时，传者又有一定的局限性，除了信息、条件和能力的局限，还有主观意识（从世界观到对具体事物的认识）的局限，乃至道德品质的局限。

于是，有的传者通过新闻媒介造福于民，有的利用新闻媒介牟取私利，还有的被人利用。2007 年国内有家公司开发了一种信息产品：把新闻媒介上人们对股市下一交易日涨跌的倾向性意见汇集起来，进行数理分析，每天发布看涨看跌指数，供投资者参考。然而几个月后，这个产品悄悄下架了。原来，虽然指数没错，但大多数结果却是看涨指数高的日子反而跌，看跌指数高的日子反而涨。实际上，有些资金量很大的投资机构，正是利用新闻媒介上反映出来的股民心理，进行高抛低吸。那些看涨看跌的意见，有些也是他们炮制出来的。有的外国投行还利用人们对外国投资机构的经验和眼光的信任，大肆唱多做空或唱空做多，把许多缺心眼或缺德性的媒介人当枪使。

框架（Framing）理论认为，人们对事物的认知、理解、分析和阐释，都基于一定的心理基模，即框架。它影响人们看什么、怎么看和怎么表达。这里的"框架"既有名词作用又有动词作用。作为名词，它表示一种存在，作为动词，它影响着人们的认识和表达，这种影响既是限制，又是帮助。这种影响在传者的选择、加工和发送信息中都起作用，在传播的主题、内容和形式上都有反映。作为传者，应当尽可能认识和克服这种局限，如新闻工作者，要尽力追求真实、全面、客观和公正，力求避免框架的负面影响。

2. 职业新闻传者的特点

（1）受教育程度较高，且大多受过与传播有关的专门训练。在新媒体时代，职业传者的水平更要高人一筹。现在谁都能很容易地上网传播，成为非职业传者，其中有些人的传播能量也不小，水平也很高。职业传者要获得受众的关注，实现自己工作的价值，必须有更高的传播水平，包括写作水平、分析水平、摄影摄像水平，等等。

（2）压力大、付出多。职业传者大多工作时间长、复杂和紧张程度高、风险大。尤其是新闻工作者，有抢时效和赶截稿时间的压力，连夜赶稿也是常事。

传者还有政治风险和人身安全风险。突破思想和传播禁区的报道或言论会被处理，进行揭露、批评性报道会遭到抵制和报复，在战争、自然灾害第一线进行采访随时会有生命危险。

（3）工作较难量化评定。教师在学生的一篇作文上可以花一分钟，也可以花一小时；作家可以一挥而就，也可以在内容和形式上精雕细琢，乃至十年磨一剑；记者可以"秀才不出门，能知天下事"，也可以尽可能获得第一手材料，写出优质、独家的报道。

（4）有一定的"话语权"。他们对传播内容进行选择、把关、控制、传送，有机会对社会产生较大的影响，能得到较大的精神满足。但他们的话语权也是很有限的，对传播内容的把关受到政治、文化等宏观环境的制约、组织机构、传播对象等微观环境的制约，传播工具等物质条件的制约。传者的把关往往形式主动，实际被动。因此提高传播水平还需传播体制、机制的改进和全社会的配合。

（5）职业的新闻传者主要为传媒机构及其员工，受管理部门、机构状况及其媒介的影响较大。媒介机构既管着其内部人员，又控制着外来内容。同样的传播内容出现在不同的媒介上，效果会大不一样。自媒体的发展使这一现状有所改变。

第二节　新闻传者的权利和义务

一、新闻传者权利和义务的内容

新闻传者的权利，首先是每个公民都有的与传播相关的权利，主要为知晓、表达、批评监督权，言论、出版、新闻、信息自由权。与此相应，新闻传者又有义务遵守新闻道德和法规，不侵犯他人的自由权和名誉权、隐私权、著作权等其他法定权利，有义务保守国家机密，维护人民利益和社会利益。

职业的新闻传者也有相应的权利，应有采访权，能不受限制地自由接触新闻源；有发表权，能不受审查地自由发布新闻和评论；有编辑和出版权，能自由出版报刊等（这些当然都是在法定范围之内的）。与此相应，又有义务履行社会责任，包括提供真实、全面、客观、及时、受众需要的信息；提供意见交流平台，正确引导舆论，监督权力机构和人物，弘扬优秀文化，促进社会的政治和文化目标的实现；以及防止消极影响，保护消息源的利益和安全。

保障和实现受众的权利是新闻传者的重要义务之一。受众的知晓权、参与权、表达权、监督权和作为传媒消费者的权利，很大程度上要通过新闻传媒实现。需要新闻传媒提供及时的、充分的、优质的信息；反映民情民意，代表社会舆论；提供表达意见和监督权力的平台。新闻机构及其工作者的采访权、发表权、监督权，等等，有的是作为机构和个人公民应享的权利，有的则是实现受众权利所需要的。如果说实现传者的权利是社会的责任，那么实现受众的权利既要靠社会，又要靠传媒。

受众的权利还包括受众作为消费者的权利。在市场经济环境中，绝大多数传媒机构是媒介商品的生产者，受众和广告客户则是媒介商品的消费者。即使是免费的媒介，传媒机构也通过受众的时间和精力，实现着自己所期望的价值，如宣传上的价值，经济上的价值——广告、赞助、政府拨款等形式收入。因此职业传者还有义务保证媒介内容质量，提供一定水准的媒介产品和消费服务。

中国的新闻传媒是党的工具，党的"耳目喉舌"，党的新闻机构及其工作者还有为党的事业服务和遵守党的纪律（包括遵守党的宣传纪律）的义务。

二、新闻传者权利和义务的落实

要充分落实传者的权利和义务，就要对这两者的内涵和相互关系有正确的、充分的认识。传者的权利既是公民的当然权利和职业传者的职业权利，又是传者履行社会义务的条件。记者编辑和新闻机构要履行好社会责任，必须有收集信息、制作媒介和进行传播的权利。此外，传者履行的义务又是享有权利的条件。如果不能履行一定的义务，那就不应享有相应权利。未成年人、精神病患者都不应有人大代表选举和被选举权。如果大众传媒不履行传递真实信息的义务，使受众上当受骗，就该受到舆论的谴责，甚至法律的制裁。

要充分落实传者的权利和义务，就要有相应的环境，包括政治、经济、文化、受众等环境。没有政治民主、思想自由、政府信息公开的环境，没有一定的经济发展水平、传媒物质条件，没有承认、保护传播自由的文化氛围，没有受众的媒介素养，传者的权利就得不到保障，传者的义务就难以履行，对享有权利而不履行义务的传者也会缺乏有效的制约。

对传播活动进行规范化、制度化的保护和控制，是提供最基本、最重要的环境条件。在中国，这方面规范的制定，也要以科学合理的程序，充分体现党和人民的意志。同时要严格执行规定，最大限度地规避个人的局限性，防止权力的滥用。

对传者的权利应采取最大和最小原则，即应予以尽可能大的保护，尽可能小的限制。同时，这种限制必须是公开的、规范的、得到公众认可的，既便于人们掌握和遵守，也免于传者应有的权利被随意侵犯。

正确处理几种传者义务之间的关系也很重要。应把守法的义务放在首位，宣传、报道都应在法制的范围内。当宣传与新闻传播的义务有矛盾时，要视具体情况区别对待。有的新闻传播以宣传为首要任务，如从事对外传播的报纸，就应更多地注重宣传需要。但也不能完全无视新闻传播的要求，否则报纸就不是 newspaper——新闻纸了，而只是传单之类。

宣传责任一般是上级机构要求的，比较容易得到落实，新闻传播的责任是社会要求的，比较容易被传者忽视。因而比较容易出现的失误是宣传责任压倒了新闻传播的责任。而有些新闻传播责任的履行，恰恰能产生很好的宣传效果，或能反映此前宣传的效果，可防止和纠正宣传的低效或失误。忽视新闻传播的责任，其影响和危害往往并不比忽视宣传责任轻一些，还会导致宣传本身的问题得不到及时发现和纠正。

要充分落实传者的权利和义务，还要有传者自身的条件。既要有一定的物质和能力条件，又要有一定的道德水准和社会责任心。同时要提高自己的媒介素养，包括对传者的权利和义务的认识。作为新闻职业传者，还要有新闻职业道德和职业精神。

第三节　对新闻职业传者和其他把关人的要求

一、新闻职业道德

社会行为规范有法规和伦理道德。法规是"硬"规范，施行效率较低，成本较高。对许多错与非错界限不清的行为，以及每次违规造成的损害难以确认或比较轻微的行为，只能由"软"规范——伦理道德来管。

认定某种行为违反伦理道德的人，一般是行为者本人及其周围的人。对违反行为的惩罚一般分为两种：一是违规者本人的良心自责，二是违规者猜测的或感觉到的心理圈内人（即行为者希望得到尊重、好感或好评的人）对自己的不敬、鄙视、恶感或谴责。

伦理道德从形成规范、认定违规到实施惩罚，人力物力成本都相对较低，并可以经常、分散、点滴、防微杜渐地阻遏惩戒那些不轨行为。

瑞典被认为是世界上最早制定新闻法规和新闻道德自律规范的国家。1874 年，瑞典政治家俱乐部成立后就制定了职业守则，对报业行为进行规范。①

1954 年，国际新闻工作者联合会在法国通过《记者行为原则宣言》，确定了记者职业活动的八项标准，包括：尊重真理及尊重公众获得真实的权利，忠实收集和发表新闻，公正评论与批评；不删除重要新闻，不假造材料；发现任何已发表的消息有严重错误时，尽最大努力予以更正等。其中第八项宣布下列行为是"严重的职业罪恶"：抄袭、剽窃；中伤、污蔑、诽谤和缺乏根据的指控；因接受贿赂而发表消息或删除事实。

同年，联合国大会向各会员国的新闻工作者协会颁发《国际新闻道德公约》。其中主要内容是：一，不歪曲或隐瞒事实；二，不挟私攻讦、诽谤、抄袭，不把谣言当事实，若有报道不确而损人名誉者，应立即更正；三，不因为要满足读者好奇心而揭人隐私；四，报道一个国家的状况，若要达到公正的程度，须先对这个国家有充分的认识；五，规约由各国记者遵守，不能成为各国政府干涉、管制新闻的理由。

《中国新闻工作者职业道德准则》于 1991 年在中国记协理事会上通过，又于 1994 年和 1997 年两次修订，由原来的八条改为六条：一，全心全意为人民服务；二，坚持正确的舆论导向；三，遵守宪法、法律和纪律；四，维护新闻的真实性；五，保持清正廉洁的作风；六，发扬团结协作精神。

中国新闻界的道德自律条文，还有行业性、专业性新闻团体制定的公约，如中国报协针对报社经营管理工作中存在的问题，于 1999 年制定了《中国报业自律公约》；有地方性新闻团体制定的公约，如四川省新闻工作者协会于 1998 年通过了《四川省新闻工作者自律公约》；有新闻单位制定的，从中央到地方，大多数新闻单位都根据本单位的实际情况陆续制定了

---

① 蓝鸿文.世界扫描：新闻自律的一项基本建设——道德信条 [EB/OL]. [2019 - 07 - 05]. http://www. mediachina. net/academic/xsqk _ view. jsp？ id=492.

自律信条。

这些规范条文可以建立一个指导标准，可以影响人们内心的规范，也便于传媒业的自查自律和社会的衡量监督。然而，道德规范条文并没有强制约束力，需要有实行者发自内心的认同，内化为自己心中的规范。因此，道德规范条文更要有明确的针对性，用语也更要朴实易记。

道德规范的实行是一个永恒的难题。国外有些地方以新闻评议会的名义，依据新闻界公认的职业道德规范进行裁决。也有人提出"道德规范法律化"，即用介于典型的硬规范和典型的软规范之间的中间态规范，促进和强化软规范，并在一定程度上替代硬规范，使得部分硬规范成为不必要。

二、新闻职业精神

新闻职业精神就是新闻工作者遵守职业规范、追求职业水准、对公众和社会尽职尽力的精神。

全心全意为人民服务，是中国各行各业所有职业都要倡导的精神。新闻业还有其特殊的职业精神要求，包括要追求真实、揭示真相，全面、客观、公正，尽力履行沟通信息、瞭望环境、反映民情、代表舆论、监督权力等职业使命。

上述《国际新闻道德公约》基本是关乎道德底线，而《记者行为原则宣言》的八项标准中，第一项是尊重真理及尊重公众获得真相的权利，第二项是为履行这一责任新闻记者要维护的两项原则：忠实收集和发表新闻，公正评论与批评。这些都涉及职业精神问题。

新闻职业传者要能够尽职尽力，就要有很强的责任感和事业心。能认真负责、刻苦勤奋，能不畏艰险、乐于奉献，能摒弃偏见、战胜自我。

还要有足够的知识和能力。包括：① 对新闻职业的认识，如关于新闻媒介的功能与作用的认识、关于新闻职业使命和职业要求的认识；② 对新闻活动规律的认识，包括新闻规律、传播规律、接受规律、效果产生规律，传媒运行和发展规律；③ 进行新闻报道和评论、新闻传媒经营和管理的知识和能力。

地震大灾后，有的报道者只关注灾情和抗震救灾，有的则还深入剖析其中出现的问题，如防震问题、"豆腐渣"工程问题、居住区和学校与工厂等选址问题。这其中既有新闻敏感性的差异，也有新闻职业精神的不同。

职业精神经常体现在对新闻传播的把关上。既要把好思想政治、舆论导向关，又要把好业务质量关，保障和提高专业水准。

这种把关很不容易。许多组织（包括企业）和个人通过各种方法控制、影响、利用新闻媒介，其中有的是合理的、有益于社会的，有的则仅仅有利于个人或小团体，而牺牲社会和公众的利益。各种把关人要有很大的勇气，高度的职业精神，才能顶住各种压力和诱惑，严格把关，防止社会公器成为个人和小团体的私器。

传者的职业精神对全社会的媒介素养也有很好的示范和提升作用。反过来，全社会的媒介素养又对传者的职业精神有很大的影响和促进作用。

三、新闻专业水准

职业道德和精神还要落实到专业水准上，才能真正起作用。作为新闻传者，其专业水准首先是符合新闻传播的要求——真、新、全面、客观，等等，然后是与之相关的其他要求，包括新闻采、写、编、评、摄的要求，报道时态度中立的要求，编辑权得到充分保障的要求。

由于新媒体能让人方便地、几乎无成本地获得来自无论多远的信息，因而市场上往往只有第一，没有第二，或只有第一第二，没有第三，即做到最好就能获得巨大的市场，做不到就面临淘汰。

这就需要媒介机构和人员更加专业化，以更高的专业水准胜人一筹。新闻专业主义会越来越有市场。西方在这些方面已有丰富的经验，提出、研究和推行新闻专业主义也已有几十年，现在又借新媒体之力，在新闻传播的国际化竞争中具有硬实力和软实力双重优势。我们也应借他山之石，提高新闻专业水平，在日趋国际化的市场竞争中争取主动。

山外有山，强中有更强，专业中也有更专业，因此还需要专门化。即使不能取得全面优势，也要在某一方面取得相对优势。新闻报道水平可能不如新华社或中央电视台，但仍可在某些方面超过他们，比如满足受众对更多本地新闻的需求，或对股市证券、医疗保健等特定内容的需求。

四、新闻传者和其他把关人的修养

从上述对新闻传者的要求可以看出，新闻传者须有较高的修养。

（1）思想理论修养。有较强的责任心和观察、分析、判断、预见能力。

（2）知识技能修养。知识修养（包括书本知识和社会知识）使新闻传者既能避免常识性错误，又能有效地捕捉新闻信息，打开采访通道，抓住事物关键，增加报道深度，乃至满足受众的求知欲。如关于法制和法规的知识能使传播者判断准确，分寸得当，避免误导受众。

技能修养包括获取新闻和加工制作的技能，如获取新闻线索、运用采访方法，使用采访工具（包括外语、摄影摄像、交通和通信工具等），以及速记、写作、编排、电脑操作等技能。

（3）职业道德和职业精神修养。这既要有道德品质，又要有相应的媒介素养。

考察国内著名的新闻人，如邵飘萍、穆青、范敬宜等前辈，崔永元、白岩松等，可以发现他们的共同特质是高度的人文关怀和社会责任心、敏锐的观察力和判断力、出色的知识储备和表达能力，也即德、识、学、才。

新闻传播的把关人除了记者编辑等，还有新闻机构的所有者、管理者，包括上级领导机构和社会管理机构。作为把关人，除了要有道德良知和社会责任心，还要有较高的媒介素养，自觉的而不是盲目的、主动的而不是被动的、为公众而不是为私利或为领导把关。

新闻传播偏离真实、全面、客观、公正，与把关人有直接关系。其中有的确实是较难避免的，更多的是可以避免的，还有些是故意为之的，因此需要所有把关人都有较高的思想、道德水平和业务素质。

第四节　数字化传播对新闻传者的影响

一、新闻传者多元化

过去的新闻传者一般为职业传者，包括记者编辑和新闻机构。数字化大大扩大了传者的范围。许多非职业的传者，包括政府机构、社会团体、企事业单位、网络服务商、移动通信运营商等，都可通过网站、手机等，直接面向公众传播新闻。普通人也能成为"公民记者"，采集信息后通过网络向新闻机构供稿，或通过社会化媒体，如个人网站、博客等自媒体，直接进行点对面的、面向社会的传播。

这种传者的多元化既能更充分地发挥新闻传播的社会作用，又能提高人们的传播能力和传播权的实现程度。

数字化技术的发展还使传播活动的重心从职业的机构传者转向个人。互联网1.0的代表性传播模式是门户网站，具有"一对多"单向发散的、封闭的阵地化特征，并有较严格的"把关"规则，如搜狐、新浪、网易等网站的新闻栏目，以及各大官方媒体网站；互联网2.0由个人和机构共同提供资讯，具有"一对多"和"多对多"并存、呈现互动与开放的特征，如BBS、QQ、MSN等信息交互平台和Google、Baidu等搜索平台，以及以个人日志式的网上表达为主，又能与网民进行互动交流的博客等；互联网3.0的代表性传播模式是人际传播的门户网站，个人图文和音视频信息的采集、制作和播出平台。随着上网的成本和门槛逐渐降低，相关实用技术的掌握和使用傻瓜化、便捷化，新媒体又日趋平民化和草根化。

数字化新媒体让每个人都能方便地成为大众传播的接收者和传出者，这确实是一大利器。不过，这并不能让每个人的声音都能被大众听到。人的注意力是有限的，只有声音大的媒介才能被公众注意到。因此，仍然需要先进的媒介思想、高度的媒介素养和相应的制度安排。

二、对新闻工作者的影响

数字化加强了新闻职业传者与社会的联系，使他们能更迅速、方便地获取各种信息，更及时地获得受众的反馈，从而提高传播质量和效率，还使他们能够更多地接触平民，了解和反映民情民意。

同时，数字化对他们也提出了新的要求。记者编辑不仅要会用数字化设备和软件，还要能用得好。如文字记者也要能摄影摄像，有较高的审美、构图能力，摄影摄像记者也要有较强的文字能力，通过一次采访可同时获得文字、图片材料，做出多媒体、全媒体报道，编辑也要多能、全能，包括高效地收集、整合、加工处理新媒体中的线索和内容。

数字化又要求新闻媒介、机构和人员更加专业化、专门化，新闻职业传者的职业道德、职业精神和专业素养会更加重要，新闻机构中，系统学习过其他专门知识的人才比重也会增加，有的高校新闻院系已经要求学生到其他院系学习一段时间。

数字化传播要求新闻机构的领导、管理者有相应的知识和能力。传媒也面临许多新的机遇和挑战，包括更多的价值链和产业链环节，更多的外部合作机会，更激烈的市场竞争，需进行更大范围的整合与开拓，要有远见卓识、改革勇气和创新能力。

第九章

新 闻 媒 介

新闻要通过媒介传播，媒介即信息的物质载体，如声波、光波、纸张、电波等。媒介形式各种各样，如声音的叫喊声、击鼓声、说话声、广播声，如光波的火光、旗语、电影，如纸张的招贴传单、报纸杂志，如电波的电话电报、广播电视。

媒介的出现和发展，既是传播发展的标志和动力，又是人类文明进步的重要标志和动力。新的媒介是人与社会发展的产物，又给人们的感知、思考和交往带来了新的方式和能力，给信息、思想、观念的传播交流带来了新的广度、深度和速度，使人与社会的发展进入新的境界。因而有的学者以传播媒介的发展阶段来划分历史时代。

第一节 传 播 媒 介

一、媒介、媒体、传媒

汉语地区从西方引进传播学词语时，对"medium"和其复数"media"有的都译为媒介，有的都译为"媒体"或"传媒"，后来的使用中也因地、因人而异。如"media literacy"一词，在台湾译为"媒体素养"，香港译为"传媒素养"，中国大陆译为"媒介素养"。有时在同一篇文章里，这三词相继出现，但所指相同。为便于交流沟通和学科发展，可让这三词各司其职。

1. 媒介

"媒介"在一般使用中，是使双方（人或事物）发生关系的各种中介，在传播领域中，一般与英文的"medium"相对应，指传播内容或者说信息（广义上的）的物质载体，包括体语、服饰等实物媒介，击鼓、语言、军号、广播等声波媒介，烽火、信号灯、电影电视等光波媒介，也包括书信、电话机、传真机、喇叭筒、情况简报等人际、群体、组织传播媒介，书、报、刊、收音机、电视机等大众传播媒介。

在具体使用中，媒介"medium"可指：

（1）作为单数名词，指单个的传播媒介，如一张报纸，一本杂志。

（2）抽象的类名词，即传播媒介的总和。如"媒介是社会发展的标志"。

（3）大众传播媒介的简称。如"媒介世界影响人的主观世界"。

2. 媒体

可利用"媒体"的"体"字理解"媒体"指大众传播媒介的集合体，即某一种而非某一个大众媒介。如某家报纸，某种类报纸，报纸媒体，印刷媒体，电子媒体等。这也是有约定俗成基础的，如"第四媒体"、广告的媒体投放。不会把电话机、传真机等称为媒体，也不会把一本书称为媒体。

"媒体"一般对应英文单词"medium"的复数"media"，但又不尽然。"media"是所有媒介的复数，而不仅仅是大众媒介的复数。如马歇尔·麦克卢汉（Marshall McLuhan）的代表作之一《理解媒介——论人的延伸》（*Understanding Media: the Extension of Man*），这里的"media"就不是仅指大众媒介的复数，故不能译为媒体或传媒。

"媒体"在过去仅指大众媒介的集合体，而现在新媒体与非大众媒介也融合在了一起，如网络媒体、手机媒体、社交媒体既有许多大众媒介，也有人际、组织、群体传播媒介。

3. 传媒

"传媒"可以是传播媒介、大众传播媒介、大众传播媒体或传媒机构（从整个社会的宏观层面来看，传媒机构也是一种传播内容的物质载体——媒介）的简称，也可以是它们的统称。传媒知识、传媒产业、传媒发展、传媒竞争，都指大众传媒，包括其中的媒介、媒体和机构，但不包括电信工具如电话机、电信机构如中国电信等。

为便于区分，在仅指大众媒介、媒体和传媒机构这三者之一时，尽可能使用更具体明确的"大众媒介""各种媒体""传媒机构"等。

区分后可以更为准确地讨论一些问题。如"媒体融合"，仅指印刷媒体、电子媒体、网络媒体等的融合；"媒介融合"则范围更广，可指现在人际传播、群体传播、组织传播、大众传播等各种传播的媒介都融合在一起；"传媒融合"则既包含大众媒介、媒体的融合，又包含传媒机构的融合。

在大众传播时代，媒介一词较多地用于大众媒介，媒体、传媒的使用频率也较高。而在移动传播、非大众传播的比例和问题日益上升的当今，媒介一词也可被更多地使用。如"媒体素养"仅指大众传播媒体方面的素养（当然新媒体中融有非大众媒介），"传媒素养"还包含媒体机构，"媒介素养"则可包含大众媒介和非大众媒介，现在可比以往更多地使用。媒介经济、传媒经济等词的使用也是如此。

二、媒介是人的延伸

传播学泰斗麦克卢汉认为，任何媒介都是人的延伸。轮子是脚的延伸，书是眼睛的延伸，电子线路是中枢神经系统的延伸……他的代表作《理解媒介》一书的副题就是"论人的延伸"。

他在该书第一版的序中写道："在机械时代，我们完成了身体在空间范围内的延伸。今天，经过了一个世纪的电力技术发展之后，我们的中枢神经系统又得到了延伸，以至能拥抱全球。就我们这个行星而言，时间差异和空间差异已不复存在。我们正在迅速逼近人类延伸的最后一个阶段——从技术上模拟意识的阶段。"

人又服务于技术。他在书中说"人仿佛成了机器世界的生殖器官，正如蜜蜂是植物界的生殖器官，使其生儿育女，不断衍化出新的形式一样"。

技术、理论也改变着人。"从生理上说，人在正常使用技术（或称为经过多种延伸的人体）的情况下，总是永远不断受到技术的修改。""我们的延伸会使我们麻木。"轮子延伸了脚，承担了脚的一部分功能，脚就变得麻木萎缩了。

总之，技术、媒介延伸了人的身体和神经系统，也改变了人的感知和交流方式，改变了人本身。

三、媒介即讯息

一般认为媒介就是传播介质，但麦克卢汉又惊世骇俗地提出：媒介即讯息（The medium is the message）。

这是麦克卢汉在《理解媒介——论人的延伸》的第一部分就提出来的观点，也是被探讨和争论最多的观点。笔者对"媒介即讯息"的解读是：

（1）一种媒介可成为另一种媒介的内容。如语言成为文字的内容，文字成为书信、传单的内容，书信、传单成为报刊的内容。现在报刊、广播电视都成了新媒体的内容。媒介要效力强、影响大，可通过将另一种媒介作为"内容"。

（2）各种媒介影响、创造着相应的内容。如没有电视就没有电视报道、电视转播、电视剧，没有新媒体就没有博客、微信内容和微电影。

实际上一种媒介还会改变其他媒介的内容，如广播之于报刊，电视之于报刊和广播，新媒体之于报刊和广播电视——许多报纸新闻正在深度化，许多电视节目正在现场化，以应对新媒体的挑战。

（3）媒介本身也能成为一种讯息，反映、标志着某种社会，某种时代，某种时代的人，预示着新的世界，甚至比任何媒介内容更深刻地反映和影响世界。

麦克卢汉做过一个比喻：媒介是窃贼，我们是看门狗，媒介的内容则好比是一片滋味鲜美的肉，破门而入的"窃贼"用它来分散"看门狗"的注意力。他提醒我们要注意媒介本身，不要仅仅关注媒介的内容。

四、媒介与历史时代和"地球村"

麦克卢汉认为，人类传播经过了三个阶段：直接的面对面传播、间接的印刷媒介传播、虚拟的电子媒介传播，据此可把人类历史划分为三个时代。

第一个是部落时代，以直接的面对面传播为主。人们主要通过声音进行信息传播，包括口头的语言和其他各种口头语。因此人们的听觉十分重要。各种声音从人的环境同时到达人的耳朵，人们不用按照一定的顺序来处理他们，就能感觉出其中的含义，甚至语言的词序也不是很重要。

如果你现在闭上眼睛，也许可以听到各种声音，并能辨认出它们是什么声音。如果这些声音换一个次序被你听到，你的辨认结果几乎是一样的。

麦克卢汉认为在部落时代，人们还在很大程度上依赖于其他各种感觉器官来获得信息，包括视觉、嗅觉、触觉，甚至味觉。那个时代是"感觉平衡时代"，全息传播时代。

第二个是"脱部落时代"，即印刷时代。公元 1450 年左右，德国人古登堡将中国造纸和油墨技术、朝鲜人使用的金属活字印刷技术结合起来，创造了金属活字机械印刷技术，标志着人类正式进入印刷时代。

一个重要的结果是，人们改变了部落时代的感觉平衡，视觉在信息处理中处于绝对重要的地位。人们离开了群体也能获得各种重要信息——通过独自阅读。听觉、嗅觉、触觉、味觉不那么重要了。这种时代并非完全起源于印刷机，文字、书写的出现，甚至语音体系的成熟，就意味着新时代的萌芽。

另一重要结果是，人们的思维也像书写和阅读文字那样，按顺序线性化了。这带来了对演绎逻辑的重视，对思想按顺序恰当排列的重视。而那些部落时代不那么线性化的讯息，则日益显得怪怪的、支离破碎的，变得没有意义。

第三个是"重（新）部落时代"，也即延续到现在的电子媒介时代、地球村时代。公元 1895 年，意大利人马可尼和俄国人波波夫发明了无线电报，开辟了电子传播时代。电话、电报、电影、广播、电视等，极大地改变了印刷时代。

在电子媒介时代，传、受信息的方式转向类似于部落时代的全息传播。比如看电视时，人们对信息是全息摄入，与部落时代很相像，而不同于阅读时逐一地、线性化地进行。人们对世界上的重大事情几乎同步知晓，并产生共同的情感。人们几乎都记得某一重大事件发生时自己在哪儿。因此人们像生活在一个"地球村"里。

而且在电子媒介时代，线性思维、演绎逻辑、阅读时的空间私密、信息充盈的感觉，都逐渐让位于非线性化、逻辑性不那么强、更自然本能的状态。麦克卢汉说，虽然他几乎始终反对这种变化，但这种趋势不可逆转。

五、冷媒介、热媒介

英文单词 cool 的新含义"酷"，正是来自麦克卢汉提出的冷媒介、热媒介之说。所谓冷媒介，是信息很不充分和完整、"低清晰度"（指内容而不是形式的清晰度）、需要受者以自己的理解和想象等去充实和完善的传播媒介，如言语、电话、漫画等。以此观之，"媒介即讯息"堪称酷毙了。

而热媒介是充满"数据"（data，指各种信息）的状态，具有"高清晰度"，没有多少空缺要受者自己去补充，如书籍、收音机、照片等。以此观之，新媒体大多不够酷。

麦克卢汉还把冷、热媒介的概念加以延伸，认为发达国家是热的，落后国家是冷的；油滑的城里人是热的，淳朴的乡村人是冷的（The city slicker is hot, and the rustic is cool）。热媒介用于热文化还是冷文化，效果很不一样。例如，收音机用于冷文化或不重文字的社会，其影响甚为剧烈，而用于英国或美国这样的热文化里，很大程度上是一种娱乐。反过来，冷媒介用于热文化或偏重文字的社会，也会造成震荡。

许多人认为他对冷媒介、热媒介的划分显得依据不足，甚至有时自相矛盾，如把象形文字、会意文字、电影、广播归为冷媒介，把拼音文字、电视归为热媒介，但是他的思路仍能给我们许多启示。

例如，文字可让人们与传播内容保持一定的距离，有一定的思考时间和空间，具有旁观者清之感；而图像则易使人卷入，使人感觉、情绪上升，甚至受情绪控制，而观察、思考较少，陷入当局者之迷，久而久之，还会影响到人的基本性格和行为，尤其是对正处于成型期的青少年。据调查，接触电视的时间在平均线以上、接触印刷物的时间在平均线以下者，为空想型（fantasy oriented），反之则为现实型（reality oriented）。这正是电视不易为人察觉的副作用之一。现在新媒体迅速扩大市场，印刷媒介则日趋萎缩，冷、热媒介的理论令我们对此更加重视。

第二节 新闻传媒的种类和特点

一、种类

1. 传播媒介的基本分类

按物理介质，传播媒介可分为非语言媒介、语言文字（语言的书面形式）媒介、印刷媒介、电子媒介（包括电影、广播电视、网络手机等）。还可从电子媒介中划分出数字化新媒体。

按传播主体，即传者和受传者，传播媒介可分为个人传播、群体传播、组织传播、大众传播媒介。这里的"大众"是指广大公众，而不是与"精英"相对的"大众"。顾名思义，大众媒介就是面向广大公众的媒介，包括书报刊、广播电影电视、音像制品、各种新媒体以及告示招贴、路牌灯箱广告等媒介。非大众媒介则包括体语、烽火、军号、语言、书信、电话、传真、喇叭筒、内部参考资料、电话或视频会议系统等，以及其他各种人际传播、群体传播媒介。

按传播内容，可分为新闻媒介和非新闻媒介。广义上的新闻媒介是指能传播新闻性信息的各种媒介，包括公开和非公开媒介、大众媒介和非大众媒介。狭义上的新闻媒介即通常所说的新闻媒介，则仅指以新闻和时事评论（其中也有许多新闻性信息）为重要内容、连续传播的大众媒介——因其量大、面广、速度快，经常载有重要的、及时的信息和评论，还包容了许多其他重要内容，并处于新闻传播的中间环节，承上启下的核心地位，它们是新闻与传播研究的重中之重。

2. 传统媒体和新媒体

"新媒体"即数字化新型、新兴媒体。与这一概念对应的传统媒体有印刷的和电子的两种。前者有书籍、报刊、海报、小册子、印刷广告等；后者是以电磁、电光、电子、微电子等为介质的媒体，有电影、广播电视、录音录像等。网络媒体、手机媒体本质上也是电子的，但被归为新媒体。

电影起初是纪实的，成为最早的电子新闻媒体，而在电视兴起后，电影传播新闻的功能逐渐丧失，现在电影被更多地作为艺术而非媒介来研究。录音录像其兴也勃，其灭也忽，现已更多地由传播史家去研究了。电视目前仍是受众最多的媒体，但其地位已被新媒体动摇。

所有新诞生的媒体相对于此前的媒体而言都是新媒体，如广播对于报刊、电视对于报刊和广播，但现在使用的"新媒体"这一概念，已约定俗成地特指数字化新型媒体。广义上指所有以数字技术为基础的新型媒体，包括网络、手机、光盘、U盘、数字播放器、硬盘录像、智能电视、电子阅读器，等等。狭义上指其中用于大众传播的，即具有数字化、多媒体，可双向互动的大众媒介，包括网络媒体和手机等移动终端，它们一般也可同时用于非大众传播，并在很大程度上把各种传统媒体融合在一起。

有的传统媒体采用了数字技术，但其基本形态和性能并没有质的改变。如用数字技术制作和传输广播电视节目，在传统接收机上播放出来；如模拟电视机采用了数字技术。这些仍不能属于新媒体。而当广播电视进入了互联网或宽频有线电视网，受众可以通过数字机顶盒自主点播、下载、保存，就有新媒体的性质了。

纵观传播历史，大众媒介不断朝着更多、快、广、真和方便的方向发展，将来还可能出现以生物技术为基础的新新媒体。

3. 进一步细分

所有权对传播媒介有决定性的影响，主要分为国有的、公有的和私有的三种。这三种传媒各有利弊，适应不同的国情，也可互补。

国有即国家所有，尽量满足执政党和政府的传播需要，一般享有一定的市场特权。公有的是公共机构所有，尽量满足社会公益需要，而市场竞争力则会较弱。私有的是私人个体或机构所有，尽量满足其衣食父母——受众的需要，信息作用、市场竞争力较强，而在自觉承担社会责任方面则较弱。

目前在中国，新闻媒介以国有党办为主，现正进行产业化发展、企业化转制的改革，但主要新闻机构仍是国有事业单位，而商业性网络媒体、社交媒体则大多是私有的。

在西方国家，新闻媒介有少量国有的，如"美国之音"电台；较多是公有的，如英国的BBC电台，目前在西欧、日本和其他英联邦国家，广播电视台基本是公有与私有并存；报刊和新媒体绝大多数是私有的，美国的广播电视也基本是私有的。但那些私有传媒，往往与政党和政府也有千丝万缕的关系，同时又受国家利益、意识形态和文化传统的影响，包括传媒老板和编辑记者等各种"把关人"的显性或隐性的影响。

还可按经济背景将传播媒介分为商业性的和非商业性的，按经营分为收费的和免费的，按传播范围分为社区性、地方性、全国性、国际性的，按传播对象分为老年性、青年性、妇女性的，等等；按媒介内容分为综合性的和专业性的、严肃性的和娱乐性的、经济性的和体育性的，等等。

二、内容特点

新闻媒介与许多其他文化产品一样，也有文化性和意识形态性，主要有如下特点。

1. 信息性、交流性和时效性

信息性和交流性是新闻媒介最基本的特点，并使新闻媒介有较强的"必读（或看、听）性"。交流需要充分的信息，信息通过交流而产生更多和更大的价值，两者相辅相成。人们日益需要充分的信息和自由的表达。现代社会中，只有也必须有新闻媒介来担此重任。

新闻仅在一定的时间内有效用，越及时效用越大。因而新闻媒介的制作和发布周期较短，一般是经常、连续、定期的，可做连续报道和讨论，尽可能快速地传送到受众。新闻媒介一般仅为一次性使用，随用随弃，保存性让位于速度和经济性。报纸在近代社会就已经由书册的形态发展到使用粗糙的新闻纸、散页折叠不装订，至今仍然如此。

2. 公共性和舆论性

新闻媒介的公共性表现在面向公众进行传播，是公众获取信息、表达意见、交流思想观点的重要工具，会对社会和公众带来较大影响，关系到公共利益。这使新闻媒介可以成为现代社会中最重要的信息获取渠道。

舆论是公众的意见，新闻媒介提供的信息和观点会产生广泛的舆论反映。舆论往往很有新闻价值，且应该受到社会的关注和尊重，新闻媒介经常反映舆论。舆论的形成和表达需要新闻媒介工具。新闻媒介还应当自觉替公众讲话，代表舆论。公众了解情况不全面、意见观点不正确时，新闻媒介也要及时提供信息和观点，引导舆论。舆论监督是新闻媒介义不容辞的重要责任。

3. 宣传性和政治性

新闻媒介的传播及时和广泛，使其有很强的宣传功能，产生宣传性。新闻媒介的一些派生功能也有宣传功能，如议题设置功能和授予地位功能，可用于提高宣传引导和树立学习榜样，也会被用于制造社会舆论和树立偶像。新闻媒介的潜移默化功能，可逐渐、深入、润物细无声地强化、弱化或改变人们的思想观念和态度情感。

政治是政府、政党、社会团体和其他社会势力在国家内政及国际关系方面的活动。政治的核心是利益主体之间的关系。新闻媒介经常被用于政治宣传、政见表达、政策发布、政治控制，用于问政于民、问计于民、问需于民，用于实现人民的知晓权、参与权、表达权、监督权，成为政治的工具。

新闻媒介的意识形态中也有政治性。意识形态的基本内容是关于社会的经济基础和政治制度，是人与人的经济关系和政治关系的反映，是由各阶级（特别是统治阶级）中的一部分人即所谓"意识形态阶层"制定的。

新闻媒介还有其他内容特点，如告知性和指导性、教育性和学习性、服务性和消遣性，等等。

新闻媒介的内容特点也是因媒介而异的。有的多些或强些，有的少些或弱些，有的只有这几种，有的只有那几种。如许多广告性媒介没有政治性，许多对外宣传媒介，如中国国际广播电台、"美国之音"等，则没有商品性。

新闻媒介的内容特点使其成为个人、组织和社会的重要工具，也成为政治、经济权力的掌控和影响对象，并受到政治学、社会学、历史学、国际关系学等许多学科的影响。

三、传播特点

1. 与物品特点相应

作为大众媒介的一种，新闻媒介的传播也有公开、广泛、迅速和受众多、反馈少的特点。此外有的作为公共物品，有的作为私人物品或混合物品。[①]

　　有些关系到公共利益或应让公众共享的物品，以私人物品的方式提供不了或提供不好，只能作为公共物品，由公共部门免费或低费提供，如我们的对外宣传品，或农村有线广播。

　　公共物品的提供方式要消耗公共资源，还有其他弱点，包括不能利用市场机制，责、权、利容易分离，竞争压力和创造活力不足，往往成本高、效率低、质量差、浪费多、服务意识淡，官僚主义、假公济私、贪污腐败、权力寻租严重。

　　而私人物品通过市场提供，则可调动社会各方面的力量，包括从社会融资，不仅节省社会的公共资源，还能成为盈利丰厚的"无烟工业"；可利用市场机制、优化配置资源；责、权、利紧密联系，有足够的竞争压力和创造动力；等等。对新闻传媒来说，还可贴近群众、千方百计满足受众的需求，可在经济上独立，能大胆监督权力。

　　也有的新闻媒介可作为混合物品，由政府与私人共同提供。如政府提供部分资助的对外传播媒介。

　　2. 与消费特点相应

　　新闻媒介的消费过程也是传播过程。作为文化产品的一种，新闻媒介的消费也会越用越想用，同经济条件、闲暇时间成正比，不像食品、家电等消费那样容易饱和。此外还有如下消费特点：

　　（1）短暂性。新闻媒介的时效性决定了其"寿命"不会很长。新闻媒介中的其他内容也大多是"快餐"式的。新闻媒介的消费时间不会很长，一般快用快弃。

　　（2）一次性。新闻对一个人来说，只有一次的价值。如果多次地反复接触同一则新闻，只会使第一次消费完整化。因而新闻媒介的保存价值较小，可以通过牺牲保存性以降低成本。

　　（3）相对性。新闻媒介对不同的消费者有不同的使用价值。某种用品对所有人都有效用，某种食品对所有人都可果腹，而某种新闻或新闻媒介

---

　　① 谢金文.论新闻媒介的私人物品性［J］.上海交通大学学报哲学社会科学版，2006，14（6）：69-75.

则会对某些人有用，对另一些人没用；对某些人有认识作用，对另一些人只有娱乐作用。

（4）共享性。可被无数人同时消费，因而消费者对新闻媒介一般只会单件购买和保存。

四、经营特点

1. 注重社会效益

一般产品的经营要关注社会效益，采取社会营销方法，新闻媒介的经营则更加注重社会效益。新闻媒介要承担社会责任已是人们的共识，社会效益对美誉度的影响，对经济收益（受众、赞助者和广告客户的掏钱意愿）的影响，比一般产品大得多。

因此，新闻机构要把采编业务与经营业务分开，避免经营上的短视行为损害媒介质量。

2. "赔本买卖"

为了获得更多的受众，以赢得更多的广告收入，新闻媒介会低于成本价出售其产品，甚至免费。

3. 复制成本特别低，创制成本特别高

新闻媒介的复制成本极低，在广播电视和新媒体的接收端几乎为零，而每个复制创造的效益是一样的，用经济学的术语来说，就是边际成本很低，边际效益很高。因此新闻机构很在乎发行量、收视率、点击率等。

相对而言，新闻媒介的创制成本很高。而且为了增加复制量，以扩大销量、降低分摊到每个媒介的创制成本，也要尽可能提高创制质量，甚至不惜工本地加大创制投入。数码相机刚出现时，200 万像素的需要 2 万元一台，中国的新闻机构就买了好几十台。2014 年的全国人大会议上，新华社记者用了当时造价很高的谷歌眼镜。

4. 衍生产品多，价值链长

新闻媒介可整合、衍生出许多其他产品，如报纸内容衍生出网络新闻、手机报、专供信息，电视内容可衍生出光盘、音频等产品。

5. 跨媒体、跨地区的趋势

新闻媒介的跨媒体、跨地区有利于发挥优势传媒的潜力，带来更大的

规模化、集约化效益，进而优化传媒资源配置，提高传媒业的总体水平和国际竞争力。

数字化不仅方便了跨媒体、跨地区经营，而且带来媒体融合，以及采编业务、经营业务乃至产权的融合。这其中既有跨媒体扩张与合作的机会，也带来更多、更强的竞争对手。西方过去的报业集团，现在都已是或属于多媒体、全媒体的传媒集团。

新媒体进行着无远弗届的远程化传播，也裹携着传统媒体远程化。新媒体还给采编业务、经营业务的远程化带来很大的便利。然而许多传统媒体仍受困于地区之间的分割垄断。美国的传媒管理正相反，对一个地区内过于集中垄断是限制的，而对跨地区办传媒则基本没有限制。这有利于传媒业的规模化、集约化经营和优胜劣汰、做大做强。还有利于发挥大都市传媒的辐射作用，比如，纽约并非美国的政治中心，却是美国最大的传媒中心。

6.大都市传媒有辐射功能

传媒是城市的产物，目前各国主要传媒都以大都市为基地。由于地域、资源、经验、品牌等优势，大都市传媒可通过媒介传播、机构合作、跨地区办传媒等，有力地辐射到其他地方乃至其他国家。美国发行量第一和第三的报纸、三大电视网以及《时代周刊》、美联社等，基地都在纽约。

大都市传媒的辐射力主要源于其人才、内容和经营优势。

（1）人才优势。大都市是各种人才，如传媒的内容、技术、经营、管理、研究等人才的聚集地。

（2）内容优势。大都市是政治、经济、金融、贸易、文化、时尚、娱乐中心，是各种人物、事件、事故的汇聚之地。那里的信息，包括实时性和意见性、情感性信息，对其他地方会有很大的吸引力。都市越大，其传媒的内容对其他地方越有吸引力。如果说，书籍主要依托出版集团辐射，电影主要依托制作基地辐射，那么新闻传媒则更依托城市辐射。

（3）经营优势。大都市的许多传媒机构历史悠久，经验丰富，实力雄厚，知名度、美誉度高，有很强的传播能量和扩展能力。大都市人口和广告客户较多、市场较大。传媒有较多的受众，可有规模效应，不仅能摊低传媒的单位成本，更对广告客户有较大的吸引力。从都市向其他地方传播时，只要增加复制成本。而相对于创制成本，信息产品的复制成本是很低的。成本低、收入多可带来更大的投入，如对于同一时间长度的电视片，中国中央电视台的投入高于省级电视台，省级电视台的投入高于地市级电视台。

此外，数字化、网络化和卫星传播技术给这种辐射提供了新的条件，媒体融合又通过更大的规模效应和全新的融合效应，使这种辐射力得到进一步加强。高速铁路和城市群的建设也给这种辐射提供了新的需求和传播条件。

充分开发利用这种辐射力，可充分利用优质媒体和高效传媒机构，优化传媒业的资源配置，并大大提高全国传媒的整体水平和国际竞争力，增强民族凝聚力和国家软实力。

五、效益特点

新闻媒介的经济效益与社会效益既对立又统一。

一方面，新闻媒介的经济效益与社会效益往往并不一致，片面追求经济效益会损害社会效益。如果大多数媒介都只是为富人服务，就会形成社会阶层在接触媒介上的不平等，获取信息和知识上的差距，进而产生机会、能力等方面的差距。有些传媒为了经济效益而降低格调、迎合低级趣味、搞有偿新闻等，更会直接降低社会效益，甚至产生负面效应。媒体"寻租"就是一种以经济效益甚至不正当的经济收益牺牲社会效益的典型表现。这里的"寻租"指"权力寻租"，即利用社会赋予的话语权谋私，寻找交易对象，以权易钱、物、色，等等。有些新闻机构和人员，利用自己在采访、编辑、发表方面一定程度的垄断地位，换取报道对象的种种"好处"。

好的社会效益也并不一定带来相应的经济效益，往往会像沧海遗珠，需要一定的社会扶持。不好的社会效益也会使许多人甘之如饴。在这里，公众的媒介素养就很关键了。

另一方面，新闻媒介的经济效益能给社会效益的创造提供物质基础，如提供资源、设施、技术、人才等条件。同时，经济效益的追求，扩大市场、降低成本、提高收益的努力，可促进传媒积极发掘和满足受众的需求，更贴近实际、贴近生活、贴近群众，使其更有针对性和吸引力、感染力、影响力，并在一定程度上克服唯上唯权、无视群众等痼疾；可促进传媒管理科学化，工作高效化，积极性、主动性、创造性有更好的解放和发挥；可促进传媒提高国际竞争能力。这些都会带来相应的社会效益。反过来，不好的经济效益也会使有关媒介失去人心，令广告商和赞助机构避而远之。

　　而社会效益则可给新闻媒介带来知名度和美誉度，带来公众的追捧，广告商和赞助机构的青睐，从而提升经济效益。

第十章
传统新闻媒体

传统新闻媒体有印刷的报纸、期刊和电子的广播电视等。尽管现在新媒体如日中天,传统媒体仍有其优势,包括可靠性、公信力以及品牌、资源等。由于新媒体能方便地、几乎无成本地获得来自各处的信息,因而优质内容可获得"马太效应",以质量见长的传统媒体内容可通过新媒体大显身手。

第一节 报 刊

报纸与期刊最初没有区分。当初许多刊登新闻性信息的"报"也是本册状的,如中国清朝的"京报""省报";许多以议论为主的"报"其实是"刊",如梁启超主编的《时务报》是旬刊、同盟会的《民报》初为月刊,后改为不定期刊。随着报刊市场的发展,报与刊日益发挥各自的特长,其不同的特点也逐步明显起来。

天下之势合久必分、分久必合,报纸的厚报化替代了许多期刊,现在报和刊又都被整合到新媒体中。

报刊曾经是新闻媒体的全部,因而报刊界曾经是新闻界、舆论界的代名词。

报刊成为影响很大的社会工具后,受到各种政治、经济力量的高度关注。许多领袖人物都对报刊高度重视。

一、报纸

报纸是有一定刊名的连续出版物，一般定期出版，出版周期在一星期及以内。大多以新闻和时事评论为重要内容。散页不装订。

1. 种类

报纸按内容可分为两大类。一是综合报，面向全社会发行。如中国共产党和民主党派的机关报、各地的晚报、综合性信息报、服务报、文摘报等。二是专门报。其中又可分为专门对象报，如工人报、农民报、青年报、少儿报、老年报、妇女报、军队报、侨报等；专门事业报，如经济报、科技报、教育报、文化报、政法报、体育报；专门行业报和企事业单位报，如化工报、电子报、汽车报、计算机报等。

报纸又可分为收费的和免费的两种。现在卖报的收入对报社总收入一般占比较低，例如，21世纪初，《纽约时报》售价1美元，而平均每份报纸带来的广告收入达900美元以上。由于新媒体的免费内容对收费报纸的冲击，免费报纸的总发行量大幅增长，而收费报纸则由盛转衰。

2. 长处和短处

与其他印刷媒体相比，报纸出版周期短、时效性强，价格低、发行量大、广告多。因而报纸可及时刊登新闻和时事评论，报纸的保存问题也因速度和经济性的考量而主要采用粗糙的新闻纸和散页折叠的方式。

与广播电视和新媒体相比，报纸在通俗性、逼真性、感染力、冲击力和获取的方便性上都较差，然而仍有其优势：可随身携带、随时随地阅读；可方便迅速地、跳跃式地选择性阅读；可反复阅读、从容品味思考和做标记，因而内容可以深入、复杂，思想性、理论性也更强，对受众的文化程度要求较高。

3. 地方性特点

与杂志和电视相反，许多面向单个地方的报纸比面向几个地方或全国的吸引力更强，受众和广告收入更多。全国性报纸一般也在不同的地方出版不同的版本，其中地方性内容往往占大部分。报纸的这种特点与其广告的特点有关。报纸擅长告知性、说明性广告，如促销广告、楼盘广告、分类广告，它们大多诉诸特定地区，因此以该地区为目标的报纸，更符合其广告客户之需，而面向几个地区（如长三角）或全国的报纸，就得不到充裕的广告收入，从而在经济实力以及相应的人才、设施、技术等方面，尤其是在价格上，难有竞争力。杂志和电视则擅长印象性广告，让人形成和加深良好的印象，这种广告不受地区限制，传得越广越好。此外，报纸跨地区发行与广播电视跨地区传播相比，需增加更多时间和成本，有一定厚度的报纸尤其如此。

4. 趋势

现在报纸出现三重趋势：① 长篇、深度的报道和评论占比提高；② 免费提供；③ 与新媒体结合。报社也相应转型，成为多媒体内容的提供者，而不只是报纸供应者。

二、期刊

期刊又被称为杂志，出版周期在一星期以上、一年以下，如周刊、旬刊、月刊、季刊等。由于新闻传播的时效性要求越来越高，现在成为新闻媒体的期刊只有某些周刊。

期刊在时效上不如报纸，但可利用其出版时间相对充裕，对同一事件进行材料收集和分析、写作，做到更充分、深入、精到。在报纸进入"厚报时代"以后，期刊的这些长处又日益被厚报吸纳。

但期刊仍可利用其受众面窄、针对性强，内容选择精、印刷质量高，保存和查阅方便等特点，保持相对优势乃至开辟新的领域。

在国外，女性杂志年龄段可以细分到三五岁的差别，有的甚至只相差一两年。有专为十七岁少女编的刊物，还有专门为职业单身母亲定制的刊物。健康与美容或美食结合，文学与时尚结合，也是期刊的细分方法之一。

第二节　广 播 电 视

广义上的广播（broadcasting）包括电视，数字化广播抗干扰、高保真、可储存，成为主流。狭义上的广播（radio）仅指电台广播。

电台广播先有有线的，后有无线的。无线广播有调频和调幅的，调幅有短波、中波和长波的。广播曾经很辉煌，甚至令报纸存亡成为问题，在第二次世界大战的"宣传战"中更是大显身手。然而螳螂捕蝉，黄雀在后，电视又令广播的存亡成为问题。后来广播以分群化（"小众化"）、贴身化服务而东山再起。

电视从无线到有线、地面到卫星、网络到手机，天上、地面、地下立体传输，多种电视交叉覆盖，成为受众最多、影响最广的媒体，被称为 20 世纪最伟大的发明之一。然而新媒体又令电视步报纸的后尘，自 2011 年起，中国主要城市的电视机开机率下降。

尽管报纸和广播曾溺而不死，也不能证明是媒介就长生不老。电报传真今安在？唱片磁盘也已就寝。报纸正在寒风中渐渐倒下，广播电视的今天和明天，也取决于其自身的长短优劣。

一、广播

1. 基本特点

（1）范围广，速度快。广播的范围广一是指内容范围广，除了语言，还可兼容音乐、戏曲、广播剧等；二是指传播地域范围广，可传至交通不发达的地方，或边境以外；三是传播对象范围广，不受年龄和文化程度的限制。

广播的速度快体现在：一，处理速度快，从采写到传送出去可很快完成，还可做现场直播；二，传播速度快。无线电波的传播速度为每秒钟 30 万公里，相当于绕地球七周半，与光波相同，比声波快 90 万倍，听众可同时收听。

（2）可"一心二用"，即非专注地接收。这大大节省了受众的时间，也使广播成为许多场合下唯一能用的大众媒体，如厨房里、车间里、商店里，散步时、开车时、做家务时。这是新媒体时代广播的最大优势。有个博士请裁缝来家做衣，令博士惊讶的是这个中年裁缝上知天文地理，下知鸡毛蒜皮，原来他总是边做衣边听广播。

（3）成本低，可小众化。一是接收成本低，受众省钱省时。广播是大众媒体中接收成本最低的。二是经营成本低，利润率高。几个人就可以办一个电台，无须印刷发行或摄制。美国约有 14 000 家电台，其中商业性电台 11 100 多家，平均每家工作人员不到 10 人，90％以上都赚钱。中国所有媒体中，人均创利最高的是交通广播电台。成本低使广播可以免费和"窄播"——多频幅、小众化。

2. 与报刊相比

广播比报刊传播速度快、逼真，传、受成本低，接收门槛低。但仍有短处：

（1）易逝。受众使用时难以仔细识记、推敲和思考，用后难以查考和保存。

（2）浅显，不便于表达数字性和太复杂的内容。声音、画面的易逝，以及语音的模糊、一音多字，使广播电视在传播数字性和抽象、深刻、理论性内容方面不如报刊。

（3）被动。一方面，节目按顺序播，受众按顺序接收，难以自主选择或跳过不想接收的内容。另一方面，接收时比较消极，不如文字更能调动受众的主动思维和想象。

相对而言，电视的这些短处比广播更甚。不过数字化传播使广播电视可在一定程度上弥补这些短处。

3. 与电视相比

广播的信息量、逼真性、冲击力、感染力都不如电视，但仍有其长处：

（1）成本低。制作、传播和获取节目的代价都比电视低得多。

（2）便捷。传者器材轻，录制简便，"出活"快，便于现场和即时报道。受者能随身携带接收器。"跨境"传播和接收也比电视方便。

（3）"杂波"少，可使受众更集中注意力。电视中，一些信息传播出去有时会干扰主体信息，犹如"杂波"，比如播音员的形象影响收听新闻。

（4）留给受众的想象余地大。电视图像往往限制了受众的想象空间，听音乐一般用广播而不是电视。

（5）更能"一心二用"——非专注地接收。电视也可只听不看，被当作广播，然而电视中的许多语言、声音是与画面配合的，不看到画面会令人难以理解。

二、电视

1. 优点

(1) 电视也和广播一样传播速度快、范围广、获取成本低。画面使电视的信息量更大。

(2) 电视的真实感、艺术性、感染力更强。不仅由于画面较多，还由于通过声、像、文字的组合，可产生特殊的效果。

与电脑和手机相比，屏幕大使电视有更强的现场感。现场直播让受众参与节目过程，是电视在新媒体时代的制胜法宝。

不过广播电视的优点不等于广播电视台的优势，现在许多人基本是通过互联网收听收看广播电视。

2. 缺点

(1) 电视也和广播一样易逝、浅显、被动接受。而画面又使电视难以传播抽象、深刻的内容，并且把受众更深地卷入表象之中，不利于思考习惯、批判精神的养成。因此，一些社会责任感较强的电视台努力以新闻调查、纪录片等节目增加深度。

(2) 虚假、片面、不良、误导性内容的影响力也强。"成也萧何，败也萧何"：画面带来的真实感使欺骗性更强，感染力使煽动性更强。

(3) 画面还使电视的"杂波"——冗余信息较多，留给受众的想象余地较小。

(4) 电视器材多，设备重，录制繁，"出活"慢，现场转播、即时插播都不容易，且制作和传播成本高，难以小众化。

不过数字技术、智能电视的开发利用正在改变电视的一些缺点。

3. 大众化

电视观众的平均文化程度较低，与之相应，电视内容的大众化程度比其他新闻媒体更高。

有调查显示，文化程度较低者，看电视的时间多于文化程度较高者，这与其他新闻媒体相反。与之相对应的是，电视的成本较高，需满足文化程度较低的多数观众，以获得一定的收视率和广告收入，其内容自然趋于大众化。

　　电视一方面服务了大众，另一方面会在趣味格调上降格以求，排挤精英文化，思想观念上趋于传统、保守、符合流行，缺乏批判性、前卫性，甚至以低俗、血腥等内容吸引眼球。许多电视台按收视率末位淘汰的，正是读书类等较为高雅的栏目。有人甚至称收视率为电视的万恶之源。这应当引起电视人的警觉。

第十一章
新 媒 体

新媒体是数字化、网络化的新型媒体，可多媒体和双向互动传播。新媒体也属于电子媒体，主要采用数字处理技术、网络传输技术、卫星通信技术和硬件制造技术传播。这些技术的快速发展促进新媒体的快速升级。

1998 年，在联合国新闻委员会的年会上正式提出"第四媒体"的概念：继报刊、广播和电视之后，网络媒体成为"第四媒体"。此后又出现了"第五媒体"——作为大众传播收发端的手机。平板电脑、电子阅读器既是网络媒体的终端，又可单独存取图文和音视频内容。

各种内容的网站、移动客户端、社会化媒体、社交媒体都是新媒体的具体形态，就像印刷媒体有书、报、刊。其中有的以新闻和时事评论为主要内容，被称为新闻网站、新闻客户端、新闻公众号等，属于狭义上的新闻媒体。其他新媒体也往往含有新闻性内容，属于广义上的新闻媒体。它们对新闻传播产生了革命性的影响。

第一节　网　络　媒　体

网络媒体是基于互联网的媒体，不是互联网本身，就像广播电视媒体不是收音机和电视机。网络媒体是互联网上进行大众传播的部分，但又与其他传播融合在了一起。

网络媒体兼容报刊和广播电视的图文声像功能，或直接把传统媒体包容在里面，同时又有自己的大容量、超时空、多媒体，便于搜索、储存、反馈等多重便利性，成为最主要的媒体。

以新闻和时事评论为主要内容的网络媒体就是网络新闻媒体。1998年9月12日下午2时，美国国会的网站上公布了关于克林顿绯闻案的报告。这是互联网第一次成为首选媒体。

一、特点

1. 性能特点

（1）无限容量。总容量无限，单个网站的容量和单篇文章的容量通过链接、跟帖等形式，几乎可以做到无限。

（2）无限时空。传播速度快，到达远；可实时、移动传送和接收。

（3）多媒体。文、图、音频、视频、动画等多种媒体形态可同时并存，相得益彰。

（4）多重方便。包括方便地搜索、链接、点播；复制、储存、转发；修改、发送、反馈。

2. 应用特点

（1）综合与扩散。综合了人际、群体、组织、大众传播，点对面、点对点、多点对多点传播的特点。既可高度个性化，又可高度扩散化。不仅传播范围广，而且接收者往往通过网络再传播，形成多级传播、立体式"病毒式"扩散。

（2）虚拟与多元。虚拟主要指空间虚拟和传者虚拟。网络传播在Web 2.0时代就有"去中心化"的特征，传统权威机构、主流媒体的昔日权威不再，舆论受到众多方面的影响。

（3）自由与自主。较少受制于传媒的物理性能和传播的社会环境。这有利于网络传播积极作用的充分发挥，又会带来控制难，垃圾内容、不良内容、侵权内容多等问题。大量的商业性网站、个人网站比传统的、事业性的传媒有更大的自主性。网民在海量信息中自主地搜索、选择，既不受传统媒体把关人的限制，又不受广播电视线性传播的限制。

（4）方便与互动。由上述性能带来应用的便利性，几乎可随时、随地、随意地发送和接收信息。人们可方便地成为大众传播的传者，这带来大量的"自媒体"、草根参与、山寨内容、P2P或C2C传播、传者和受者经常互动等。

3. 功能特点

从上述特点可看出网络媒体的强大优势，由此也带来强大的传播功能，并产生传统媒体没有的许多新功能。

（1）远程化、个性化、互动化带来新功能，使网络上的大众传播也可进行微内容传播，点对点传播，满足个别化需求，产生"长尾效应"[①]，信息传递、广告等宣传都更加分群化、精准化，还可进行远程的群体传播，交互性、社交化传播，可开展网络调查、电子商务、电子政务等。

移动互联网又使这些新功能如虎添翼，仅微信客户端就有私聊、群聊等信息工具功能；朋友圈、短视频等社交功能；小游戏等娱乐功能；微信购物、微信支付等商业、金融、生活服务功能。此外，微信公众号和小程序的功能更是包罗万象。

（2）自由和自主带来新功能。如带来传播多元化、平等化、平民化，使公民新闻、公民评论大量涌现。在中国，网络监督特别火爆，2010—2012 年，反腐案件首次曝光于新媒体上的事件数量是传统媒体的 2 倍。同时，网上谣言在中国也特别盛行。2012 年中国 100 件微博热点事件中，出现谣言的比例超过 1/3，许多传谣者与事件并无利益关系。

二、问题和趋势

优点与缺点往往形影相随，网络媒体也是如此。

无限容量带来信息泛滥，有价值的信息和意见往往难以获得足够的关注；综合性会令使用者分心，闲聊、娱乐过度，甚至陷入网瘾；扩散性使不该传播的内容也迅速流传，如"艳照门事件"；虚拟与自由也促使了虚假、不良、有害、侵权内容的传播；网络社区小群体容易形成意见回音壁，以至意见趋同和极端；

此外还有电脑病毒、"流氓软件"的干扰问题，隐私保护问题，等等。

---

① 统计学中，正态分布曲线中间的突起部分叫"头"；两边相对平缓的部分叫"尾"。市场上的大多数需求集中在头部，这部分可称之为流行，而分布在尾部的是零散、小量的个性化需求，这部分差异化的需求会在分布曲线上形成长长的"尾巴"。所谓长尾效应就是将所有非流行的市场需求累积起来，形成一个也很大、甚至比流行市场更大的市场。

其中最普遍、影响最大的是"问题信息",主要有三类:

一是虚假信息。一些网站为了提高点击率、制造轰动效应,故意制作与内容不符的醒目标题,有的干脆炮制虚假信息。这很大程度上是从业人员素质不高、缺乏系统全面的职业规范所致。因此网络媒体的可信度大大低于传统媒体。

二是不良信息。一些网站迎合某些受众的低级趣味,将低俗、黄色、暴力甚至反动的信息放到网上。"互联网媒体实验室"的负责人方兴东用"触目惊心"来形容国内网络色情现状。他说即使在美国,面向大众的门户网站也不会像中国某些网站那样,有明显的色情信息和相关服务。

三是侵权信息。最常见的是侵犯著作权,如网站抄袭、未经许可使用、拒付报酬等。网上相当多的转载信息不注明原载媒体和作者。此外还有侵犯隐私权、肖像权、名誉权,以及在网上过分谴责形成的"网络暴力"。

以禁堵难以解决这些问题。一方面控制网络信息的难度很大,有的信息还来自境外。另一方面,许多内容的界限很难分清,如色情与人体艺术,暴力与反映生活,合理批评与过分谴责,问题探讨与不良宣传,禁堵的成本很高,还难免失误。因此要采用多种调控方法,进行综合治理。提高传者和受众的新媒体素养是主要措施之一(详见本章最后一节)。

网络媒体还有其他相对劣势,包括:

(1)费用高。上网费和购买、维护设备的费用比消费任何一种传统媒体的费用都高。

(2)操作复杂。这也甚于使用任何传统媒体。

(3)长时间、近距离地使用电脑和手机,有损视力乃至身体健康。

随着科技、经济和网络媒体的发展,以上优势会逐渐扩大,劣势会大幅度缩小。如上网费用占个人收入的比例不断降低,上网操作不断简化。

传播技术正在走向 Web 4.0、N.0 时代;使网络传播的速度更快,声像质量更高,音视频内容更多。同时,网络终端更加移动化,走向手机 5G 时代。不易携带、影响使用者健康等问题,也都在日益减轻。传播活动的重心向用户端转移,负面影响也日益受到认识和重视。

这些都使网络媒体趋于随时、随地和随意。同时,网络媒体还有最优化和多样化的趋势。网民能方便地从网上找到优质的媒介和内容,于是不能做到最好的媒介只能重新定位，另寻目标市场，形成差异化、多样化。

第二节 手机媒体

手机可吸收报刊、广播电视和网络媒体的精华内容，又有可以随时、随地、随身、随意接收和发布信息，正成为人们最经常使用的主流媒体，并在很大程度上改变和整合其他媒体、传媒机构和传媒产业，以及个人、组织、社会的生活方式、工作方式、运行方式。

一、手机成为媒体

手机作为大众传播的接收和发送端而成为第五媒体。智能手机不仅是人的延伸，而且是媒体的延伸，使各种媒体都能通过手机随时随地、随心随意地传播——发出或接收信息，使媒体的服务得以延伸。手机还衍生出了大量的社会化媒体和社交媒体。于是手机成为人们最经常使用的媒体。

手机把大众传播与人际传播、群体传播、组织传播融合在一起，带来人际、群体、组织、大众传播媒介的融合，以及传媒业与通信、信息技术行业的融合，乃至与商业、贸易、金融等行业的融合。

新闻机构纷纷将内容进行分类、浓缩，制作成适合手机传播的形式，以短信、手机报、软件等途径扩大传播。微博使每个拥有上网功能的手机都可成为大众传播工具。脸书（Facebook）、微信等即时通信工具又让人们可通过网络快速发送语音、文字、图片和视频，走红程度很快超过了微博。

现在人们可随时通过手机获取和发布消息，上传图片、视频，其中有些内容又被随时插入其他媒体，广为传播。其他媒体的许多内容则被手机向社交圈等转发，进入二级、多级传播。新闻报道也在更多地采用"手机＋网络""实时＋滚动""业余＋专业""微博、微信＋报道"等模式。

二、手机媒体的特点

1. 传播特点

作为网络媒体的收发终端，手机媒体具有网络媒体的各种特点。同时，手机媒体又有自身的特点，其最大的优点是小，最大的缺点也是小，加上智能化，形成了一系列传播上的特点，主要为：

（1）便捷。可随身携带，接收便利；可随时随地传播，及时收发信息；可方便地采集、制作、选择、检索、储存、转发、评论。于是大大增加了传播的自由度、自主性和实时性、互动性，也增加了随意性和扩散性。

（2）综合。手机综合了人际传播、群体传播、组织传播、大众传播；综合了书报刊、广播电影电视和网络媒体的长处，使手机成为媒体的延伸，成为功能最多、使用最多的媒体，使传播交流的覆盖面既广又密，并呈现群体化倾向。

（3）碎片。手机把许多整块时间"切碎"，人们的活动不断被手机打断。与之相应的传播也往往是断断续续、零零碎碎的。

（4）个性化。一方面受传者方便地进行个性化选择，另一方面传者方便地进行个性化推送。

2. 内容特点

上述传播上的特点必然带来内容上的特点。

（1）来源多。于是信息和意见快而新、广而全。许多内容没经过把关人的过滤，一方面鱼龙混杂，另一方面有许多反映民情民意和突发事件等稀缺内容。

（2）短而小。碎片时间、小屏幕难以容纳长而大的内容。于是短小精炼，能有更大的信息量，然而又有内容广而不深的问题。

（3）碎片化、肤浅化、娱乐化。手机传播可利用碎片时间，但使其内容也相应碎片化。加上短而小，又容易肤浅化、娱乐化。许多人也倾向于接收碎片、肤浅、娱乐内容。

（4）个性化。手机使其用户方便地进行个性化选择，传者方便地进行个性化推送，一方面使个性化的内容更符合受传者的需求，但也会带来信息范围受限、内容片面以及"信息茧房"和"意见回音壁"问题。

3.受传者特点

（1）主动性强。手机媒介的受传者不是信息的被动接受者，而是主动性很强的选择者、使用者和发送者。

（2）随意性大。他们的选择余地和收发信息自由度都很大，传播时的随意性也较大，还往往情绪化。

（3）受传播环境影响大。他们往往在人际传播、群体传播的过程中，或在碎片时间中接收和发送信息，传播内容和效果都易于受到他人的影响和时间短促的制约。

第三节　社会化媒体和社交媒体

一、基本概念

社会化媒介、社会化媒体、社交媒介、社交媒体也是现在经常被混用的概念。

社会化媒介、社会化媒体（social media）：前者包括非传媒机构所办的几乎所有网络信息应用，后者指其中非传媒机构所办又面向广大公众连续传播的如论坛、博客、微博、维基以及个人网站、手机客户端、微信公众号等平台。它们不同于传媒机构化的媒体，然而有些个人参与者的背后也有团队，组织机构也可办博客、微博、微信公众号等，这些可属于广义的社会化媒体。

"social media"又被译为社交媒介、社交媒体。前者指从古至今基于社交网络、具有社交功能的各种传播媒介，包括书信、电子邮件、微博、微信等。后者特指其中基于电子社交网络，可被广泛、连续转发的媒介，这样扩散后，就有了公开、广泛传播的媒体性质。例如，微信的朋友圈、交流群，虽然大多不是公开、广泛传播的，但通过一再转发也形成了公开广泛传播。

社会化媒介、社交媒介的外延有很大重合部分，比如传播机构所办的社交媒介以外都属于社会化媒介。

社会化媒体的概念早于社交媒体，两者既有区别又有联系。前者是相对于机构化媒体而言的，主要是从传者和内容生成来界定；后者则不论是否由传播机构所办，主要是从传播渠道的角度来界定。

二、主要特点

与传统媒体和其他新媒体相比，社会化媒体、社交媒体主要有如下特点：

（1）开放。大部分社会化媒体允许人们免费参与，感兴趣者都可提供内容和随时转发、评论、提供反馈信息。

社交媒体更是拥有高于其他媒体的自由度。用户提供内容、可多对多传播交流是其重要特征，这也赋予公众越来越大的传播权利，使内容传播更广泛、全面、及时，同时空前平民化，能够更充分地反映民情民意。然而公众大多缺乏专业训练，且鱼龙混杂，因而社交媒体的内容质量、公信力往往不高，且会有许多有害和侵权的内容，以及带来"后真相"问题。

（2）新方式。如社群化——人们可以很快形成一个个社群，分享、交流共同感兴趣的内容。多级化——许多传播内容经过多道转发。多点对多点——可在一群用户之间方便、及时地交流信息和观点，改变以往一点对一点或一点对多点的远程传播，但也会产生"意见回音壁"等问题。

各种社会化媒体、社交媒体又因其用户的差异而有不同的特点，如论坛的内容较为宽泛，微信的内容较为个人化，微博介于两者之间。

三、对新闻传播的影响

许多原先不关注新闻的人也被大量新闻所包围，乃至逐渐养成了刷新闻的习惯。大量受众从传统媒体和固定电脑转移到了移动终端、社交媒介。他们又借助社交媒介，轻易地成为传者，成为与"传者"合一的"用户"。他们的选择余地和自由度都很大，并往往在人际传播、群体传播的过程中，或在碎片时间中接收信息。这些都会影响到他们的注意和认知，思想和情感，态度和行为，包括后续的传播行为，并对传者带来很大影响——在传媒市场中，传者更需看受传者的"脸色"行事了。

人们接触媒介的时间更多了，并利用了许多碎片时间；选择范围也更广了，人们的选择更主动，更符合自己的需要，同时也更受自己个人因素的影响。

然而，人们日益从自己的兴趣出发选择媒介和内容，并日益只在与自己兴趣和观点相似的社交媒介群体中获得信息和交流观点，形成"信息茧房"和"意见回音壁"。一些传播机构又根据受传者的选择记录"靶向"推送内容，即运用算法进行"精准传播"，加速和加深了受传者的"作茧自缚"。这些都进一步加剧了人们的认识局限，导致意见对立、关系撕裂，并使优质的新闻内容和媒介无法得到足够的认同。

同时，其他传者也尽可能利用受传者的这些新特点，制作容易被转发和评论的内容。受众也更多更快发出反馈信息，对传者有更多的影响。于是，许多新闻机构由过去的主要生产产品、争取客户，转变为生产用品、争取用户，市场导向的作用更强了。这一方面有利于满足受众的需求，另一方面也削弱了传者的积极能动性，例如，满足受众潜在需要或长远需要的内容就更容易被满足受众直接兴趣的内容所挤占，传者甚至降低格调、放弃新闻专业精神以迎合市场。

移动传播、社交媒介使人人都可方便地成为信息和意见的发送者，大量受众加入到了传者的行列，进行转发、评论或直接提供信息，对社会产生影响。其中许多内容很不专业，乃至捕风捉影、弄虚作假，使新闻传播机构、管理部门乃至全社会都遭遇虚假、不良、有害、侵权内容的不良影响。

第四节　媒体融合与其他融合

一、媒体融合

数字技术带来各种媒体的融合，即报刊、广播电影电视、网络媒体、手机媒体等边界交叉模糊，融为一体。如网络媒体中有书籍报刊和广播电视；报刊和电视中有网络媒体。

媒体融合使各种媒体形态优势互补，方便程度和传播效果最大化，产生融合效应，并形成融合媒体——融合了多种媒体的媒体，如综合性网络、手机媒体。内容既有官方的，又有民间的，既有图文的，又有音视频的，既有大众化的，又有分群化、"小众化"的；新闻既可以是新近发生的事实报道，也可以是其他各种真实、新鲜、受众需要的信息。传播方式从我传你受日益转向我供你取。所供应的是受者要取的，而不能只是传者要供的。

媒体融合使地方性媒体可成为全国性、全球性媒体，也带来更多竞争。同时使传统媒体可与新媒体结合，也带来新媒体的更大冲击。地方性传统媒体机构正在集合区域内容和市场优势，品牌和人才优势，网络媒体的无限容量、无限时空、多频道、多媒体优势，以及手机等移动终端的随时随地随意优势，开发出各种各样的融合媒体产品。

二、其他融合

1. 传媒融合

媒体融合带来采编和经营业务融合，内容、渠道、平台、管理以至产权融合。可以用一个更大的概念来概括所有这些融合——传媒融合。

2. 与其他媒介、行业融合

新媒体不仅与其他大众传播媒体融合，还与人际传播、群体传播及其媒介融合，如网络、手机媒体中有即时通信、社交圈等传播。

媒介融合又带来传媒业与电信、商业、金融等其他行业的融合。如电视屏幕可同时成为购物、交易、支付、游戏屏幕，观众成为用户。

3. 呼唤体制变革

通过上述各种融合可共享平台资源，产生规模效应和协同效应，于是要求传媒进行相应的体制变革。

西方在 20 世纪末放宽电信业、电子媒体业和报刊业之间的相互融合，接着出现了规模空前的传媒业并购浪潮，形成更大的多媒体、全媒体公司。如美国的维亚康姆并购派拉蒙公司、哥伦比亚广播公司、BET 控股公司，最著名的就是美国在线与时代华纳的合并。过去的大型报业集团，现在几乎都已是多媒体或全媒体集团，如美国的甘尼特公司、赫斯特公司、纽约时报公司。

中国传媒业的地区、行业分隔由来已久，使许多在资金、技术、经验、人才、品牌、管理等方面拥有优势的传媒机构，难以充分发挥优势，获取经营规模效应、价值链产业链延伸效应和媒体融合效应。北青传媒公司 2004 年在香港上市，计划将募集来的大部分资金投向电视，但是按有关政策规定，报业机构不能直接投资办电视，只能像广告公司那样去购买电视的广告经营业务，或只能从事内容制作，向电视台出售。至 2007 年底，北青传媒原计划投入电视行业的 2.5 亿港元仍分文未动，而计划收购其他传媒业务的 3.6 亿港元也只花去 4 400 万港元。经营业绩远低于预期，股价暴跌。

随着媒体融合、传播融合的发展，打破传媒的行业和地区壁垒、创新传媒市场进入和退出机制，也就更加迫切了。

此外，这些融合使传媒强者更强，集中垄断程度更高，使弱者逐渐边缘化或被淘汰。这不利于传媒的繁荣，不利于信息和意见的多元化。虽然谁都能在网上发出声音，但受众经常接触的新闻传媒仍然是有限的。在传媒体制方面也要对此有所关注。

第十二章
新闻媒介的影响

在现代社会中，人的主观世界很大程度上不能直接反映客观世界，而是受媒介营造的虚拟世界的影响。人的思想和情感、态度和行为，乃至人的社会化和全面发展，也都受到新闻媒介的影响。人们往往过高估计媒介对他人的影响，又过低估计对自己的影响。认识这些现象能帮助人们科学地把握、利用新闻媒介。

新闻媒介的传播力和影响力直接带来社会效益和经济效益，而影响力的根源在于传播的能量和有效性。

数字化改变着各种媒体的传播力和影响力。新闻网站要尽量减少受众的时间和精力成本，提升受众对内容和形式的满意度。

第一节　新闻媒介影响的特点

一、影响与作用

影响一般是指弥漫、无形、间接的作用，影响有好的和坏的之分，或对某些人是好的，对另一些人是坏的，或某些人认为是好的，另一些人认为是坏的。影响还有直接的和间接的区别，包括对个人、群体、组织和社会的影响。

作用除了指产生影响，还可以指用处，如信息传递作用、意见交流作用、舆论监督作用。

用处可产生影响，如信息传递、意见交流作用产生对人的认知和思想情感的影响。影响也可产生用处，如对人的注意和认知的影响可产生宣传引导作用，对思想和情感的影响产生政治、经济等作用。

二、影响的产生和大小

1. 影响的产生

（1）方式。新闻媒介的影响是迅速、广泛、深远的，这些都带来相应的效果。

（2）因人而异。新闻媒介的影响要通过受者的接受而产生，而人们的接受又受到身份、修养、处境、心理等诸多因素左右。

（3）直接和间接。新闻媒介的影响既对传播对象直接产生，也可通过其他个人、群体、组织和媒介由二级、多级传播间接产生。

2. 影响的大小

1) 接受对象与影响大小

新闻媒介影响的大小不仅与媒介本身有关，还与影响了哪些人有关。影响了有较大话语权、决策权（包括政治决策权、经济决策权、广告投放决策权、消费决策权、媒介内容决策权，等等）的人，或者在信息和观点方面较有影响力的"意见领袖"，就会产生较大的影响。

现代社会中，普通公众对社会事务的影响越来越大，传媒也越来越要注意加大对他们的影响。从危机公关到世界文明冲突，等等，都越来越需要通过新闻媒介对普通公众产生影响，减少隔阂与敌意，增进理解与信任。

2) 媒介多寡与影响大小

在新闻媒介稀缺，受众的信息源稀少、选择余地很小的情况下，单一媒介的影响会很大。这不一定是好事，甚至更可能弊大于利。

这会给官方一种错觉，以为只要严格控制媒介的数量和内容，就能解决思想和人心问题。殊不知同时会把媒介瞭望环境、交流意见、舆论监督等作用也控制掉。而且这时的媒介如果带有片面性，其负面作用也会更大，甚至造成群体性偏见和狂热。这既会给社会带来直接损害，又会产生更大的思想和人心问题。过去的一些政治灾害都与此有关。

随着社会的发展，媒介的增多，单个媒介的影响在一定程度上被分散。与此同时，各种媒介从不同的方向产生影响，也会削弱特定媒介的影响。现在网络人际传播增多，又在一定程度上分散和抵消了大众媒介的影响。要尽力提高新闻媒介的质量和传播能量，争取赢得受众的选择，化被动为主动。

3）想象中的影响大小

处于较为优越地位的人，往往倾向于过高估计媒介对他人的影响，从而对传播效果过于乐观或悲观，趋于自我满足或要求实行过度的限制。[①]作为传媒的管理者和政策法规制定者，对此尤需注意。

第二节　新闻媒介对人的影响

新闻媒介通过延伸人和直接作用于人的感官，经常、直接地影响人的注意和认知、思想和情感、态度和行为，发展人的智力、提高人的能力、促进人的社会化和全面发展。同时，新闻媒介也给人带来了许多负面影响。

新闻媒介还通过影响社会环境，包括政治、经济、文化、社会结构和活动等而间接地影响人。新闻媒介关乎人的基本权利，包括知晓权、参与权、表达权、监督权，这些权利又关乎政治民主、社会进步、人民幸福。所有人的发展是单个人发展的前提，而新闻媒介又与人类社会同生共长、密切互动，从整体上影响人。

一、影响人的注意和认知

1. 对注意和认知的一般影响

新闻媒介不仅使人如有顺风耳、千里眼，能了解到遥远处发生的新闻，还影响人们注意的内容。新闻媒介关注的人和事一般总是比较重要或有意义的，至少是比较令人感兴趣的，人们就习惯于把新闻媒介中的内容

---

① 禹卫华. 中国大陆首次实验法"第三人效果"研究［J］. 国际新闻界，2009（2）：34－37.

作为议论的话题，于是新闻媒介对注意的影响不仅发生在传播时，而且延续到传播以后。媒介的"议题设置功能"正是由此而来。

新闻媒介的内容作用于人们的大脑，引起知晓与否的变化，知识增加和知识结构的变化，属于认知层面的影响。小至对某件事情的了解，大至对整个世界的认识都是如此。

新闻媒介的把关人——编辑记者、媒介的主办主管机构等，不仅把传什么和不传什么的关，还有意或无意地把了怎么传的关，影响人们看什么和怎么看。新闻媒介关注的人和事令人感到重要，成为关注对象，就是媒介影响认知的结果之一。

2. 对媒介世界的影响

在现代社会中，人们很大程度上是通过大众媒介，尤其是新闻媒介来认识世界。现代人亲身直接从真实世界得到认识，相对来说是不多的，而且还不一定有代表性。人们对世界的全面认识，必须依赖于社会提供的信息，在现代社会中主要依赖于新闻媒介。

在世界日益复杂，大众媒介又高度发达的今天，人们关于世界的信息和观点，比以往更多地来自大众媒介。同时由电子媒体构成的媒介世界，比过去由印刷媒体构成的媒介世界更能令人当真，许多电视观众对环境的认识，对事物的看法，与电视所呈现的十分相近。人们的主观世界比以往在更大的程度上被媒介世界所影响，成为媒介世界的翻版。

然而媒介世界只是真实世界的映像，与真实世界并不相同，有时甚至相去甚远。大众媒介对世界的反映不可避免地带有一定程度的主观性。由于传者的认识有限，由于利益关联等局限，由于媒介环境的各种影响，这种反映总是会有偏差的，有的甚至成为人们认知的障碍和陷阱。

不同的媒介有不同的媒介世界，各人有不同的媒介世界。由此影响或形成各人不同的主观世界，进而影响人们的思想、情感和行为。调查显示，人们接触大众媒介越多、对大众媒介越依赖，思想观念与其接触的媒介也越接近。

可见媒介能否真实、全面、客观、公正地反映世界，对社会、组织和个人都至关重要，因而也是衡量媒介优劣的重要标准。不能仅做好新闻宣传工作、新闻舆论工作，也要做好新闻信息工作。

而作为受传者，则应知道媒介世界与真实世界的一致是相对的，不一致是绝对的。而且，天灾人祸等负面信息往往更被人关注，因而也更被媒介关注，不能以为负面事物在新闻中占多少比重，在现实世界中也占多少比重。西方受众已习惯于新闻报道的一半左右是负面的，另一半中，大部分是中性的，正面报道的比重很小。这与受众对新闻的需求是相应的，中国新闻媒介也有此趋向，而中国受众还要有个适应的过程。

二、影响人的思想和情感

信息作用于人们的理性思维，产生思想观点的变化，属于思想层面的影响。尽管在许多情况下，人们的思想观点有一定的独立性，在大众传媒面前并不会像靶子中弹那样应声而变，但大众传媒仍能影响人们"怎么想"，不仅传媒中的意见性信息会有这种效果，事实性信息对认知的影响也会有这种效果。许多思想层面的影响虽不明显，但在日积月累中潜移默化地改变着人们的意义框架、立场观点。

人的思维方式如形象思维、抽象思维，线性思维、发散思维、机械思维、辩证思维，等等，也受到大众媒介的影响。印刷媒介在社会传播活动中占主导地位时，人们自然而然地重视书面语言符号的使用技巧，重视文章的逻辑、修辞等，思维方式也趋向于语言文字的线性顺序和条分缕析。

电视成为占主导地位的媒介以后，人们对书面语言符号使用技巧的重视程度有所减弱，转而强调声像效果和全息传播。西方重视东方的整体化把握世界也是始于电视时代。近年来网络和手机媒体的普及，又带来快餐化、碎片化、跳跃式的思维和行为方式。

信息作用于人们的情感，产生情感、情绪的变化，属于情感层面的影响。不仅情感性信息会有这样的影响，事实性、意见性信息也会有这种影响。有的事实催人泪下，有的事实令人愤懑。对事物的理解能带来更充分、更深入的感受，错误的理解也会产生错误的情感。

新闻传播在影响情感方面也有很大的弹性空间，例如，可以让一个人的牺牲比万人的牺牲更令人激愤——如果这一万人的牺牲只反映为一个阵亡数字，而这一个人的牺牲则震撼了人心。恐怖主义者把砍下美军俘虏头颅的过程摄录下来寄给美国电视台，电视台播出后引起人们对恐怖主义的极大愤慨。

西方报纸上较长的报道往往从具体细节写起，产生情感引领效果。例如，先描写一位男子与妻子吵架后饮弹自尽，然后叙述原因，原来他已失业半年多，且看不到希望。进而引出失业使离婚率上升的数据，论述失业问题的严重程度和解决方案争议，等等。

三、影响人的态度和行为

新闻媒介对受众的注意和认知、思想和情感的影响，都会带来后者态度和行为相应的变化，产生态度和行为层面的影响。其中有的影响是直接的、明显的，有的则是间接的、深潜的。

新闻媒介又通过传播方式影响行为，如接收和发送信息的方式（包括途径、模式、形式等）。

人们的态度和行为大多是有意识的，也有许多是下意识的。而即使是下意识的态度和行为，为什么是这样的而非那样的，深究起来，往往也可看到大众媒介的影响作用。

影响态度和行为是许多传播的最终目的，尤其是那些急功近利的传播，如选举鼓动、商业广告。

在影响态度和行为的过程中，大众媒介通过各种中间环节、"中介因素"产生作用，包括各种内在和外在、主观和客观因素，如心理倾向、选择过程、人际关系、群体环境、社会环境、传播工具和体制，等等。大众传媒最经常的倾向不是改变受众态度，而是强化他们的既有态度。大众传媒要改变人们的态度，需要中介因素产生与传媒一致的作用，至少不再影响态度变化或起相反作用。此即"中介效果论"。

人们新的感觉如果与原有的经验、情绪、认知结构不平衡，会产生心理紧张，形成一种力求恢复平衡的力量。这时属于不稳定状态，易于发生态度的改变。而在平衡、稳定、心理和谐的状态下，则抗拒态度的改变。此即"平衡论"。

人们还意欲通过相互影响，取得一致的意见。如果意见不一致，就需要设法改变对方，以形成均衡关系，保持或增进心理上的愉悦感。人们更愿意结交跟自己意见一致的人。此即"均衡论"。

受传者倾向于跟传者（如媒介）保持和谐关系。如不和谐，则或改变自己的态度以适合传者，或否定、改换传者。人们对传播内容也会如此，接收不和谐的信息时，可能改变自己的态度，也可能曲解信息，如无法曲解，就可能怀疑、否认其可信度。因此传者要维护和谐，因势利导，在有把握的时候、以有把握的方式影响和改变受众的态度。此即"和谐论"。

不和谐是常态，完全的和谐一般不可能。很不和谐又会形成心理上的不适，使受传者避免接触引起不和谐的信息。而在不得不接受时，则会寻找有利于心理和谐的理由。如某人买了一辆车，两个月后这种车价格大跌，他会回避这个跌价信息，或者对自己说，我已经享用了两个月，而且有几次幸亏有了这辆车。此即"认知不和谐论"。

人们态度的形成和改变，是因为这样会有一定的作用，如能够获得安全感，增多利益，减少付出，丰富知识和经验，提升地位和形象。传者掌握了某种态度会带来的好处，就能使形成或改变态度的努力容易成功。此即"功能论"。

有人根据这些理论和规律，设计出了一些劝服的方法，例如：

（1）刺激—反应。通过暗示和重复，在刺激和反映之间建立联系。

（2）引发动机。人们的动机主要来自需求。根据心理学家马斯洛的需求层次理论，人们有五个层次的需求：生理的、安全的、社交的、受尊重的、自我实现的。能够激发这些需求，就能引起动机，影响态度和行为。

（3）利用人们的模仿心理和从众心理，或提供令人向往的性格、情境等，或揭示社会的普遍认同，引发劝服对象的不和谐感和跟从欲望。

各种宣传，包括政治宣传、广告宣传、营销宣传、品牌宣传等，主要的和最终的目的大多是改变人们的态度和行为。其中有的对受传者也是有益的，但更多的只是从传者的需要出发，甚至只是对传者有利，使受传者吃亏，如让人买了本来无须购买，或无须买这么多、无须以这么高的价格购买的产品。

四、影响人的社会化和全面发展

1. 影响人的社会化

人的社会化即自然人（或生物人）成长为社会人的过程。刚出生的人，仅仅是生理特征上具有人类特征的生物，而不是社会学意义的人。他（她）必须渡过一个特定的社会化期，经过一个接受社会文化的过程，即通过学习、模仿，使社会的活动方式、行为规范和思想观念内化，并逐渐熟悉各种生活和交流技能，这也是适应社会生活、传承社会文化的过程。

新闻媒介是看社会的重要窗口，人们越来越多地从中学习、模仿。现在许多孩子的语言、知识、思想观念、行为方式，都很成人化，大多是从电视学来的。在新媒体时代，学校以外的学习更加重要。

2. 影响人的全面发展

人的全面发展包括人的体力和智力、知识和思想、道德和精神、性格和心理等各种素质的发展，认知和思考、操作和社交、决策和创造等各种能力的发展。要而言之，就是德、智、体、美、劳的全面发展。

在当今社会，新闻媒介作为重要的信息来源，对于人们发展各种素质已是不可或缺。新闻媒介还提供思想养料和参与机会、文化养料和心理保健、艺术养料和创作园地，大大帮助人们知识积累、见识增长，智力开发、能力培养。

人的全面发展需要通过实践才能得以实现。人的全面发展需要认识世界、服务世界、改造世界的实践。提升人的素质和能力，包括积累知识和经验，发展思想和能力，也都需要实践。就连人的感觉和行动器官，如美术的眼睛、音乐的耳朵、能工巧匠的手，也要在实践中形成和发展提高。而在现代社会中，新闻媒介是十分重要的实践工具和平台，新闻传播是很好的实践锻炼，可提升交往能力、表达能力和社会素养。新媒体使每个人都能成为公民记者。通过在新闻媒介上发表作品也可提高创作能力，许多作家最初是给报刊写稿，从中获得了很大的兴趣刺激和能力提升，才渐渐明确了作家这一发展道路。

3. 从人的发展看选用新闻媒介

用什么和怎么用媒介，既反映又影响了人的发展。有调查显示，人群的文化程度与看报纸的量成正比，与看电视的量成反比。

由于各种媒介都有其优劣，各种媒介的内容又很丰富复杂，媒体融合时代尤其如此。孩子用什么媒介、怎么用媒介、用多少时间、看什么内容，等等，一般都需要大人的指导，大人又何尝不需要指导，只是许多人并不了解，或并不认为自己需要指导。许多人往往倾向于过高估计媒介对他人的影响，过低估计对自己的影响。

人选择媒介，媒介影响人，进而影响人对媒介的再选择，如此形成人们素质的"马太效应"。大多数成年人都是随波逐流地使用媒介，于是那些懂得不同媒介的特点和长短、能自觉把握者就可在人生发展中胜出一筹。

第三节　新闻媒介对社会群体的影响

公众可分为各种社会群体，即各个阶级、阶层、民族、社会集团或各种性别、年龄、身份、爱好等组成的人群。新闻媒介与受众、与社会群体心理的关系，是新闻媒介与社会群体的普遍性关系，新闻媒介与各种社会群体又有特殊关系，需要分别研究和专门处理。

一、新闻媒介影响社会群体心理

1. 社会群体心理的形成

社会群体心理是指弥漫在社会或其群体中的心理状态，简而言之，就是社会中许多人共有的心理。表现在人们的感情、情绪、风俗、习惯、传统、社会风气、群体行为中，有广泛性，群众性，会产生很大的社会影响。

社会群体心理也是外界事物或者外界元素作用于人之后内心反应的结果，包括知、情、意、趣等多方面的心理堆叠、综合作用，往往是潜移默化地形成某种思维定式。例如，人们对某国的看法，即使没去过没见过，但一想起来就会想到某种样子，可能是符合实际的，也可能是离谱的。

2. 新闻媒介对社会群体心理的影响

新闻媒介经常不断地、有意或无意地影响着社会群体心理。这种影响不仅通过一般的信息、交流、宣传、文化等产生作用，还通过一些特殊的效应，如晕轮效应、模仿效应、刻板印象效应、排气阀效应、逆反效应产生作用。

（1）晕轮效应：即光环效应。人身上的某一方面特征，掩盖了其他特征，形成人际认知的障碍。例如，有的老年人对年轻人的个别缺点看不顺眼，就认为他们一定没出息；有的年轻人由于认可朋友的某一可爱之处，就会把他看得处处可爱。

新闻媒介的"授予地位作用"就会产生晕轮效应，形成追星心理、物质崇拜心理等。

（2）模仿效应：即维特效应。德国大文豪歌德的小说《少年维特之烦恼》讲了一个青年因失恋而自杀的故事。发表后产生巨大轰动，还引起心理上的"流感"：在欧洲引发了模仿维特自杀的风潮，以致好几个国家将该小说列为禁书。

2003年4月1日，张国荣自杀事件发生后，媒体的报道连篇累牍、大肆渲染。结果从当天深夜到第二天凌晨9小时内，全香港有6名男女跳楼自杀，其中5人不治而亡，当月香港共有131宗自杀身亡个案，较3月份增加32％。有几名死者留下遗书，清楚写明其自杀与张国荣轻生有关。有人批评新闻媒介应当反思和警醒，不应炒作自杀个案，也不应将其"娱乐化"处理，而应在报道时采访一些专家学者等，实施心理危机干预，启发公众对自杀背后社会问题的思考和讨论，从而避免类似事件发生。

作家韩寒曾在1999年上高一时，获得首届全国新概念作文比赛一等奖，但期末考试七科不及格，只能留级，被报道后引发社会关于教育问题的激烈讨论。2000年他又挂科七门，后被退学，但很快发表了长篇小说，获得畅销，一举成名。2001年出版文集《零下一度》，获得当年全国图书畅销排行榜第一名。2002年又出版小说《像少年啦飞驰》……经媒体大量报道，一时掀起了韩寒热。许多初高中生竞相效仿，埋头写作不顾学业，成绩大滑坡，教师和家长们惊呼：一个韩寒站起来，千万个"韩寒"倒下去！

（3）刻板印象效应：所谓刻板印象，是指跟某人或某一类人还没有实质性的交往时，就有一种比较固定的、类化的看法，简单笼统而又不易改变的评价。

人们经常把某个或某些人看作是某类人的典型，或者反过来，把对某类人的评价视为对某个人的评价，因而影响正确的判断。例如，认为老年人都是保守的，年轻人都是爱冲动的；北方人都是豪爽的，南方人都是精明的；又如有的领导者认为爱挑毛病的人一定是"刺儿头"，沉默寡言的人一定城府很深；活泼好动的人一定办事毛糙，性格内向的人一定老实听话。

（4）排气阀效应：由于受到额外的关注、压抑的情绪得到宣泄而使绩效得到提高。

排气阀效应又称霍桑效应。霍桑是美国一家工厂的名称。该厂具有较完善的娱乐设施，医疗制度和养老金制度等，但员工们仍愤愤不平，生产状况也很不理想。为探求原因，1924年11月，美国国家研究委员会组织了一个有心理学家等参加的研究小组，在该工厂开展了一系列试验研究，中心课题是生产效率与工作物质条件之间的关系。研究程序中有一个"谈话试验"，即用两年多的时间，专家们找工人个别谈话两万余人次，并规定在谈话过程中，耐心倾听工人们对厂方的各种意见和不满，并做详细记录，对工人的不满意见不准反驳和训斥。

这一"谈话试验"收到了意想不到的结果：霍桑工厂的产量大幅度提高。原来，工人长期以来对工厂的各种管理制度和方法有诸多不满，却无从发泄。"谈话试验"使他们的这些不满都发泄出来了，从而感到心情舒畅，干劲倍增。社会群体心理学家便将这种现象称为"霍桑效应"。

新闻媒介反映、传达人民群众的批评意见，既有信息传递、意见交流、舆论监督的作用，又可产生霍桑效应。

（5）逆反效应：产生与传者意图相对立的抵触情绪、反向思辨或行为倾向。一般表现为：强化原有态度，例如，新闻媒介宣传的态度与受众原来认同的态度完全相反时，受众往往会强化自己的原有态度；做出逆向选择，例如，媒体对受众未知的具有新闻价值的事件保持沉默或批评，受众反而对这些事更感兴趣；贬损宣传者，例如，传播内容是受众已较为了解的，而媒介宣传却与受众了解的相反，受众就会贬损宣传者。

二、新闻媒介制造和利用社会群体心理

由于社会群体心理会产生很大的社会影响，政治家、阴谋家、商人等各种政治、经济力量经常通过新闻媒介影响、制造和利用群体心理。其中有的是对社会和公众有益的，有的则是有害的，干扰了人们的正确认识与合理判断，误导了人们的行为。前者如反法西斯战争中唤起英雄崇拜心理，后者如纳粹党制造的仇视犹太人心理，广告商制造羡慕某品牌的心理，让人买了不该买的或不该买这么多的商品。社会和公众对此要有所了解和防范。

1. 制造社会群体心理

这种制造除了通过直接控制媒介，还通过影响媒介人和传播内容（如进行内容检查、控制信息源、制造新闻事件等），公关、广告公司经常策划和制造这种事件。

2. 利用社会群体心理

首先是从新闻媒介了解社会群体心理，包括进行内容统计分析，从而采取相应对策。

在新闻媒介上释放出迎合社会群体心理的信息和观点，则是直接的利用手段。即使原来的社会群体心理是正确的，这种迎合也可能会使真理变成谬误。

三、新闻媒介与各种社会群体

新闻媒介与各种社会群体有各种不同的关系，如新闻媒介与女性、老年人、学生、弱势群体、股民、烟民、网民等的关系。新闻媒介与每个群体的关系都有一大批研究论文或著作，解决许多专门问题，如医患关系、残障人群的媒介使用，等等。

以新闻媒介与青少年的关系为例。与其他人群相比，青少年对社会的了解更多来自新闻媒介，容易受媒介误导。媒介素养问题的提出，正是从看到大众媒介对青少年的负面作用开始的。世界报业协会还发起过"报纸进教育"的活动，鼓励免费送报纸给学校。

现在青少年越来越多地把新媒体,尤其是手机作为主要新闻媒体。青少年学习、使用新媒体的能力很强,然而内容选择、分辨和自我控制能力较弱,容易轻信媒体和产生情绪化。新媒体中有益和有害的内容都远比传统媒体中多得多,即使是无益无害的内容,也会浪费青少年的时间和精力,乃至有损于视力和身体健康。对青少年使用媒体的指导十分重要。

第四节　新闻媒介的传播力和影响力

传播力使内容被接收,影响力使内容被接受。新闻媒介的传播能量和有效性决定其传播力,进而带来竞争力和影响力。新媒体在媒介的传播力、影响力有特殊性,能够降低受众的时间和精力成本,满足受众的内容和形式需求。

一、传播力——影响力之源

传播力是实现有效传播的力量,体现了传者能力。

传播是从信息源、传者、内容、媒介、受传者到产生效果乃至引起反馈的过程,传播力不仅仅是传送的力量,还是传播能量和传播有效性的乘积。

1. 传播的能量

传播能量取决于传者。因素有:① 传播实体——机构及其人员;② 硬件——设施和装备,其提升对各大竞争主体来说并不太难,但其利用率则会有很大的差异;③ 经营和管理等,表现为传播的数量和速度、广度和深度、密度和频度。

传播能量并不等于传播力和影响力。有时虽传出去了,但并没有被接收,如许多公费订阅的报纸并没有被打开,许多网上内容并没有被网民点击。

2. 传播的有效性

传播的有效性很大程度上取决于传播媒介的质量和声誉、传播的方式和方法，同时又与传播环境，包括接收方的因素有关，最终表现为到达率和吸引力、说服力、感染力和影响力。

（1）媒介质量和声誉。新闻媒介的质量主要取决于内容和形式，也包括制作、传输质量。

新闻媒介的内容质量包括专业性、正确性和针对性。专业性主要来自新闻专业化、评论内行化，如信息量大、新闻价值大，全面客观公正程度高，可靠性、深刻性、有用性强。

任何内容都有形式，新闻媒介的形式质量主要表现为可读（视、听）性。

新闻媒介的传播效果要通过不同的人产生，内容和形式的针对性也是影响媒介质量的因素。这种针对性不仅仅是迎合，还包括引导和创造受众需求。网络时代的传播对象可比以前更加细分化，从而可产生更有针对性的传播质量和影响力。

新闻媒介的制作、传输质量除了一般而言的清晰度高、失误率低，还包括符合受传者的接受习惯，如有的要"高大上"，有的要低成本。

新闻媒介的传播有效性和影响力还受制于媒介声誉，包括公信力、权威性、美誉度。它们主要由媒介的总体质量带来，也受制于服务和营销水平。

（2）传播方式和方法。传播方式的快速化、专门化、互动化、贴身服务等，都可提高传播的有效性。传播方法、技巧包括摆事实和讲道理、先入为主和后发制人及因势利导和欲擒故纵，等等，适当的选用也可提高有效性。

（3）传播环境。传播的宏观环境——自然、人口、政治、经济、文化、社会、国际等大环境，对传播的到达率和效果都会有很大影响。

传播的微观环境——市场、中介机构、竞争者、受者等，对传播的有效性更有直接影响。

仅受传者的因素，就有身份、经济、文化、思想、心智、能力等差异，性格、形象、健康，需求、经验、媒介素养等差异。媒介质量、传播方式方法的好坏，影响力的有无，都是因人、因时、因地而异的，对一个文盲而言，再好的文字也没有传播力和影响力，远不如一幅简单的图画有质量。其他传播情况也是如此。因此有效传播的能力，应当包括因人、因时、因地制宜地传播。

　　新闻媒介传播力的主要因素示意如图 12-1 所示：

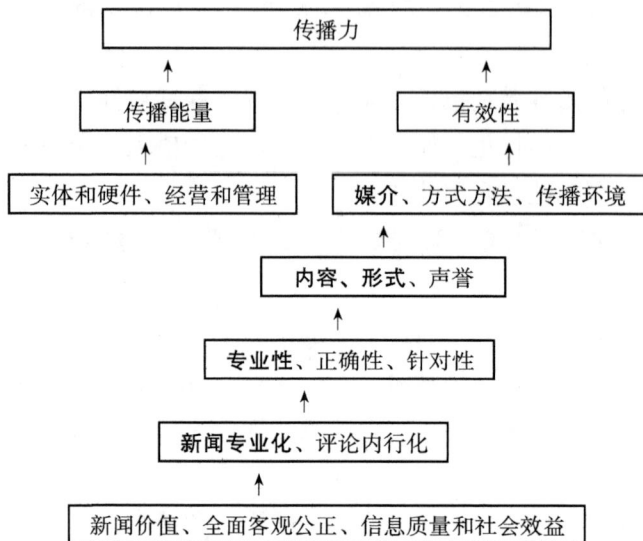

图 12-1　影响新闻媒介传播力的主要因素

　　上图中构成传播力的各项因素，可成为考察、测量传播力的具体指标。而如果仅用一个指标来综合反映传播力，则可以是传播的到达率，如报刊的阅读率、广播电视的收听收视率和网络媒体的点击率。

二、新闻媒介的影响力

　　新闻媒介的影响力就是对各种人和事（包括人群、组织机构、社会现象和活动等）产生影响的作用力，直接表现为强化、弱化或改变传播对象的注意和认知、思想和情感、态度和行为，进而影响到人的各种素质和能力、社会的各个层面和领域。[①]

　　影响力的前提要素是传播力，传播只有到达了传播对象，才能产生影响力。然而如果止步于到达，则还没产生影响，甚至产生了相反的效果，如逆反心理。还有许多受传者只是为了知道有关内容的荒谬，为了批判它而选择接收。这样的传播并没有产生相应的影响力。

---

　　①　谢金文. 新闻学导论［M］. 北京：清华大学出版社，2014：138.

因此，影响力还要在传播力的基础上继续向前发力，使传播不仅被接收，而且被真正接受，产生一定的效果。因此影响力的构成除了传播力，还有构成传播媒介质量的从内容到形式的一系列元素。

不能仅把传播力作为影响力的测评指标，更要用接受度（包括强化、弱化或改变注意和认知、思想和情感、态度和行为的程度）。

新闻媒介的影响力不是强制性的，但又可以十分强大、胜似强制性。如媒介监督可产生很大的舆论压力，令某些官员"不怕上告，只怕见报"。

新闻媒介影响力经常受到各种政治、经济权势等力量的左右，包括政党、政府、企业、个人等的制约、控制、利用。在少数人掌控新闻媒介影响力的情况下，这种影响力容易被滥用，损害社会和公众的利益。对社会，政府要能够掌控；对政府，公众要能够掌控；对公众，理性要能够掌控；那么，能在很大程度上影响公众理性的新闻媒介，就不能被部分人完全掌控，不论是少数人还是多数人，要保障公民的传播权，保障传媒影响力不离人民之手。

三、新媒体、移动传播及其传播力和影响力

1. 新媒体及其传播力和影响力

数字化新媒体不仅拥有几乎无限的传播容量、时空和手段，而且拥有几乎无限的一级、二级、多级传播，这大大加强了传播的能量。对境外的传播更是需要新媒体的跨地区、多媒体等优势。

新媒体不仅提升了新闻媒介的传播能量和有效性，还使各种新闻媒介的传播力和影响力在总体格局中重新洗牌。传统媒体去中心化，乃至边缘化；新媒体争奇斗艳，夺人眼球，还囊括了众多传统媒体；博客、微博等"自媒体"异军突起，有些已有很大的影响力。

新媒体融合了人际传播、群体传播、大众传播，融合了报刊、广播电视、网络手机等多种媒介，使新闻传播、新闻媒介的传播力和影响力可借助其他传播、其他服务成倍地增加。

新媒体的使用还带来许多新功能，如社交功能，这些都提升着传播力和影响力。内容和形式高度贴近传播对象的个性化需求，也是新媒体的传播力、影响力较强的重要原因。

新闻媒介的使用成本中，时间和精力占很大比重，方便性十分重要。中国一些商业性网站或 App，如腾讯、新浪等机构，尽管缺乏重要新闻的第一手采访条件，其新闻内容的点击率仍很高，很大原因上是由于用户同时在使用他们的其他服务。

2. 移动传播及其传播力和影响力

移动传播具有多级化、分享化、社交化、受传者主动化等特点，而且人际传播与群体传播、大众传播融合在一起，新闻传播与移动终端的各种其他传播乃至购物、娱乐等融合在一起，传播力受到各种其他新因素的影响，包括平台的有用性，内容的社交性，用户的心理因素等。于是，① 传播能量的作用有所下降，有效性的作用有所上升。传播的覆盖面再广、频度再高，若得不到移动用户通过转发、评论等各种形式的再扩散，其传播范围仍有限。② 传媒声誉的作用有所下降，"意见领袖"的作用有所上升。人们得到的信息往往是经过了一再的、多级的传播，不是来自始发的传媒，原始出处往往无从查考，人们就更关注内容本身和转发、评论者的可信度。③ 时宜性、重复性等宣传要求的作用有所下降，新闻价值的作用有所上升。移动用户包括信息的扩散者和主动选择者，一般不考虑信息扩散和接收的时宜性，也基本不会主动重复。而新闻价值是受传者追逐的对象，移动传播大大方便了追逐者，也就大大提高了追到的可能。

第十三章

新 闻 受 传 者

受传者就是传播的获得者、接收者，但不等于接受者，有的人认同、接受了，有的人并不认同和接受，甚至拒斥和批判。

大众传播的受传者为数众多，被称为受众，包括读者、听众、观众等。他们是传播的对象，传播效果的作用对象，因而也是传播研究的重要对象。新闻单位、公关广告机构等经常进行受众调查研究。

第一节　受传者的特点

一、人群特点：构成和位置

就大众传播而言，按地区可把受众分为境内受众和境外受众、本地受众和外地受众、城市受众和农村受众等。

按人群可分为老年、中年、青年、少儿受众，男性、女性受众，工人、农民、军人、干部、学生、白领、知识分子等受众。

按兴趣和传播内容可分为经济、文艺、科技、体育等受众。按接受习惯可分为主动型和被动型受众。当然还可按媒体分为广播电视受众、网络媒体受众等。

与人际传播、群体传播、组织传播的受传者相比，大众传播的受众有如下特点。

1. 构成：广泛、混杂和分群

大众传播是面向全社会的开放性活动，受众广泛地存在于社会的各个角落。与此相对应，受众是混杂的，表现在性别、年龄、民族、国家、阶级、阶层、地位、职业、经济状况、文化背景、知识结构、思想观念、兴趣爱好、心理特征、社会关系的不同上，接触传媒时有不同的动机和需求、接收习惯和能力、所处情境和心理。

这种混杂性又是相对的。他们具有作为受众的共同特征，如都对某种媒介感兴趣，甚至有相似的性别、年龄、职业、爱好、经济条件、文化程度等。

随着传播技术、社会需求和条件的发展，受众呈现出两种发展趋势。一是广泛化，二是分群化，或分众化、"小众化"。这种分群可以按人口统计学意义的特征区分，如性别、年龄、职业等，也可以按受众的不同需要区分，如求职、投资等。

印刷媒体的发展使读者范围日益扩大，与此同时，媒体种类日益增多，受众群体也日益细分。广播电视一方面突破了印刷媒介的受众必须识字的局限，使受众的范围大大扩展，另一方面媒介的种类又不断增加，受众细分。数字化、卫星传播、互联网使受众更加广泛和细分，甚至可以对个人量身定制。

不论是广泛化还是分群化，都会对传者、内容、媒介和效果产生很大的影响。例如，分群化可使传播内容更加丰富和深入，针对性更强。

2. 位置：分散和流动

受众分散在世界的各个地方、社会的各个角落。从受众之间的相互关系看，他们也是很分散的。接触媒介时大多无组织、无纪律，至多只和小范围的人在一起，大多数时候是单个人。即使在公共场合看同一部电影，绝大多数人也是互不相干的。

分散的受众还处于流动状态。一方面，特定媒介的受众在不断增加、丢失、更替，另一方面，特定的受众也在不断变化，其年龄、身份，经济条件、文化程度，学习、工作和生活的地点，乃至兴趣爱好，等等，都会变。在社会环境发生大变化时，受众的变化也更大、更频繁。

传播技术，尤其是数字化的发展，使传播媒介大大增加，传播范围大大扩展，受众的选择大大方便，受众也就越来越能分散在各种时间和场所，并越来越频繁地流动。

受众的分散和流动给积极进取的传媒机构不断提供新的机会，也使不思进取、坐享其成的传媒不断流失最宝贵的受众资源。

大众媒介的受众还有隐匿的特点，传者一般不知道受众是谁、在哪里，受众的分散和流动使他们更有隐匿性。这使传者提高针对性有较大的难度。因此许多媒介机构尽可能调查、了解受众，通过网络等渠道与受众交流。有的还建立了自己的读者资料库。一些新媒体机构更是大量收集、分析用户的使用数据。

二、接收特点：选择性

人们总是对传播媒介及其内容有所选择，包括选择性注意、理解和记忆。影响这些选择的因素除了个人的，还有媒介的效用、获取成本和方便程度，接触媒介的时机和环境，如其他媒介的多寡和吸引力。

1. 选择性注意、理解和记忆

人们总是有选择地注意那些比较符合自己需要、偏好或接收习惯的媒介和内容，获取成本和方便程度也影响选择。因此传者往往着意强调其传播内容对受众的有用性，以引起人们的关注，总是把最令人关注的内容放在最突出的位置，如报纸的头版头条。形式上也尽力引人注目。同时尽量减少受众需付出的时间、精力和经济代价，方便受众做出选择。

人们对自己注意到的信息，只选择其中一部分加以理解，而把其他的忽略过去，且一般只按自己的看法去理解，并往自己熟悉的方向解读，结果既可能符合原意，也可能部分符合或完全相反。因此新闻和时事评论的传者一般要使信息准确、鲜明和通俗化，减少会引起误解和歧义的因素，让人易于理解，能够完整、准确理解。还要尽量用事实说话，用平等态度说话，让人愿意并乐于理解和接受。

人们会无意间记住许多东西，但其效果远不如有意的记忆。而且越是复杂的事物，越需要借助有意的记忆。人的头脑像个仓库，不需要也不可能把注意到的、理解过的事物都储存起来，而总是选择自己需要或感兴趣的东西。传播对人们的认知、思想和行为的影响，大多是由那些进入"仓库"的内容产生。

2. 如何选择

人们的选择性注意、理解和记忆，都受到多种因素的影响，包括个人原因、选择余地、媒介内容、周围环境等。

在媒介及其内容不多的时候，受众的选择余地较小，比较被动。而在媒介和内容众多的今天，受众的选择余地和主动性就很大了，于是传者要尽可能争取获得更多的受众，受众则要提高选择水平。

人们的选择会有意无意地偏向于符合自己观点和态度的内容，排斥与自身观点和态度相反的内容，还会抬高自己选的东西，贬低放弃了的东西，以获得更好的心理感受。传者要因势利导，避免一开始就被受众关在心理大门之外，并争取"先入为主"，实在不行也要设法排除受众的这些心理障碍。

3. 移动传播的影响

移动传播使新闻传播的受传者对媒介和内容有更大的选择余地。这会减少某些媒介和内容的被选概率，增加另一些媒介和内容的被选概率，并让受众能更多接触境外媒介。

在移动传播的海量信息面前，许多人无所适从，只能选择符合自己愿望、自己愿意相信的内容。人们的惰性和享乐倾向使零碎、肤浅的内容得以大行其道，娱乐性、感官刺激性内容占比日益增大。有些人倾向于只在与自己兴趣和观点相似的社交媒介群体中获得信息和交流观点，一些传播机构仅根据受传者以往的兴趣"靶向"推送内容，加剧了"信息茧房"和"意见回音壁"效应。对人们产生潜移默化影响的媒介世界，过去基本上是由媒介机构及其他内容生成者制造，现在则是由他们和受传者共同打造——每个受传者都有了与别人很不一样的媒介世界。这对有的受传者是好事，对有的则未必。很大程度上取决于受传者的媒介素养和新闻素养。

4. 利用记忆规律

传者既要利用受传者的无意记忆，让他们看到传播内容，又要尽可能争取他们的有意记忆，尽力使传播内容符合受传者的需要和兴趣。

要巧用重复记忆规律。重复、过度记忆能有效地加深记忆、抵御遗忘，但太多的简单重复和过度记忆，会引起记忆疲劳和逆反心理，因而要有一定的变化、新意。

还可利用前摄记忆和后摄记忆规律：在一段连续注意的时间内，最前和最后进入脑海的内容会给人留下最深的印象，因而最容易被记住。许多电视新闻栏目一般把最重要的新闻放在头条，把最有趣的放在末条，令人对这些新闻的印象特别深，还使整个栏目在观众的记忆中显得既重要又有趣，符合受众选择的基本理由：需要和兴趣。

三、反应和再传

1. 反应

人们对传播媒介和内容的反应有的很强，有的很弱；有的全盘肯定或全盘否定，有的部分肯定或部分否定；有的没有做出反应——这也是一种反应。

受众的反馈可通过电话、邮件、传媒机构的受众调查、座谈会等方式，以及对媒介的选择或不选择（反映为报刊的发行量和阅读率、广播电视的收听收视率、网络媒体的点击率等）获得，可引起传者做出相应的调节，取得动态平衡，提高有效性，同时也会带来迎合受众的负面效应。随着媒体数量增多，市场化程度提高，竞争范围扩大和程度加强，随着大数据的应用，受众反馈的影响力会越来越大。

影响反应的因素除了传者、媒介和传播内容，还有人们及环境。例如，受众模仿媒介中的英雄，影响因素有模仿对象、模仿者自身和周围环境。

许多人的从众心理，也是环境影响的一种结果，表现为在意识和行为上与群体中的大多数人趋于一致。事情越重要或越是难以把握，或把握者的自信心、自尊心越弱，所受压力越强，周围人的一致性越高，就越容易从众。

与传媒和周围人的观点相左者，会保持沉默。随着时间的推移，其中有些人会转向，于是这种沉默者会越来越少，形成上大下小的"沉默的螺旋"（The Spiral of Silence）现象。但也有的人在沉默中独立思考，厚积薄发，"厚积爆发"。新媒体的隐身匿名性也有助于打破这种"沉默的螺旋"。

2. 再传

受传者会把自己接触到的，尤其是认可了的信息，再传播给其他人、形成"二级传播""多级传播"。有的还会在再传时加上自己的意见。

有的再传者在自己的环境中有一定的权威性，具有"意见领袖"的特征。

这种再传和"意见领袖"的作用有时会很大，尤其是在获取有关的真实信息比较困难的情况下。有调查显示，对大多数消费者来说，"意见领袖"的影响力有可能比电视广告的影响还大。

新媒体使再传变得十分方便，赢得再传成为一种重要的传播策略。

四、参与和主动性

1. 参与

受传者的选择、反馈和再传都是参与传播的行为，许多受众还主动向传媒机构提供内容，或参与传媒的内容制作。

互联网给人们参与新闻传播和公共事务提供了便利，如通过"自媒体"、朋友圈、社交群等直接参与，包括直接发帖和进行转发、补充、评论等。

参与使受传者直接成了传者。受传者之间也相互影响，乃至形成舆论。在这同时也可增强参与意识和能力，乃至道德感、正义感、责任感。

然而那些自发的传播中会有许多不实、不良、无聊乃至侵权内容，往往还会过火、过激，形成"网络暴力"。

2. 主动性

传统媒体的技术特性使传者在信息的生成和流传方面较为主动。内容是传者选定、经传者把关、由传者推送。受众的反馈很少，个性化需求无法满足。

互联网改变了传者与受者的主、被动格局，让受传者在信息的形成、发出和收取方面都更加主动，可在海量信息中任意选择，多方位、多角度、从多种媒介选择，并能随时与传者互动，影响内容的形成。

自主选择使所选内容更符合自己的需要，同时也更受自身因素的影响。并非所有受传者都能做出最明智的选择，加上互联网环境中的信息爆炸、信息误导、娱乐诱惑等问题，更自主的选择并不一定带来更好的效果。

过去面向社会发表信息和观点必须通过传媒机构，许多人也就没有这方面的主动行为了。现在人们可自主地面向社会发出信息，"话语权"大大增强，主动行为越来越多。这对人们的素质和能力提出了新的要求，包括品位、趣味、传播能力和社会责任心。

第二节 受众的权利和义务

一、权利

受众的权利是公民的权利在大众传播中的体现。受众应有知晓权、参与权、表达权、监督权，以及其他一些权利。

1. 知晓权

受众的知晓权是指受众通过新闻媒介获得公共信息的权利。这是公民知晓权的自然延伸，也是实现公民参与权、表达权、监督权的前提——不了解情况就没有发言权。

作为社会的成员、国家的公民，受众有权按照个人所能选择的方式，得到或探求各种与其利益相关的信息，包括个人信息和公共信息。当有关信息直接影响到人们的活动，要求人们不得不做出决定时，保障受众的知晓权显得更重要。凡有意扣留重要信息，或传播虚假信息，都是侵犯了受众的这项权利。

公共机构，包括政府的存在及其运行，是依靠人民创造的财富来维持的，它们在公务活动中产生、制作和获取的信息，也是利用公共资源的结果，应属于全体人民共有的公共财产。因此从所有权的角度看，它们也应当将其拥有的公共信息及时公布，让人民知晓，如同税收一样，"取之于民、用之于民"。

绝大多数信息，包括公共机构的信息，人们无法迅速、及时、充分地直接从信息源获得，只能通过新闻媒介获得。人们赋予了新闻媒介许多必要的权利，同时也有权从新闻媒介迅速、及时、充分得到公共信息，实现知晓权。

2. 参与、表达、监督权

在现代社会中，人民应有参与社会公共事务的权利，包括通过新闻媒介参与。新闻事业有很大的社会影响力，也是一种公共性活动，人民有权参与其决策、管理和运行。

表达是人的基本需求之一。人要进行社会交往，要得到社会的承认，要实现自己的人生价值，都需要通过表达。受众的表达包括向传者反映情况和发出反馈意见，对媒介及其内容进行评论、申辩等。

受众的监督权包括两个方面。一是受众有权通过新闻媒介，实施对社会尤其是对权力机构和人物的监督。二是受众有权监督新闻媒介及其背后的各种传者，令其恪守职业道德，培养职业精神，承担应尽义务，履行社会责任。

上述权利相互关联。知晓了才能参与、表达和监督；参与了就能更好地知晓、表达和监督；能表达才能参与和监督；知晓、参与、表达的目的之一就是监督，而对权力和传媒的有效监督，也是知晓、参与、表达权的保障。

3. 其他权利

受众权利还有与大众传播相关的名誉权和隐私权，媒介选择权和利用权，以及媒介消费者权利——有权得到一定数量和质量的传播内容及其他服务，不被所消费的产品伤害，包括免受不良信息的污染、虚假信息的欺骗、错误观点的误导。

4. 对受众权利的限制

受众的权利也必然要受到一定的限制。毫无限制的知晓权和表达权是不存在的，至少有国家安全、商业机密的限制，不得传播色情暴力内容的限制，不侵犯他人隐私权、名誉权、肖像权、著作权的限制。

对受众的权利也应采取最大和最小原则，即予以尽可能大的保护，尽可能小的限制。而且这种限制必须是公开的，规范的，得到公众认可的。

二、义务

受众的义务就是受众应做的分内事。首先是遵守对权利的必要限制。此外还有义务履行以下责任：

帮助、促进传媒承担社会责任。传媒是社会公器，应为公众服务，公众都应关心和支持办好传媒。可通过购买、选用社会效益好的传媒（这对市场化运作的传媒是很有力的支持和鼓励），也可以通过给它们提供信息、稿件、意见和建议，帮它们宣传推广。

不鼓励、不帮助对社会有害的传播及其媒介，抵制不良传播和盗版行为。对传媒不能很好地履行社会责任提出批评监督。

第三节　受众与传者的关系

一、两者关系的表现

1. 相互依存、影响和转化

传者与受众谁是主动的一方？这似乎是一个先有鸡还是先有蛋的问题。

没有信息的传送，就没有信息的接收，没有传者，就没有受众。传者传出什么，受者只能收到什么。从这个意义上说，传者是主动者。

在当今时代，受众能在众多的传媒中自由选择。这种选择决定了传媒的存在价值。因此传者传什么、怎么传，都必须符合受众的需求。如果受众不接受，传者就得设法"改变自己不能适应的，适应自己不能改变的"。改变受众的难度很大，时间也会很长，改变自己相对容易得多。而且即使要改变受众，比如说提高受众的品位，创造受众的需求，传者首先也要改变自己，设法让受众认同并接受自己，然后才能因势利导。如此看来，受众又是主动者。在传媒市场化程度越高的地方，受众的主动权、受众对传者的影响也越大。

可见传者与受众是相互依存、相互影响、共生共荣的。传者可以在影响受众、引导受众方面有所作为，但如果完全从我出发，以我为主，往往达不到预期目的，甚至还会适得其反。

传者与受众还会相互转化。受众可以通过传媒机构，或直接在新媒体上发出信息和看法，成为传者。而传者在接收其他媒介的传播时，便成了受众之一，在接收受众的反馈信息时，也成了受传者。只有做好了学生，才能做好先生，只有做好了受者，才能做好传者。

2. 相互选择和追逐

一方面，传者选择自己的目标受众群，尽力获取受众；另一方面，受众也选择符合自己需求的媒介，获得尽可能方便、迅速、充分的传媒服务。

传者有时会以自己的强势地位，千方百计迫使对方接受自己，高明的追逐者应使自己成为被追逐者。宣传是要追逐受众的，新闻是受众要追逐的，宣传用新闻说话，就可变自己为被追者。

3. 因时因地而异

在媒介稀缺、供小于求的时候，在人们获取媒介受到很大限制的地方，传者的主动权很大，传什么，怎么传，基本由传者决定，受众只能被动接受。

现在大不一样了。传媒数量已大大增加，社会环境、接收条件等限制大为减少。比如看电视，受众可随时按下遥控器切换频道，或通过 IP 电视、网络电视回看、选播，传者的节目安排，包括广告内容、方式和播放时间，都要有相应的改变。

二、对两者关系的认识与处理

对传者与受众关系的认识和处理，可大致归为两种。最初是以传者为中心，随着媒介的发展和人们认识的深入，人们看到受众有很大的能动性，于是逐渐转向以受众为中心。

1. 以传者为中心

在中国封建时代，唯有官办的报刊"邸报"是合法的，民间办的报刊被蔑称为"小报"，属于非法出版物。这是典型的"只许州官放火，不许百姓点灯"。许多时候还只许按朝廷确定的"定本"传抄，也即只有对统治者有利的内容才能传播，完全是从"我"出发，以"我"为主，以传者为中心。这成为中国封建时期具有"超稳定性"的重要原因之一。

西方 19 世纪工业革命以后，生产和生活的社会化程度猛然提高，人们了解世界和周围环境的需求迅速增多，受众对新闻媒介的依赖程度不断增大。而媒介的供应，如广播电视的频率频道，则相对有限。再加上人们对媒介的虚拟性，对媒介反映社会的主观性、折射性，又不太了解，于是传播的效果很明显、直接、强大，传播理论上也出现了"枪弹论"，也称

"子弹论""魔弹论"，即大众媒介的内容可以对受众产生立竿见影的效果，就像子弹击中他们的躯体，使他们像靶子一样应声而倒。

在大众传播受到严密控制的地方，传播更显得有效，甚至给人以无所不能的印象。两次世界大战中出现的战时宣传效果，成为"魔弹论"的有力证明。

在这种认识的基础上，传者的主要努力基本都在传的问题上，尽可能使内容明确、充分和有力，尽可能扩大传播的数量和范围，提高传播的强度、密度和频度，尽可能让受众只接触到符合传者意图的传播。

2. 以受传者为中心

只要有选择的机会，受众总是从满足自己的需要出发，来选择、使用新闻媒介。传者只有满足受众的需要，才能赢得受众自觉自愿的选择和使用，产生较好的传播效果和经济效益。这就是"使用与满足理论"的基本内涵。美国传播学者施拉姆说，受众参与传播就好像在自助餐厅就餐，媒介在这种传播环境中的作用，只是提供尽可能让受众满意的饭菜。至于受众吃什么，吃多少，吃还是不吃，全在于他们自己的意愿和喜好。

在新闻媒介日益供大于求的"买方市场"上，传受关系的这些特点日益明显起来。西方学者在20世纪六七十年代强调受众是传播的目的地，提出了受众本位论。中国学者也在90年代中期，随着传媒走进市场，提出了以受众为中心的观点：围绕受众的利益和需求，并按照受众的接受规律进行传播。[①]

这并不是说，传者应完全迎合和尾随受众。高雅、精英人士，对严肃、深刻内容很感兴趣者总是少数，如果媒介完全迎合大多数受众，就只能降格以求，放弃那些只有少数人感兴趣的东西，甚至走向低俗化。

以受传者为中心，并非仅注重他们的当下、切近利益和需求，而且要重视他们的根本、长远利益和需求，其中包括社会的公共、整体利益和需求。如果说宣传以传者为中心，同时也要关注受众的需要和接受心理，那么新闻传播的以受众为中心，也不应排除传者的主观能动性，不能一味迎合受众。

---

① 谢金文. 市场营销原理在报刊经营中的运用 [J]. 新闻出版交流，1996（5）：7-9.

3. 如何以受传者为中心

传者要认真研究受传者的动机、需要、态度、个性、心理，等等，有时还要设法让他们认识到自己的需求，从而获得他们的认同和积极反应。

在方法上，不仅不能目无受众、自说自话，还要尽可能采取他们容易接受的方式，包括巧妙的启发引导，让他们自觉自愿地接受。

传者还可通过自己的质量、品牌、性价比、独特性，帮助受传者选择，甚至养成他们的口味，培育、创造自己的忠实受众。在信息爆炸、媒介多元时代，人们的时间、精力、对媒介的选择能力日益有限，在媒介选择上日益需要帮助。传媒可以通过独特的媒介品牌，通过对内容的精选，让受众方便地获得自己所需的优质媒介和内容，从而赢得受众的选择。报刊摊前，大多数购买者不是翻看了以后才买的，而是直接决定买哪种报刊。要掌握传媒市场主动权，除了要努力赢得受众的即时性选择，还要影响、争取他们的再选择。

人们对媒介的选择性注意、理解和记忆，会受到媒介的很大影响，这给传媒引导受众和培育、创造自己的受众提供了基础。许多厂商通过让消费者试用，有效地推广了他们的新品，许多人起初觉得可口可乐有"药水味"，后来对这种味道几乎上了瘾，新闻媒介的使用比一般物品更不容易饱足，更能够越用越想用。

4. 现实和方向

在西方的市场环境中，传媒基本上是以受众为中心的，受众的需求能得到较为迅速和充分的满足。然而许多传媒以受众为中心只是手段，其根本目的还是自己的利益。因此迎合受众的弊病比较突出，还常有误导受众的问题。

中国近现代报刊刚出现时，多数是以宣传西方思想文化为主，传者主导、受众从属。后来商业性的报刊迅速发展起来，发行量远远超过宣传性、政论性报刊。商业性报刊以争取读者、扩大销路、获得利润为主要目标，内容上尽力满足读者的需求，形式上尽力创新，成为提高报刊业务水平的主要推动者。然而那时缺乏民主政治、宪政法治的保障，当权者不满意的时候，报刊就受到压制、迫害，许多被关闭或强占。

共产党领导的传媒强调为人民服务，与受众的关系应该是服务者与被服务者的关系，然而在很长的时期中，传媒的主要功能是宣传教育，与受众的关系主要是宣传教育者与宣传教育对象的关系。尽管毛泽东提出只有先做好学生，才能做好先生，但许多传者仍始终以先生自居，在传受关系上以我为中心，唯上唯权，少关注或不关注受众的需求，无视受众在传播过程中的能动作用。改革开放以后，中国新闻传媒业实行企业化管理、市场化运作、产业化发展，引进信息论、传播学等理论，对传受关系的认识和处理逐步从以传者为中心向以受众为中心转变，受众观念成了媒介人员重要的思维工具。然而也有些传媒迎合受众的不健康需求，产生副作用。

　　传者与受众关系的发展方向，应以受众为传媒的最高利益、根本目的所在，以受众为传播活动的出发点和落脚点，在获得受众的选择、满足受众需求的过程中，发挥传者的积极作用，包括引导、教育作用，实现传者的社会价值和经济效益，在受传者主动权更大的移动传播时代更是如此。

第十四章

新闻传播效果

传播效果就是传播引起的受传者心理、态度、思想、行为的变动，以及对他人（包括对传者）、政治、经济、社会、文化、组织、家庭等各方面的影响，包括巩固原状和促进变化。

传播效果是大多数传者的目的，又是了解受传者的重要途径，也是检验和改进传者、内容、媒介的重要依据。人们在接触媒介时想要得到的满足，也是对传播效果的预期。科学地认识传播效果，对传者和受者都是很有益的。

新闻传播对社会的各种积极作用和消极影响，都是其直接的和间接的效果，也是许多领域的人士和学科关注的。新闻与传播学科更要考察分析各种不同的传播效果，探究其产生过程和因素，以便更充分有效地控制和利用传播效果。

第一节　效果的种类和强度

一、种类

可从不同的角度对传播效果进行分类。

（1）按效果的性质，可分为好的和坏的、正面的和负面的、积极的和消极的。有的效果对某些人是好的，对另一些人是坏的，如宣传；在某一时期、某种程度是利大于弊，在另一时期、另一种程度是弊大于利，如娱乐。从传者愿望、传播意图的角度来看，越符合的效果就越是好的，越相反的就越是不好的。

（2）按效果的作用，可分为微观的和宏观的，对个人的和对社会的。

对社会的效果表现为各种社会作用。对个人的效果中，有告知、劝服、娱乐作用；提高或降低素养和品位、增强或减弱意志和能力；有影响注意、认知和影响思想情感、态度行为的作用。

影响态度的效果中，有"强化"或"弱化"某种既有态度的效果；有"结晶"效果——使原来意向未明、态度未定者的态度明确起来；有"改变"效果——使受传者的态度发生逆转。

（3）按效果的产生，可分为有意、预期的和无意、非预期的效果，直接、迅速的和间接、潜移默化的效果。

无意的、非预期效果中，有许多是受众的选择性理解或传播的间接效果，出乎传者的意料，也有些是受众产生了逆反心理——对传播内容、方式和传者不满、怀疑、反感、抵触乃至否定、排斥，致使传播受阻，甚至产生负效应。如受众对那些不适当的广告插播和植入式广告，过量的、空虚的、不符合实际的宣传，产生厌烦、抵触、对抗心理。

间接效果往往比直接效果更广泛和深远，却更容易被忽略。例如，"知沟理论"所揭示的效果。该理论认为，经济、文化、社会地位高的人能比地位低的人更快、更多地获得有用信息，他们之间的知识差距就会扩大，由此又带来机会差距的扩大。同时他们经常使用的大众媒介不同，又会产生知识结构、思想观念等方面的差异。于是形成知识落差、沟壑和阶层分化、隔阂。

潜移默化的效果虽然产生较慢，但影响较深。

（4）按效果的表现，可分为明显的和隐性的，近期的和远期的，短期、暂时的和长期、持久的。还有许多特定的表现。

隐性的和远期的效果不易被察觉。例如，看电视剧过度会使人沉湎于虚拟世界，趋于消极被动地接收信息，降低行动能力，以至有损健康。特定的表现如设置议题、授予地位、沉默的螺旋、第三人效果等。

二、强度

传播效果有强有弱，本无定数。但大众传播的效果究竟是强还是弱，如何强、如何弱，这对于如何利用和控制大众传播很重要。西方对此有过长期摸索，其认识发展可分为五个阶段（在时间上有交叉重叠）：

第一阶段是从 20 世纪初到 30 年代的以"魔弹论"为代表的"超强效果论"。

第二阶段是 20 世纪 30 年代初至 60 年代初的"有限效果论"，也被称为"弱效果论"，认为传播效果是通过个人、社会的多种因素而产生，传媒的作用是相当有限的，有些传播对态度和行为的改变毫无效果。

第三个阶段是 20 世纪 60 年代至 70 年代末的"适度效果论"时期。认为应综合考虑间接的、长期的、对社会的效果，而不能仅看直接的、短期的、对个人的效果；应重视认知的效果，而不能仅看态度和行为变化的效果。传播的效果有时是微弱或不明显的，有时是巨大的，有时介于两者之间。

第四阶段是 20 世纪 70 年代以来的"强大效果论"时期。认为在各种大众传媒广泛、综合、累积的作用下，在各种其他条件的配合下，能有力地影响或塑造舆论，对社会产生很大的影响。这些其他条件包括顺应事物的发展规律和公众的需求，抓住恰当的时机，符合传播和接受规律。

第五阶段也是 20 世纪 70 年代以来的"谈判效果论"。认为一方面大众传媒按自己的意图、计划进行传播，另一方面受众按自己的需要和理解进行接收、反馈，双方以自己的地位和力量相互接应、影响、调整，产生效果的过程具有"谈判"的性质。[①]

总之，现在学术界已认识到，传播效果多种多样，影响效果的因素错综复杂。

第二节　效果的产生和因素

一、产生

传播效果都是通过对个人的影响而产生的，有的是直接影响，有的是

---

① 戴元光，金冠军. 传播学通论［M］. 上海：上海交通大学出版社，2000：361.

通过影响环境而影响个人。

1. 过程

新闻传播对人的影响是一个循环往复以至无穷的过程。从注意和认知，到思想和情感，再到态度和行为，直至对整个人的塑造，不断积累、扩大和深化。不仅上述顺序的前者对后者有影响，后者对前者也会有影响，如人的情感、态度、价值观，都会影响对信息的注意、认知和观点的接受，影响选择性注意、理解和记忆。

2. 复杂因果

影响传播效果的因素有传出方的因素、接收方的因素和传播环境等其他因素。

一个传播可产生多种效果，如既有设置议题效果，又有认识改变效果，既有明显、近期的效果，又有潜在、远期的效果。多个传播也可产生同一种效果，形成综合、叠加效应，如在许多传播的共同作用下，改变某个人的思想观点。对人的长期、整体性的影响，原因更为多样而复杂。

3. 含义论和涵化论

大众传媒的意义建构论或含义论认为，在大多数情况下，人们以一套通用的符号及其运用规则，即编码和解码系统，来观察、体悟、理解和阐释世界，建构起关于现实世界的图景。大众传媒能确定、固化、加强、充实、延伸和改变符号的含义，进而影响意义的建构，影响人们对现实世界的认识，甚至影响人们认识世界的心理过程。比如"越战士兵"这个词，越战期间的含义是"在艰难时期献身祖国的勇敢青年"，战后的含义却是"一帮潜在的疯子，他们可能成为危险的雇员、丈夫、朋友"。但也有相反的情况，即传媒改变不了人们心目中的含义，反而被大多数人的认识所改变。媒介对符号含义的确定、延伸和替换，大多来自生活。

培养分析理论或涵化论，是从媒介反映现实时带有主观性这一观点出发，认为现实环境太庞大、太复杂、太短暂，人们对它们的认识，需借助大众传媒对它们的描述、解释。媒介不断地"涵化"客观现实，以其特殊的方式和标准"再现"（不同于模仿表现，而是在一定的理解下以新的方式展现）现实，解释、分析、评判现实，甚至把人们认识世界的心理过程也"涵化"了。这种"涵化"对人们的影响是长期的、反复的、潜移默化的，许多人并没有意识到，甚至许多传者也没有意识到。久而久之，媒介世界成了许多人的主观世界，媒介中的是非标准、价值观成了许多受众的是非标准和价值观。

二、传出方的因素

1. 传者（个人与机构）和媒介因素

传出方的立场观点会有意无意地影响传播效果，传者和媒介的知名度、美誉度也会在很大程度上影响受众的选择性注意、理解和记忆。美誉度主要由其可靠性和公信力决定，真实、准确是新闻媒介的生命，因此要有高度的职业道德和职业精神，令人相信其传播内容是全面、客观、公正、有价值的。此外还要关切和服务受众，并尽可能提高权威性。

在传播内容供大于求的"买方市场"上，获取内容的时间、精力、经济成本和方便性等因素也会明显地影响人们的选择。

一般而言，媒介越少，单个媒介的影响就越大。然而人的注意力是有限的，每个人使用不同媒介概率并不很高，因此即使在已有很多媒介的今天，单个媒介仍有很大的影响力。

2. 内容和形式因素

直接带来传播效果的传者和媒介吸引力、感染力、传播力、影响力，既与上述因素有关，更与媒介内容、形式和传播方式有关。

传播内容无疑是影响传播效果最直接的因素。即使是网络上的"自媒体"，只要内容真实、正确、价值高，也会获得广泛的接受。

内容要符合受众的需要和兴趣。受众使用大众媒介，是为了得到某种满足，不论是出于求知还是求解，求用还是求趣，不符合需要的自然就难以受到关注。即使旨在引导受众，也要尽可能与受众的需要和兴趣结合，让传播内容与受众的需要相一致，令受众感兴趣。

传播形式的因素也不可小觑。好的形式不仅可增强吸引力、感染力、影响力，还能带来许多新的需求，催生出许多新的内容。20 世纪 80 年代以来，出现了大特写、深度报道、体验式报道、现场测试式报道、现场直播报道等形式，使新闻传播更真、更细、更实、更深，更迅速及时、更鲜明生动和更丰富多彩。

许多形式和元素也可派上用场。如新颖、美观、简洁明了、生动活泼，以及其他各种影响读、听、看的形式和元素。这些方面的改进，可吸引受众，顺应受众求新求异、求趣求美的心理，增加被接受、被记住的机会。

3. 方式和技巧因素

传播方式上，加快速度、提高时效性，媒介专门化、提高针对性，都能取得更好的传播效果。

在以宣传为主而不是以告知为主的传播中，把握时机也对效果很重要，不合时宜会带来反效果。对有些事实性信息也需全面衡量，有的在发布前要做些铺垫，有的要到一定的时候才能发布。但如果早发布的利大于弊，或你不发布，别人也会发布，则应当抢占先机，争取"先入为主"，并赢得声誉。

对一个事物或人物有两种或更多的不同观点时，传媒只提供自己认同的一种观点，还是各种观点都提供，也会带来不同的效果。都提供可能会削弱对其中一种观点的宣传效果，对文化程度不高、判断能力不强的受众尤为如此。然而多提供或都提供可以让人们看得更全面，并对不正确的观点产生"免疫力"（西方传播专家对此经过实验，提出了"防疫论"），还可提高媒介在受众心目中的可依赖感和公平公正感。在受众很快能从其他渠道得到反面观点时，多提供、都提供还能先发制人，掌握解释的主动权。

相似的选择题还有：诉诸情感还是理智，把观点和结论直接明示还是曲折暗示、隐含于事实中，对文化程度高、自信心足、自尊心强的人而言，后者的效果往往会更好，还可将情感与理智相结合，明示与暗示相结合。

传播技巧广义包括信息采集、加工、制作、发送、接收等各种技巧，狭义的仅指怎么传的技巧，体现在传播形式的选择和方式的运用中，以及引起受者注意和利用受者心理中，如顺势而为和因势利导，先抑后扬和先扬后抑，先入为主和后发制人。此外还有其他技巧，如对传播对象施以一定的心理压力，调动他们的紧张和恐惧感，以引起、加强他们的关注和印象,甚至使他们更容易接受传者的观点。这种压力要实在、适当、适度,否则会有危言耸听之嫌,或令人心理不适、产生排斥抵御情绪。显然,各种技巧都要因人因事、因时因地制宜。

三、接收方的因素

同样的传播对不同的受传者有不同的效果,这就与接收方的因素有关,包括受者的个人因素、接收条件和方式、再传和反馈。

1. 个人因素

受传者对媒介中的内容进行选择性注意、理解、记忆,做出自我的解读、加工和再传,产生预期或非预期的效果。在这些过程中,受者的个人差异会有很大影响,包括:

——身份差异:性别、年龄、民族、职业等;

——文化差异:语言、知识、观念、受教育程度等;

——思想差异:信念、信仰、价值观等;

——心智差异:智力、情商、情感、情绪、心理等;

——能力差异:选择、理解、分析、记忆等能力;

——经济差异:收入、财产、消费习惯和能力等;

——其他差异:性格、形象和健康、需求、经验和媒介素养等。

正是由于这些差异,对同一信息有的人毫不理会,有的人很感兴趣,有的人这样理解,有的人那样理解,有的人看后即忘,有的人牢记在心。传播内容越是丰富复杂,个人差异的影响也越大。

良药苦口,忠言逆耳,人们在选择性注意、理解和记忆的过程中,往往留下肯定自己的看法,过滤掉否定自己的看法,包括对自己的已有观点和选择的肯定或否定。这会加强自己的偏见,传者和受者都要注意。

受者的差异还会通过传者而产生影响。传者会考虑到传播对象的差异,选择相应的内容、形式和传播方式。

2. 接收条件和方式

接收条件包括能不能接收到,接收质量如何,在哪里、有多少时间接收。在家里有充裕的时间细细品味一篇深度报道,与在图书馆里匆匆地浏览，效果会很不一样。

受者专注地接收与漫不经心地接收，效果大相径庭。在开车时听广播，也不可能与躺在床上听得一样完整明了、印象深刻。

和别人一起接收会相互影响，单独看球赛与很多人一起看产生的兴奋感大相径庭。和不同的人一起接收，又会有效果差异，其专注程度、相互影响都会很不一样。

3. 再传和反馈

受者的再传播可有效地扩散传播效果，其他传媒的再传播则覆盖面更大。但再传播时，主观作用会更大。再传者不仅按照自己的理解，还会按照再传时的具体需要、对象、环境等，做出加强、减弱、改变等调整，使效果加强。

受传者的反馈使传者可了解接收情况，了解受者的特点、需求等，从而做出相应的调整，进行更针对、更有效的传播。

四、其他因素

1. 传播环境因素

传播环境有宏观环境和微观环境之分。前者包括政治气候、经济水平、文化传统、社会风尚等，它们对传播效果有间接但广泛的影响。后者有人际传播、群体传播、组织传播、其他媒介的传播，以及各种有意无意的干扰因素，如海关拦截、杂音干扰、信息拥堵、关键词屏蔽等，它们对传播效果有直接而具体的影响。

2. 数字化传播的因素

数字化传播使传媒可以对受众进行更小众化、个性化的传播，从而使传播更有效，受众更满足。数字化还大大方便了受众调查和传播效果测评，使媒体的定位更精准，受众的需求得到更多更好的反映和满足，由此又可大大提高传播效果。

数字化使受传者可以更自由、更主动地、从几乎无限的范围选择媒介和传播内容。人们从传媒获得的认知可以更真实、客观和全面。被人们主动选择的媒介和内容，包括广告，比被动接收的更符合受众的需要和兴趣，从而产生更好的传播效果。

第三节　效果的考察和评估

传播效果的考察和评估可以为了解、改进传播提供依据，是传播研究的重要方法，可通过对传出方和接收方的调查、统计、测试、分析进行考察评估。

一、主观方法和客观方法

主观方法根据考察评估者的观察印象和推测，有速度快、成本低、适用面广的长处，可用于大多数随时随地的并不需要十分精确的考察评估。在许多情况下，无法做出准确的调查统计和测试，如缺乏足够的时间、经费和人员，只能靠主观考察评估。主观考察评估应尽可能客观化，如利用已有的数据。

客观考察评估根据调查统计（包括大数据）和测试，比较可靠、准确和科学。然而，调查统计和测试的每个环节，从问题设计、对象选定到实施过程、数据分析，都是由人操作和参与的，难免带有主观性。例如，问题有诱导性，调查对象缺乏代表性，调查人员和被调查者粗心大意或弄虚作假，统计范围不全，分析考虑不周或逻辑不严。有的调查或测试结论明显有违常识，这时尤需多问几个为什么，是否调查对象选择不当？是否没有考虑到不同表现的或潜移默化的影响？

二、传出方和接收方因素的考察

1. 传出方因素的考察

这包括考察传者及其媒介的知名度、可信度、美誉度、受众满意度，吸引力、感染力、传播力、影响力，以及媒介到达率、媒介内容情况等。

对传出方许多"评"都要通过对受众的"测"来获取，包括对上述几个"度"。

媒介到达率就是实际受众的数量占潜在受众总数的百分比，也意味着市场占有率，如印刷媒介的发行量和传阅率——读者人数除以发行量，广播电视的收听或收视率——实际听众或观众占覆盖范围内潜在受众的百分比，以及网络媒体的点击率。这些统计数字都会有"水分"，如许多报刊社虚报发行量，许多电视机开着但受众并没有观看，网络点击率中会有"水军"的"功劳"。

潜在的到达率即受众选择的或然率也很重要。这里的或然率就是受众选择的可能性，它与选择对象能提供的满足程度成正比，与人们获取它的代价成反比。或然率高者，是提供了比市场上一般水平效率更高、质量更好的传媒产品和服务，或者是人们能用比一般水平更低的代价，包括价格和麻烦程度，来获取这种产品和服务。

考察媒介内容可通过内容进行统计分析，一般步骤为：

（1）选取样本——随机抽取出足够数量的测评样本，如一定时期内九分之一的报纸。

（2）内容分类——按测评的目标，确定相应的分类标准，如含有某种倾向的文章，如暴力性的或色情性的词语。各个种类中还可分不同的级别，如重度、中度、轻度暴力性的词语。

（3）统计分析——一般进行绝对数、百分比、平均值的统计。对传出数量的分析，除了要看绝对数量，还要看与其他内容及与总数之比，各种形式之比，如同一种宣传内容的文章中，报道性的与评论性的文章之比。此外，还要看投入、消耗与产出之比。总之要把握一定的度。正面宣传的量也有峰值问题。没达到这个峰值时，效率还有提高的余地；而超过了这个峰值，效率就开始降低；降到一定的程度，投入就大于产出；过量的宣传还会使人倒胃口，产生逆反心理，此时投入越大，不仅效率越低，而且负面效应也越大。

除了看数量，更要看质量。因此在内容分类时就要按照一系列质量指标，分析时还要考虑各个指标的权重。

比如对新闻传媒的分析，可从以下几个方面进行：

（1）新闻性。包括新闻报道的真实、全面、客观、公正、新鲜、及时、令人感兴趣的程度。

（2）倾向性。从词语和全文中透露出来的肯定、否定或中性的倾向及其程度。

（3）思想性。包括传播思想理论和方针政策，以及分析和解释、意见和建议、倾向和舆论引导等方面的正确和深刻程度。

（4）公众性。包括服务公众，反映人民情况、意见和愿望的准确、全面、充分程度；舆论监督的重要、及时、有效程度。

（5）传播艺术，包括媒介及其内容的吸引力、感染力、影响力。

2. 接收方因素的考察

（1）受众的构成。可从年龄、文化程度、经济收入等不同角度来统计分析受众的构成。

（2）受众的选择。包括对媒介及其内容的注意、理解和记忆的选择，如选什么和怎么选。

（3）受众的使用。包括使用的频率、时间长度（如平均每天花多少时间看电视，在某个台、某个频道或某个栏目上花多少时间）及其占闲暇时间的百分比，使用时的环境、注意力集中程度等。

三、传播效果的直接考察

主要考察受传者的变化，包括对媒介及其内容的选择和使用的变化，他们的注意、认知、思想、情感、态度、行为等方面的强化、弱化和转变。

1. 主要指标

1）认知度

信息到达受众时，首先产生注意和认知效果。对认知的程度可从两个层次来考察和测评：知晓度和理解度。

知晓度包括知与不知的程度——知多少、知的深度、记忆的清楚和牢固程度。理解度包括理解的正确程度和透彻程度，即对信息符号的解码情况。

2）接受度

接受度主要反映在认同度和追随度上。

认同度包括非常认同、比较认同、没感觉、比较不认同、非常不认同几种。追随度指受众的思想或行为朝着传者期望的方向变化的程度，既反映了对传播内容的接受度，又是许多传播的最终目的。

与接受度关联的还有受众的满意度、忠诚度——始终选择某一媒介的坚定程度。

2. 测评方法

对于认知度、接受度、满意度、媒介的知名度和美誉度等的测评，一般采取断面调查的方式，即一次性地对受众进行传播效果"截面"或横向的调查；而对追随度、受众忠诚度的测评，一般使用追踪调查的方式，连续性地对受众进行时间纵向的调查。

控制实验也是测量传播效果的方法之一。控制可能会影响实验对象的各种因素，观察其中某一种或几种因素的变化会产生怎样的结果。

有许多传播效果是间接的、潜在的、长期的，因此还要进行跟踪调查。

第十五章

新闻媒介的作用

传播与媒介密不可分，新闻传播的作用体现的也是媒介的作用。新闻媒介上还有新闻和时事评论以外的内容，它们与新闻传播交织在一起，共同构成新闻媒介的作用。

可从三个维度来看新闻传播及其媒介的社会作用：一般（普遍性）功能带来一般作用，具体（特殊性）功能带来具体作用，功能的各种发挥方式带来各种相应的作用。

数字化传播对新闻媒介社会作用的结构、内涵和方式带来很大的影响。

第一节　作用的对象和种类

一、对象

就作用对象而言，可从个人、组织和社会三个层面来看新闻传播及媒介的作用。

对个人，新闻媒介是每个人获取和发出信息（包括意见性信息）的重要工具。新闻媒介有责任满足人们的这种十分基本而又重要的需求，并尽力防止产生误导性。同时，新闻媒介还要满足人们对知识、艺术和娱乐的需求，促进人的全面发展。

对组织，包括政党、政府、企事业单位等各种社会性组织机构，新闻媒介也要承担获取和发出信息的职责，包括了解环境、服务对象、提高活动效果，进行宣传、指导、教育和舆论引导。如党政机构了解民情，了解政策的实施情况和效果，发现为政之得失；宣传指导思想和路线方针，等等。同时又要防止宣传指挥的失误，或被别有用心者、损人利己者利用，如不适当地封锁信息，发布片面、虚假信息或误导性广告。

对社会，新闻媒介要充分发挥守望环境、整合社会、集散文化等功能，促进经济发展和社会进步。新闻媒介有责任服务好生产力的解放和发展，同时充分解放和发展传媒业的生产力；积极传播和创造先进文化；做好国家和人民的耳目喉舌。使执政党更好地代表人民利益，提高执政能力；使人民更充分地享有传播权利，满足传播需求；使社会更和谐，发展更科学。

二、种类

新闻传播及其媒介的作用可分为消遣性和工具性两种。工具性包括个人的了解、学习、交流等作用，组织机构的决策、宣传、公关等作用，社会的政治、经济、文化等作用。

还可从三个维度来看其社会作用。

从一般功能来看，新闻传播及其媒介有信息、宣传、文化、社会服务等基本功能，以及这些功能带来的议题设置、授予地位等派生功能，由此带来信息、宣传、文化、社会服务以及议题设置、授予地位等社会作用。

从具体功能来看，有政治、经济、文化、社会、娱乐等功能，带来相应的政治、经济、文化等作用。

从功能的产生方式来看，有沟通、整合、革新、控制以及舆论功能，带来沟通、整合等社会作用。

这些作用也会带来消极影响，例如，新闻媒介的信息作用既可让人了解真相，也会有意无意地过滤着信息，或让人误信虚拟世界，宣传、娱乐等作用既有正面的，又有负面的。

第二节　从功能看一般作用

一、功能与作用

1. 一般功能和具体功能

新闻媒介的功能可分为一般（普遍性）功能和具体（特殊性）功能。

一般功能可分为信息、宣传等基本功能以及基本功能的发挥所产生的把关、议题设置等派生功能。

一般功能的实际表现就是具体功能。它们可分为消遣性和工具性两种。消遣性的功能是对个人的，工具性的功能包括个人的了解、学习、交流等功能，组织机构的决策、宣传、公关等功能，社会的政治、经济等功能。

还可从功能的产生方式看具体功能，如个人的告知、激励等，组织的指导、协调等，社会的沟通、整合、革新、控制以及舆论功能。

2. 功能与作用的关系

功能的发挥产生作用。各种功能产生着对应的作用，如信息功能产生信息作用、把关功能产生把关作用。各种功能也可产生其他相关作用，如信息功能也可产生宣传、文化、娱乐等作用。因此，一种功能可有多种作用，多种功能也可有同一种作用，如信息传递、意见交流功能都可有舆论监督作用。

3. 不同的侧重和变化

不同时期、不同种类的大众媒介，其功能与作用也不同。大众媒介的功能与作用也会变化。改革开放以前，中国报纸基本只有 4 版，现在许多报纸有几十版，综合性报纸大多有经济、社会、生活、体育等专版，正反映了这种变化。

二、信息、宣传等基本功能

1. 信息功能，包括信息传递和意见交流

人的活动离不开信息，得到的信息越是丰富和优质，就越能判断正确，预见准确，选择余地大，盲目性小，合理有效程度越高。对组织、社会而言也是如此。

信息功能是新闻媒介最基本的功能，也是其他许多功能和作用的基础。例如，"用事实说话"可产生宣传引导功能，传递知识性信息可产生文化和教育功能。

本书关于新闻传播要求的章节中提到的传播质量要求，也就是新闻信息传递质量的要求。

交流的内容一般是公众关注的议题，可使媒介成为公共空间。通过交流可形成公众大体一致的意见，即舆论，舆论的发展、修正仍需意见交流。

2. 宣传功能，包括宣传、指导和教育、引导

新闻媒介公开、广泛和迅速等特性，使之可以产生很大的宣传作用。传媒中直接发表的言论固然是宣传，其他内容也会有宣传作用。如新闻工作者的思想观念会在无意中进入报道内容，形成一定的倾向性，产生一定的宣传作用。新闻报道中"用事实说话"则是有意的宣传，在这里，事实是说话的材料、手段，说话是落脚点，是目的。

新闻媒介中的各种宣传，以及许多信息、知识、文化艺术传播，都可产生指导、教育和引导的效果。

宣传要符合宣传规律，讲究宣传艺术，否则就产生不了应有的作用，甚至还会导致逆反心理，产生相反的作用。错误的宣传更会产生严重的负面作用。

3. 文化功能，包括文化的汇集、交流、扩散和创造

文化广义上是指人类创造的一切财富，包括物质文化、精神文化和制度文化；狭义上仅指精神文化，如文学、艺术、教育、科学等。

文化在流动中发展，纵向地从一个时代流向另一个时代，横向地从一个种族或地方流向另一个种族或地方。这种流动通过各种媒介传播来实现。

新闻媒介大量吸收、传扬和创造着文化。新闻媒介上的知识大多是新知识，有的还在探索、形成的过程之中。

新闻媒介的信息功能和宣传教育功能也有文化意义，影响、促进着文化生活和文化建设。即使不是文化版面、栏目和报道，比如广告，也反映

着文化信息、透露着文化观念，产生着文化影响。如果说书籍在文化的承传方面功勋卓著，那么报刊、广播电视和新媒体在文化的交流和扩散方面能量更大。

新闻媒介还锻炼、培育了大批文化人、文化团体和企业。许多作家最初有过当记者的经历。

4. 其他服务功能

在以受众为中心的时代，上述功能大多包含着或者表现为对受众的服务。所谓其他服务，包括释疑解惑、咨询分析服务，广告发布服务，艺术和娱乐服务，生活和健康服务，等等。社会是由其中的每个人组成的，从这个意义上说，对每个人的服务也是对社会的服务。

三、把关、议题设置等派生功能

上述功能与相应作用的发挥，又派生出其他功能，或子功能，如新闻媒介的把关功能、议题设置（也称议程设置）功能、授予地位功能、潜移默化功能。

1. 把关功能

能被传播的内容是无限的，而新闻媒介的容量、人们的注意力是有限的，因而传者的选择是不可避免的，而选择就是一种把关。还有传者的利益、社会各方的影响所要求的把关。个人传者、机构传者和传播机构的所有者、管理者，都是把关人，对传播什么、不传什么和怎么传播都进行着把关。

有必要的把关，可帮助受众选择；也有缺乏社会责任的把关，把有用信息、真知灼见、舆论监督封杀。还有潜意识的、习惯性思维的把关。

把关既受到个人素质和倾向的影响，又受到媒体机构和社会环境的制约。传媒体制、内外部权力、经济来源、文化传统，都是影响把关的重要因素。

2. 议题设置和授予地位功能

传媒关注的人和事会受到公众的关注，传媒的议题会成为公众的议题，因而传媒具有在社会上设置议题的功能，影响人们"想什么"。

与此相关联的是，传媒关注的人和事会显得重要。许多企业、政客都尽力争取得到新闻媒介的正面报道，一些明星也尽可能在媒介上刷存在感、增加曝光率。

这两种功能可用于提高宣传艺术，树立学习榜样，也被用于制造社会舆论。营销传播、广告传播中也是经常使用。

3. 潜移默化功能

传媒的效果往往不能立竿见影，但经过较长时间的影响，能逐渐地、深入地起作用，使人们在传媒提供和解释的社会图景框架内思考。

有研究表明，看电视较多的人对现实的认识更接近于电视所表现的图景和观念。由此可见，新闻媒介不仅能设置议题、影响人们"想什么"，还能潜移默化地影响人们"怎么想"。既可提高人们的觉悟，陶冶人们的情操，也会使人走入误区，如把说了千遍的谎言当作真理。

这些派生功能表明新闻媒介既拓展着又限制着人们的视野和思想，既明显又无形地影响着人们的态度和行为。

第三节　从表现看社会作用

观察、研究社会性问题，包括新闻媒介对社会的具体作用，可主要从政治、经济、文化、大众社会展开。

一、政治作用

新闻媒介的政治作用主要有以下三个方面：

1. 政治运行

现代社会的政治运行，如政治选举、决策、动员、实施，很大程度上依赖新闻媒介的沟通、交流、宣传、引导、监督等作用。传播政治思想、观点、理论，政治路线、方针、政策，进行思想政治教育等也是如此。宣传内容应实事求是、与时俱进、去教条主义的，方法上应是结合受众需要、平等对话、可以自由讨论、符合宣传规律的。

2. 政治优化，包括促进政治民主化、民本化、协同化、高效化

民主是人民做主，人民只有充分了解了情况才有发言权，才能做主，

这就有赖于新闻媒介提供真实全面的信息。人民只有获得和表达各种意见才能做主，这又有赖于新闻媒介提供意见交流的平台。人民还需要通过新闻媒介进行民主监督。

民本化就是以民为本。新闻媒介可反映人民的情况、意见和愿望，实现人民的知情权、参与权、表达权和监督权，使国家得以民情通畅、民意通达，政治民主，监督有力，发展科学化。

促进民主化和民本化还通过新闻媒介的问需于民、察民情之变化，问计于民、集民众之智慧，问政于民、知为政之得失，从而实现更符合民情民意的良性循环。

协同化包括协调化和协力化。如通过协调化达到既有民主，又有集中，既有统一意志，又有个人自由，通过协力化促进国家的统一，人民的团结，国内各民族的团结。

3. 国际政治作用

新闻媒介可用于增进国际社会了解沟通、理解协同；树立国家形象、增强国家软实力，获得国际话语权、影响国际舆论和国际关系。这也要结合国际社会的需要和接受心理，注重实效。

在中国推进政治体制改革、政治文明建设和政府管理转型的过程中，新闻媒介具有开创性和保障性的作用。要吸取中外的历史经验教训，进一步改革和发展新闻媒介系统，以完善信息、决策、整合、监督体系。

西方国家也把新闻媒介作为重要的政治工具。美国第三任总统托马斯·杰弗逊（Thomas Jefferson）提出，报刊应成为对立法、司法、行政起制衡作用的第四种权力。自肯尼迪起，历任美国总统都直接上电视做宣传。当今西方的政治选举，既是政治人物的更替过程，又是声势浩大、旷日持久的政治宣传运动，主要通过新闻媒介进行，也成为西方研究新闻媒介的重要课题。西方政府还在新闻媒介上以广告宣传自己的观点。

二、经济作用

1. 通过政治影响经济

政治是经济的集中表现，政治的背后体现的是国家、地区、阶级、阶层、利益集团等的经济利益。

2. 直接产生经济作用

新闻媒介还通过发挥信息传递和意见交流功能，反映经济形势，传递经济信息，提供经济分析，讨论经济问题，如目前中国新闻媒介上经常探讨经济的转型；通过发挥宣传和引导作用，传播经济思想、政策和措施，指导和协调经济活动。

在新闻媒介中占很大比重的广告，也迅速而广泛地沟通产、供、销各个环节，刺激消费需求，促进生产规模扩大、成本降低、质量提高。

新闻媒介自身还属于利润丰厚的文化创意产业和节能环保的"无烟工业"，带来很高的绿色经济效益。现在许多地方的标志性建筑正是新闻媒介机构。

三、文化作用

新闻媒介汇集、保存、传扬、创造着文化，还使文艺大众化。一方面，过去一些只有少数人才有条件和能力享用的文艺作品，如歌剧、交响乐等，通过电视公众都能欣赏了。这不仅丰富了人们的文化生活，还给文艺创造了大量的消费者，从而获得广泛的经济效益。另一方面，新闻媒介促使文艺作品的内容和形式走向通俗，为大众所喜闻乐见，有力地促成和传播了具有广泛共享性的"大众文化"。这种文化通俗、浅显、娱乐性强，易接近、易接受和易流行，可通过新闻媒介快速、大量地传播。

大众化使文化艺术品从少数人为少数人制作，转为庞大的制作人群为广大的受众制作，从少数上层人士拥有转为广大社会公众共享。此外，许多大众文化主要诉诸感官刺激和被动接受，迎合多数人的口味，追求商业性成功，挤占高雅、精英文化的市场空间，会在一定程度上造成受众欣赏水平降低，思考能力减退，行动意志削弱，还不乏浅薄、庸俗甚至低级趣味的成分。

新闻媒介的高度发展，尤其是电视的普及，又使世界各地的文化趋于同一化、多样化和多元化。从全球看，一种文化、生活方式迅速传遍世界各地，被其他地方模仿，呈现"同一化"现象；从一个地方看，视野扩大，交流、学习、模仿的机会增多，使生活方式、文化形态日益丰富多样起来。在孔子故乡附近的农村，20 世纪 80 年代的女性仍不穿裙子，连小女孩穿了也会被视为出格，如今成年女性也渐渐穿裙子，年轻女性的裙子则渐渐短了，其他生活方式也日益向城市靠拢。主要原因之一就是 80 年代末起，报刊和电视机日益广泛地在那里普及，外面的世界天天呈现在公众面前。

四、大众社会作用

1. 大众社会与传统社会

大众社会与传统社会在生产、生活、思想观念、思维方式、交流方式上有很大的不同。

大众社会是工业化、城市化、市场经济的社会，以具有公民意识的公众为主体，与之相应，许多信息、观点、思想、意见是通过大众媒介传播，尤其是新闻媒介传播。

而此前的传统社会中，生产是以农业和手工业为主，经济形态以自给自足的自然经济为主，生活大多局限在较小的范围，家庭、血缘、乡规民约、传统信仰、风俗习惯等有很大的影响和制约力量。与之相应，传统社会中的信息、观点、思想、意见的传播主要通过人际传播和群体传播，虽然那时已有印刷书报，但传播范围很有限，只为少数人所用。人们视野狭窄，社会发展很慢。

2. 新闻媒介与大众社会

近现代新闻媒介适应市场经济、工业化生产、国际化贸易之需和城市发展、新思想传播、资产阶级革命而迅速发展起来，反过来，又对大众社会的政治、经济、文化和社会组织、社会生活（如生活方式、休闲时尚）、社会交往、社会矛盾和问题（如利益分配、道德民生）等产生很大影响。

新闻媒介通过反映、交流等作用，大大扩展了人们的视野，大量传播科学文化知识和现代政治、社会理念，如自由、平等、民主、法制、市场经济规则等，更新人们的思想观念，树立现代公民意识，塑造了作为大众社会基础的新人。

新闻媒介通过沟通、整合、革新和控制，维系、促进了大众社会的构建和发展。如果说新闻是一种资源，这种资源应当用于让人们更充分、全面、及时地了解社会环境，在此基础上做出科学的判断和行动。如果说新闻媒介是一种工具，这种工具应当用于公民权益、公众利益。

五、负面作用

传媒的功能会产生负面和消极作用，如虚假信息、错误宣传，造成政治守旧倒退、经济形势误判。

有的作用从某个角度看，或对某些人是正面的，从另一个角度，或对另一些人是负面的。如增强国家民族意识以至走向极端，从全球角度看，对其他国家和民族，也许就不那么正面，甚至成为负面。

新闻媒介负面作用的来源有：

——虚假信息；

——不良内容，如落后、低级庸俗、色情暴力；

——错误观点，以及相应的理论、方针、政策等；

——侵权行为，包括侵害名誉权、肖像权、隐私权、著作权；

——过度娱乐，造成"业荒于嬉""玩物丧志"等结果；

——新闻媒介负面作用更隐蔽、更难防范的来源，还在于传者有意无意的不客观、不全面、不公正，使受者把新闻媒介的反映当事实，把新闻媒介构成的部分、虚拟的世界当完整、现实的世界。

美国社会学家托马斯（William Thomas）认为："如果人们将某种状况作为现实来把握，这种状况就会真的成为现实。"美国社会学家默顿（Robert Merton）也说："如果人们根据对状况的错误理解展开行动，结果就可能使这一错误理解变为现实。"这正是传媒中的虚拟世界会造成的结果。

如果绝大多数甚至所有新闻媒介都被错误地使用，更会带来大灾难。

即使是现在，如果错误的宣传指挥畅行无阻，有些重要信息和不同意见无从反映，其后果也会很严重。

作为社会公器，新闻媒介即使只是少作为、不作为，也会使社会的正常运行缺少重要环节，使社会、组织、个人的决策和行为变得盲目。舆论监督方面的软弱和缺位，还会使国家社会蒙受巨大损失，甚至引起剧变。

这里强调社会公器，不是指任何信息和意见都可以发表，世界上也没有这样的平台。至少不能泄露国家机密，不能故意损害别人的权益。

在现代社会中，许多社会目标如民主政治，许多公民权益如知晓权、表达权、监督权，必须依靠新闻媒介来实现。强调新闻媒介是社会公器，就是强调应为社会利益、公众利益所用，而不该为个人或小集团利益所用，应对社会公众负责，而不该只对老板或上级负责。

此外，有的传播对某些人利大于弊，对另一些人则弊大于利。

第四节　从方式看社会作用的产生

新闻媒介的社会作用，主要通过沟通、整合、革新、控制和舆论的方式产生相应的沟通、整合、革新、控制和舆论作用。

一、沟通和整合作用

1. 沟通作用

新闻媒介中的新闻传播是信息的沟通，意见交流是思想观点的沟通。它们可带来开阔的视野，正确的认识，科学的判断，带来社会关系的协调和社会运行的高效。它们可使新闻媒介成为公众交流社会信息、讨论公共议题的空间，实现公民的知晓权、参与权、表达权、监督权。

"社会瞭望"是信息沟通作用的重要表现。社会沟通、整合、革新和控制都需要新闻媒介的社会瞭望作用——随时了解社会变动，了解对社会有较大影响的权力机构和公众人物；及时发现社会异常和威胁，如公众人物的负面影响、权力的滥用，或出现这种影响、滥用的可能。

新媒体使社会告知、社会动员和组织社会活动空前有效，可直接到达个人。

2. 整合作用

社会整合指的是消除社会不同部分和因素的分离状态，达到融合统一。这种融合统一不是回避矛盾，而是化解矛盾，由沟通、协调带来矛盾的解决。这种融合统一不是消灭差异，而是求同存异，由沟通、协调带来相互理解、相互包容。

新闻媒介的宣传和指导作用促进思想统一，信心增强，同心同德，团结一致，也可产生社会整合作用。

文化是社会的凝聚力，新闻媒介的文化继承、吸收、传扬和创造功能，具有更为深远的社会整合作用。

新闻媒介对国内外大事的报道不断强化着国家和民族意识，增强国家和民族凝聚力。

二、革新和控制作用

1. 革新作用

如果在原有的社会环境下无法解决矛盾，就需要革新社会，进行改良、改革乃至革命——解决重大矛盾，在新的基础上达成统一。新闻媒介的沟通、交流、宣传、指导，可以切实了解社会问题，合理选择解决方法，形成社会变革的广泛共识，从而形成社会革新的合力。

2. 控制作用

社会控制是通过社会规范对个人或群体的行为施加约束的过程。新闻媒介促进社会规范的形成和获得广泛认同，是社会控制力的重要基础。新闻媒介还通过瞭望、监视社会环境，帮助社会实现控制。新闻媒介的舆论监督是一种其他方式无法替代的重要控制手段。

三、舆论作用

新闻媒介还以舆论的方式影响社会，产生舆论作用。

舆论是重要的社会现象，对政治和经济、社会和生活都会产生很大影响。舆论往往反映了民情，体现了民意，但也会有偏误，或被刻意制造和操纵。新闻媒介可反映、促成、代表、影响舆论和进行舆论监督，被称为舆论工具。

1. 舆论的内涵与特点

舆即车厢，引申为车子或轿子。舆论即"舆人之论"，造车、抬轿、赶车人的议论，引申为公众的意见。在英语中，就是"public opinion"，公众的意见。

从舆论一词的实际使用来看，主要是指众人对公众事务和人物大体一致的意见（往往包含在态度、情绪中），包括与公众有关的各种现象、问题等。而对自然现象的意见，如众人一致认为今天天气很好，则不属于舆论。对那些与公众毫无关系的私人事务，众人没必要形成和表达自己的意见，也就无所谓舆论。

舆论中有民情民意、民心民声、民智民慧、民怨民愤，舆论情况——舆情，应常与调查、了解、反映、倾听、体察、研究等词挂钩，而不应只与监测、应对、管控等词相连。不应总是站在舆情的对立面，作斗争状。

舆论的特点主要有公开、广泛和倾向性。舆论是公开表达出来的意见。一般通过意见的公开交流、讨论、沟通，逐步趋同，形成舆论。通过公开的表达、反映、传播，形成舆论影响力。

舆论有广泛性。一是主体广泛。舆论的主体是公众，是一定范围内的大多数人。这一定的范围小至一个班级、学校、企业，大至一个地区、国家乃至全球。舆论广泛地存在于一定范围的大多数人之中。二是内容广泛。在大大小小的范围内，各种各样的与公众有关的事务层出不穷，数量无限。三是传播范围和影响广泛。舆论广泛地存在，公开地传播，内容与公众有关，其传播范围和影响必然广泛。舆论的参与者越多，参与程度越深，舆论的强度越大，影响就越广泛。

舆论是有倾向性的意见，是一种判断和评价，而不是客观陈述。舆论性意见的大体一致，主要反映在倾向性上的大体一致，而具体观点上仍会有许多不同。舆论性的态度和情绪则更是有明显的倾向性。这里的倾向性不等于偏向性，而只是评价性，可能是过激的，也可能是公正的。

2. 新闻与舆论的区别和联系

新闻是信息，舆论是意见，两者明显不同。新闻工作要真实全面、客观公正地反映事实，舆论工作要反映、代表舆论，影响、引导舆论，开展、保障舆论监督，两者的目的、内容、方法和作用也很不同。不应混为一谈，而要各司其职，充分发挥各自的作用。

新闻传播与舆论又有一定的关联。新闻传播会产生或影响舆论，舆论也可成为新闻传播的内容；现代社会中，新闻传播与舆论都借助新闻媒体——新闻媒介的集合体，可谓同舟共济；新闻媒介的许多重要作用，在很大程度上正是通过舆论作用而产生、实现的。

3. 反映舆论

舆论往往很有新闻价值。它们随着新事件、新人物、新现象、新动向、新问题而出现，具有新鲜性。它们反映了许多人的意见，会有广泛的影响力，具有重要性。许多舆论来自民间（除了故意制造的），反映了社情民意，也值得人们关注和社会重视。舆论与许多人相关，对他们具有接近性。有关机构和人士及早了解舆情，可及时、明智地遵从民意或引导舆论。

由于舆论能影响公共事务，能监督权力机构、人物和活动，因而舆论也会被压制、假冒、蓄意制造、刻意操纵、错误引导。这对社会是十分有害和危险的。因此要保障舆论的渠道通畅，保障新闻媒介对舆论的客观、及时反映和正确、有效引导。

4. 促成、代表舆论

许多舆论的形成是基于新闻媒介提供的信息和观点。因此媒介中的新闻是否真实、全面和客观，观点是否正确，关系到舆论是否合理正确。因此要警惕以控制信息和观点为手段的舆论操纵。

新闻媒介还要代表舆论。言人所不能言或不敢言，及时、充分、有力地表达人民的意志和愿望，发出人民的心声。

5. 影响、引导舆论

新闻媒介影响舆论包括无意间引发、影响舆论和有意地组织、引导舆论。

新闻会引起公众的关注，成为人们议论的话题，影响人们的思想和情绪，新闻媒介的倾向性会影响受众的倾向性，从而有意无意地引发、影响舆论。利用新闻媒介的这种特点，可不露痕迹却十分有效地影响舆论。同时也要防止这些特点带来负面影响，可通过必要的说明和分析进行疏导。

有计划的报道和评论可起到组织舆论的作用，如引起公众对某种行为的赞扬，对某种现象的谴责。

舆论也会有不正确的时候。公众的认识也会因信息不足、认识局限、情绪过分、受人蛊惑等产生偏误。这时，简单的做法是不让这样的舆论见诸新闻媒介。然而这往往会弊大于利。

谁来判断舆论的对错？既然舆论一般是大多数人的意见，那么认为舆论错误的人就会是少数，而少数人发生错误的概率更大。

即使被封闭的舆论确实是不正确的，简单封闭之后，许多人的意见没有表达出来，舆论引导会无的放矢，缺乏针对性；许多人会心中不服，思想抵触；公众缺乏比较和鉴别，会形成思想单一、"免疫力"不强的特点。

科学的做法应是给正确的舆论创造条件，包括提供足够的信息和客观的分析，进行有效的引导。

影响、引导舆论既有正确的或善意的，也有错误的或恶意的。这也需要真实、全面、充分的信息和百花齐放、百家争鸣的方针。

引导舆论要注意观点鲜明，避免模棱两可、自相矛盾；态度诚恳，避免遮遮掩掩、吞吞吐吐；姿态平等，避免居高临下、以势压人。还要讲究引导艺术，包括把握时机；进行客观的分析、平等的交流、百家争鸣式的说理；尽可能和风细雨、深入细致。

6. 科学面对舆论场

同声相应、同气相求的效应还形成了不同的舆论场——由信息和言论的传播而产生的、对舆论的形成和变化有一定影响力的场域。

舆论场有官方舆论场、民间舆论场、新媒体舆论场、海外舆论场。它们是某种思想情感、态度情绪的反应，有认识作用。它们不应是互不相干或互相扯皮的分离关系，也不应是你吃掉我、我吃掉你的包容关系，而应是你中有我、我中有你的交叉关系，各以正面效应实现相互促进。

因而舆论引导不能只在官方舆论场中打转转，要尊重、深入和借助民间舆论场，并积极参与、影响和利用新媒体舆论场、海外舆论场。

第五节　数字化对新闻媒介社会作用的影响

一、作用的结构

过去新闻媒介的数量、容量很有限，传者的主动权较大，传者所需的媒介作用占较大比重，数字化使传播渠道无限扩充，供大于求、受众注意力资源稀缺日益严重，于是受众所需日益被重视，包括信息、文化、娱乐、生活等服务作用。

过去中国新闻媒介较多的作用是自上而下的宣传、指导、教育作用，数字化增强了平行的交流、沟通作用和自下而上的反映、表达、监督作用。

过去许多新闻媒介是以行政级别或经济实力决定社会地位和作用，数字化使新闻媒介"去中心化"，权威性、影响力的形成更要靠公众的认可，媒介竞争趋于平等，"草根"媒介崛起，各种媒介的地位和作用重新洗牌，媒介作用的格局也相应变化。

二、作用的内涵

1. 增强和削弱

数字化传播的诸多长处使新闻媒介的社会作用可以更丰富，更充分，尤其是增强了大众社会作用和舆论作用，包括反映民情民意、增进话语平等，加强舆论监督，实现公民的知晓权、参与权、表达权、监督权。

数字化新媒体传播的大容量分散了宣传教育对象的注意力；自由和自主性削弱了传媒的"把关人"作用，增加了舆论引导的难度。

2. 改变和新增

数字化改变了新闻媒介的议题设置功能，已有不少议题是由个人先传到网上，或在网上迅速得到公众的跟踪、扩展和深化，很快火爆起来，传统媒体接着做出反应，形成线上线下互动。许多记者编辑经常从各种网站、博客等上面寻取报道和评论的线索。

数字化还带来传统媒体不具备的新功能，包括微内容传播、个别化传播、远程群体传播等。

3. 负面作用方面

虚假、不良、有害、侵权内容也更易扩散，如谣言的快速流传，色情暴力内容的泛滥，别有用心者借助新媒体煽风点火。同时，还使传播内容碎片化、肤浅化、娱乐化。

三、作用的方式

数字化使新闻媒介更自由、更全面地产生作用。不仅由于传者的广泛和隐匿，还由于传播渠道、方式的多样性，导致监管难度加大。这也是利弊相伴的双刃剑。网络传播实名制引起很大争议。全部或全不实名都会有副作用，还需认真甄别，具体问题具体对待。

简单灌输的宣传方式则效果趋弱，如许多广告被轻易地过滤。新闻媒介的宣传引导更多地采取平等交流、信息服务的方式。植入式宣传日益盛行，包括把广告宣传植入新闻、综艺节目、影视剧等。

数字化还使新闻媒介的传播效应、社会作用、社会效益和经济效益都日益受到社会大众的影响，包括他们的自行选择、发送、转发和评论。对此，学界在关注其正、负面效应，业界在加紧开发利用，管理层在密切监测、积极应对。

第十六章

新闻媒介的社会角色

社会角色指的是与社会地位、身份相一致的一整套权利、义务和行为模式。它伴有人们对处于特定位置者的期待。

新闻媒介的作用决定了它们在社会中的信息渠道、监督环节、文化装置、宣传工具角色。要充分关注、遵循这些角色的要求和规律。

第一节　社会系统中的新闻媒介

一、新闻媒介在社会系统中的多重角色

在现代社会系统中，新闻媒介是社会信息系统的重要渠道，文化系统的主要装置，监督系统的关键环节，政治系统中宣传系统的有效工具。这些位置也就成为新闻媒介的社会角色。

其中，信息系统的重要渠道是基本角色，文化系统的主要装置是常用角色，监督系统的关键环节是关键角色，宣传系统（政治系统下属）的有效工具是必要角色。四者要相辅相成，不应相互排挤。现在，我们仍要区分新闻传播与宣传、舆论的不同，避免后者对前者的扭曲或排斥。如果社会像一个人，那么新闻媒介既是其中的中枢神经，又是具有杀菌抗毒和报警功能的淋巴结。

有的新闻媒介偏重于信息作用，更多地属于信息系统，如各种经济报、信息报、广告报；有的偏重于文化作用，更多地属于文化系统，如文

化、影视报纸；有的偏重于宣传作用，更多地属于宣传系统，如各级党报；有的是综合性的，如晚报、都市报。

二、新闻媒介在不同社会系统中的实际差异

在不同的社会，或同一社会的不同时期，有不同的社会系统结构，新闻媒介在其中也有不同的位置，不同的社会角色。如"文革"中，新闻媒介基本上只属于宣传系统，只有政治工具的角色，而现在，新闻媒介兼有信息工具、交流平台、社会公器、改革利器等角色。

第二节　信息系统的重要渠道

一、社会信息系统和新闻媒介系统

1. 社会信息系统

社会的信息系统包括信息的个人传播系统和组织传播系统，内部传播系统和公开传播系统，新闻媒介系统和其他信息系统，如政务信息、金融信息、情报信息系统。

在整个社会有机体中，信息系统犹如神经系统，一方面随时接收有机体内外部的信息，以做出相应的反馈调节，另一方面向有机体的内外部发出各种信息，推动、协调各方面的运行。

2. 新闻媒介系统

新闻媒介系统中有报刊、广播电视、网络和手机媒体、通讯社等子系统。进一步细分，报刊系统中有党报、青年报、经济报刊等系统。

新闻媒介真实迅速、全面客观地传递有价值的事实性信息，可使人们准确、有效地了解客观事物，把握大小环境，从而做出正确的判断和行动。

新闻媒介还迅速、连续地传递着各种意见性信息，进行宣传、指导、交流、讨论，汇集民智、表达民意、监督权力、凝聚人心，促进社会稳定和谐和科学发展。

新闻媒介连接着社会的个人传播系统和组织传播系统，内部传播系统和公开传播系统，渗透到社会的各个角落，是能量最大、影响最广的信息传播系统，在整个社会系统中，相当于中枢神经系统。

二、新闻媒介与公共空间

所谓"公共空间"（public sphere，又译"公共领域"），就是公众交流社会信息、讨论公共议题的空间。可以是讨论、聚会场所等实体空间，也可以是由大众媒介构成的虚拟空间。在现代社会中，媒介的虚拟公共空间逐步取代了实体公共空间。

有政治、经济权势控制的强势空间，也有普通人自发形成的弱势空间。要防范利用公共空间左右舆论，以达到不可告人的目的。同时要倡导"公共空间精神"，主要表现为参与者多元化，交流平等化，讨论理性化。不做唯上唯权的媒介和媒介人。

传统媒体构成的虚拟空间，其自由参与度远远不如实体空间，其对实体空间的反映也总是与实际存在差异。媒介空间还会受到政治、经济利益集团等少数人的操纵控制，使之不能全面、充分地发挥积极作用。媒介空间又会被商业原则左右，使公共空间的积极效能受到损失，甚至产生负面作用。

新媒体的自由参与度远远高于传统媒体，又可方便地进行现场转播和即时互动，使虚拟公共空间接近实体公共空间。新媒体还有主体多元、传者隐蔽等特点，难以完全控制。许多新媒体的传者（包括机构和个人）的非功利性、非商业性，又使传媒商业化的弊病受到一定的抑制。而随着新媒体影响的扩大，政治、经济势力也越来越关注、加强对新媒体的控制。需不断寻求自由传播与社会控制之间的动态平衡。

三、按信息系统的要求和规律

中国基本是按宣传系统的要求和规律来办新闻媒介的，如新闻报道根据宣传时机，有的突出强化，有的不予报道、推迟报道等，如新闻媒介按行业和地区条块分割，基本不能跨行业、跨地区办媒介。现在还要看到新闻媒介在社会中的其他角色，尊重这些角色的要求和规律。而根据信息系统的要求和规律，需要：

1. 保障必要的公开传播

公开传播是社会信息系统的主要方式，也是新闻媒介的重要特点。要分清公开传播和内部传播的利弊，保障新闻媒介进行必要的公开传播。

公众人物、政府工作、社会舆论等社会性人物和事物的信息，都是社会信息的重要内容，须有必要的透明和反映。

2003 年"非典" SARS 出现之初，已有记者做了许多调查，但有关部门不让报道，媒介集体"失语"，社会和公众没有防范，SARS 大量扩散开来，之后又遮遮掩掩不做如实披露，迅速蔓延全国，造成巨大危害。后来每日公布 SARS 疫情，让人们及时了解环境、准确做出判断、自觉采取防范措施，并使更多人能由盲目的恐慌转为理智的紧张。再如有的批评性报道，虽然对某些人不利，但是对及时制止问题和促使问题得到解决，对更多人增加认识、吸取教训、举一反三，都很有用。

如何判断公开传播的利弊？应靠全社会和大众制定的程序、规范、制度，而不是靠有关部门或地方的个别人。再聪明、再无私的个人，也有信息、认识等方面的局限性，不可能事事英明、始终正确；公开传播的益处许多是普遍的、间接的、长期的、难以估量的，而副作用又往往是具体的、直接的、快速的、比较明显的，因此"把关人"往往会忽视有利方面，高估不利方面。

中外历史经验反复告诉我们，必须以健全的法制，保障人们所需的信息能得到充分、及时、有效的传播，人们的意见和愿望能得到充分、及时、有效的表达。与之相应，要保障人们对新闻媒介的利用权，记者编辑的采访权和编辑权，新闻传媒的发表权和监督权，对他们服务社会时难免的失误予以宽容；同时保证在宣传指挥失误时，能被及时发现、弥补和纠正。

2. 遵循信息渠道的规律

要充分发挥社会信息系统主渠道的作用，需尊重、利用信息渠道的发展和运行规律，包括降低市场门槛，调动社会资金、人力等资源；形成市场机制，合理调节供求、配置资源和展开竞争；打破地区之间和媒体行业之间的分割，拓宽优秀传媒的发展空间，形成优胜劣汰机制；借鉴现代企业制度，提高经营和管理水平；改进宏观管理，创造公平公开公正的竞争环境。

区分宣传系统、机构、媒介与信息系统、机构、媒介，有助于各司其职，各展其长。对于以宣传引导作用为主的传媒，如党报党刊，可要求其尊重上级的宣传意见，同时发挥媒介人的积极性、主动性和创造性。对于以信息传递为主的传媒，如财经、文艺、生活、广告报刊，可要求其遵守法律法规和职业规范，提高职业道德和职业精神，更好地满足社会的多种需求。这两种传媒有一定的交叉重叠，又各有侧重，应让它们多样互补。

作为社会信息系统一部分的新闻传媒得到发展，宣传事业也就可得到相应的发展。一是因为大多数主要传媒是身兼二任的，二是因为在相互学习、合作和竞争中，以信息作用为主的媒介也会促进媒介提高传播水平和宣传效果，三是因为在宣传指挥失误的时候，可得到必要的弥补和纠正。反之，信息系统中的新闻传媒滞后，也会拖累宣传事业。

3. 加大信息量，提高信息质

信息量既在于信息的条数，又在于每条中所含的信息量。因此加大信息量不只是增加信息性的内容，或使报道尽可能短而多，还要增加各条信息、各个句子中的信息量。尽可能简练，去废话；实在，去空话。

在数字化时代，新闻媒介容量的提高已不是难事，但受众对单个媒介的注意力越来越有限，因此加大信息量越来越需要落实到每条信息。

新闻信息的质主要在于新闻价值和全面客观公正程度。还要去虚话，如"日前""某地""某人"就不如具体的时间地点人物更确凿可信，更能消除人们认识上的不确定性。

针对性也是产品质量的一个方面，对使用价值相对性很强的信息产品更是如此。随着媒介种类的增多，受众和广告客户越来越倾向于选择针对性强的媒介。

独特性使信息具有个性化、差别化、特色化的长处，可有独特的吸引力，可顺应媒介产品的需求个性化、市场细分化、对象"小众化"的趋势。就单个新闻报道而言，现在任何新闻价值较高的事物都会激起许多雷同的报道，通讯社更使同样的新闻很快出现于许多媒介。然而一个事物可有多种多样的信息，可产生多种多样的新闻，提高新闻的独特性可以是使新闻具有独特的视角，独特的层面，独特的部分。

第三节　监督系统的关键环节

社会的监督系统相当于人体的免疫系统，其中有法律监督、行政监督、财经审计监督、司法监督、党内监督、人大监督、群众监督、新闻媒介监督。新闻媒介应代表舆论，新闻媒介的监督也被称为舆论监督。

一、舆论监督的特点和长处

新闻媒介有公开、广泛、迅速的特点，其舆论监督也就有相应的特点和长处。有些长处是其他种种监督无法替代的，尤其是在由下往上监督权力方面。

有些人认为，公开的舆论监督会有过大的"杀伤力"，有时还会对党和政府形象不利，可以由内参、情况简报等内部传播系统承担舆论监督的职能。

其实"杀伤力"是可以控制的，不能因噎废食。至于内部传播系统的监督，与公开传播的新闻媒介监督相比，至少有如下不足：

（1）不够直接。信息在传递过程中容易有意或无意地走样。有错失难以及时发现和纠正。监督对象，尤其是权力机构和人物，能有很多机会对监督进行干扰和制约。

（2）不够迅速。难以及早到达传播的目的地，及时产生作用。监督对象能有更多的掩盖和阻挠时间。

（3）不够广泛。监督性信息和意见的来源十分有限；不能把监督对象置于众目之下，形成强大的舆论压力；不能让更多的人受到教育。

二、舆论监督的对象和方法

媒介监督的对象有权力机构、权力人物和权力活动，以及一般的社会环境和成员。其中最重要的是对权力的监督，由于权力的影响大，权力监督难，其他监督手段都较难监督权力。

新闻媒介实施舆论监督的方法有公开情况、交流意见和实施批评。

公开情况是把监督对象置于公众的注视之下。所谓监督，首先是监，监视、监察，防患于未然，然后才是督，督导、督正。公众清清楚楚地看到了，对被监督者就形成了约束；公众了解了情况，就能有发言权，能进行正确、有效的批评。

交流意见可形成比较正确的舆论。通过意见交换、融合、争辩、补充等，形成比较合理的、大体一致的意见。

实施批评是直接的纠错。这种批评必须实事求是，依法进行，还要区别对象、讲究方法、把握分寸、选择时机、追求效果。但也并不是说，不得有任何失误。只要确实是出于公心，即使有难免的失误，监督对象也应予以宽容。

三、舆论监督的作用和困难

舆论监督是民主政治的需要，社会良性运行的需要，也是新闻媒介满足受众的需求、提高吸引力和影响力的需要。

从中华人民共和国成立之初党中央要求在报刊上开展批评与自我批评，到现在党的文件、决议中，党和国家领导人的讲话中，一再强调舆论监督，从政府采用新闻发言人制度、媒体开设舆论监督栏目，到关于舆论监督的全国性研讨会年年召开，应该说，党和国家以及新闻传媒业界和学界，对新闻媒介的舆论监督不可谓不重视，不可谓不努力。

媒介监督很大一部分只是对已确定的案例做公开发布，起的作用只是通报和宣传。还有的是监督对象的党政级别远低于有关传媒机构，本质上只是从上到下的党政监督的一种形式，或者说党政监督的一种延伸补充。

由于本地传媒受到本地权力机构和人物的制约较多，监督异地或异地监督成为媒介监督的一种特点，各国都有类似情况，媒介更是明显。然而异地媒介对本地情况的了解，在本地的影响力，都远不及本地媒介。

舆论监督困难的直接原因，在于对监督对象的不能、不敢、不想监督。

（1）不能：监督者得不到有关信息，或无权发表；监督者不知如何全面、有效、合理合法地进行监督。

（2）不敢：监督者会受到直接或间接的、各种形式的威胁和报复，包括职务上的、经济上的、机会上的威胁和报复。

（3）不想：有些人感到监督无用，还会惹来一身麻烦；有些人受到名誉、地位、利益的诱惑，或情感关系的影响。

新闻媒介不能、不敢、不想监督的地方就会成为监督的盲区。①

传媒竞争的国际化和经济化，迫使传媒的运作日益商业化，于是经济影响力的来源，包括传媒的投资者、赞助商、广告客户等，也日益进入媒介监督的盲区。

显然，能进入盲区者，正是舆论监督的重要对象，而舆论监督又是其他监督不可替代的，因此这些盲区会成为社会监督体系的主要漏洞。

四、破解不能、不敢、不想监督

破解不能、不敢、不想监督问题要多管齐下，综合治理。

1. 针对盲区

须尽力缩小、减弱、消除媒介监督的盲区，为此需要做到以下几点。

减少进入盲区的权力机构和人物，包括减少新闻机构对上级组织和外部经济的依赖，给传媒以必要的自主权和经济政策支持。

减少对传媒滥用权力的机会，包括以法治取代"人治"；保障传媒在市场准入、信息获取、资金广告等方面机会均等，竞争公平；加强对权力的监管和制约。

减少以至消除监督障碍，包括保障信息公开；保障新闻人的采访权、编辑权、发表权；使盲区错位，错位幅度越大，重叠部分就越小，以至于无。

还要允许监督中非故意失误的存在。舆论监督有阻力和风险，就难免会有失误。如果监督者动辄得咎，就会使他们谨小慎微，"明哲保身"，不求有功但求无过，从而使更多、更重要的监督被堵掉。此外，如果确有失

---

① 谢金文.消除新闻传媒舆论监督的盲区［J］.上海交通大学学报（哲学社会科学版），2004，12（5）：66-69.

误，监督者也要尽快在相应的传播范围内做出更正。

2. 针对监督方

要提高传媒机构和人员的素养，包括职业道德、职业精神和媒介素养，还要提高社会和公众的媒介素养，形成有力支持舆论监督的媒介环境，并落实切实有效的体制和管理措施。

要奖励监督者，同时加强公众对传媒的监督和传媒之间的相互监督。

五、网络监督

互联网给舆论监督带来了很大的便利，大大提高了监督的广度、深度和效果，成为群众监督、媒介监督的主要方式。

但不能以为有了网络监督就万事大吉了。一则网络信息浩如烟海，容易被湮没。二则网络监督者鱼龙混杂，又往往内容失实，公信力不强。三则网络监督者往往难以进行深入调查。尽管有了网络监督，权力滥用、权力腐败问题仍很严重。

网络监督还需要体制内的配合，需要整个社会的监督机制的完善，包括与其他媒体优势互补，形成合力。

第十七章
新闻自由与媒介责任

新闻自由和媒介责任问题不仅对新闻传播、新闻媒介、新闻事业和产业至关重要，对每个人和整个社会也有很大影响。然而常看到一说自由就不顾责任，一说责任就否定自由，这都会带来很大危害。要科学地把握两者的内涵和相互关系，充分落实自由权利和责任义务。

第一节　新闻自由要义

新闻自由的观念自产生以来，一直伴随着很大的争议，在当今中国仍然如此。有人认为新闻自由已经过多，不宜再提，有人认为新闻自由还很不够，亟须倡导。

主张提倡新闻自由的理由主要有：

——新闻自由保障有用信息的传播，真知灼见的发表，舆论监督的实施，是民主机制的基础，还关乎国家形象，因而具有必要性。

——新闻自由是一项基本人权和公民权利，关乎知晓权、表达权、监督权，因而具有当然性。

反对提倡新闻自由的理由主要有：

——没有抽象的自由，只有具体的、受到种种限制的自由，新闻自由的提法会让人误以为可以不受限制地进行新闻传播活动。

——有害、侵权的信息和言论也会在新闻自由的放任下出笼，伤及个人和社会。别有用心者会在新闻自由的掩护下危害社会稳定和国家意识形态安全。

两种主张差异很大，但有一个共同看法：新闻自由问题非常重要。笔者也以为，对新闻自由的认识直接左右新闻体制安排，影响新闻媒介积极作用的发挥和消极作用的遏制，因此不仅不应回避，还应深入探讨和广泛普及这方面的思想和理论。

一、什么是新闻自由

在现实世界中，自由都是在一定的时间、空间和条件下进行的，都会受到一定的制约。新闻自由就是在一定的制约范围内，以各种方式进行新闻传播的自由。

1. 一定的制约范围

和民主一样，自由也是在一定的环境和条件下进行的，受到多种制约，包括必然的、必要的和不该的制约。新闻自由也是如此。

新闻传播的环境包括社会大环境——政治、经济、文化、社会、科技等，小环境——受众、竞争者等。条件包括物资、技术、设施和资金、人才、能力等。它们都会构成一定的制约。

其中有的制约是必然的，如物质条件和传播能力。这些制约要随着社会的发展而尽可能减少。

有的制约是必要的，主要为他人权益和社会公益的制约，包括他人的隐私权、名誉权、肖像权、姓名权、著作权等，包括组织机构、社会公众的利益，如商业秘密、国家机密等，以及相应的体制安排。这些制约要合理化、规范化、法制化。

有的制约是不必要或不应该的，但仍在现实中存在，包括不合理的体制束缚、权势控制、利益追求、意识形态影响。有些必然、必要的制约过度，也会成为不必要或不应该的，如控制压缩了必要的公共空间，市场竞争导致的垄断强化了物质条件对大多数人的制约。

在现实社会中，上述制约表现为资金技术、职业道德、政策法规等限制。

还有的制约是利弊相间，或临时短暂的、一时一事的，如文化传统、时政局势。对此要以公共利益为取舍标准，并符合法定程序。

是否可以规定在法律允许的范围之内不受限制和约束？中国的第一部新闻出版专门法《大清报律》正是这么规定的，而该法又是参考了许多外国的相关法规后制定的。

科学的制约应是多数人认可的；制约条文应是具体的，比如规定：限制对他人权益、社会治安、国家安全会造成即刻、明显危害的传播；制约方式不限于法律。同时，要充分考虑到限制、惩罚传播的负面影响，尽可能采用媒介批评、经济调节、行业自律等方法。

2. 以各种方式

新闻自由即新闻传播自由，传播的方式包括传出和接收。传出的方式有口头、书面、印刷、出版、音频、视频，报刊、广播电视、新媒体等，其中又有多个环节：信息的采集，内容的加工制作和发送，媒介的创办和运行等。接收的方式有买、录、收、读、听、看等。

因而新闻自由包括通过言论、出版、广播电视、新媒体等，包括不受限制地接触新闻源，不受事先审查地发布和评论新闻，不受批准地创办、发送和接收新闻媒介，等等。

二、新闻自由是一种需要

1. 人的需要

人们的生存、发展和幸福，需要在新闻自由的条件下，获取真实、全面、客观、公正、富有价值的信息，表达思想和情感、意见和建议。如果没有新闻自由，人们需要的信息会被封锁，对人民有利的言论会被压制，舆论会被操纵，正义会难以伸张，邪恶会不受监督，民主和科学会不敌专制和迷信，人们的思想会被禁锢和践踏成狭隘、扭曲、疯狂，所有其他自由也容易被剥夺。

因而新闻自由是所有其他自由（包括实体的和精神的自由）的重要保障，也是人民的知晓权、参与权、表达权、监督权、生存和发展权的重要保障。可以说，新闻自由是一切自由和权利的基础。

2. 社会的需要

新闻自由是充分发挥新闻媒介的社会作用，防止信息封锁扭曲和言论堵塞、思想禁锢的前提。社会的和谐、发展、进步和风险防范，需要在新闻自由的条件下，充分发挥新闻媒介的沟通、协调、整合、革新作用，瞭望社会、汇集智慧、反映民情民意、监督权力机构和人物，问需于民、问计于民、问政于民，构建民主政治、市场经济、先进文化、和谐社会，科学发展环境保护、卫生健康等事业。

从民主机制来看，政治体制可分为民主制和专制制，现代国家一般都实行民主制，其中又有形式上的民主和实质上的民主之分。资产阶级民主思想中的体制原则有：

（1）人民主权。国家的权力属于人民。

（2）代议制。人民委托自己的代表行使权力，代表要对选民负责，选民有权监督和撤换自己选出的代表。

（3）共和制。通过选举产生国家最高权力机关和国家元首，并实行任期制。

（4）三权分立。立法、司法、行政这三种权力由不同的机关行使，相互制衡。

（5）多元民主。基于不同价值观和经济利益组成的利益集团发挥作用，防止权力被集中到任何一个集团或个人手中。

（6）市民社会。认为要实现民主，必须有一个相对独立的、能对政治形成制约的市民社会，否则个人权利无法得到保证。

"人民主权"等思想是对封建专制制度的否定，为资产阶级鼓动人民推翻封建统治提供了强大的理论武器。1776年北美的《独立宣言》和1789年法国的《人权宣言》都宣称：政府的正当权力来自被统治者的同意，国家主权的本质寄托于国民。资产阶级在许多国家陆续取得政权之后，纷纷以宪法的形式确认了这些理念。但"由于它们拒绝对社会制度的根本改造，因而，其民主制度只能是形式的"。①

中国实行的人民代表大会制度，是社会主义代议民主共和制政体。中国宪法规定："中华人民共和国的一切权力属于人民。""人民行使国家权力的机关是全国人民代表大会和地方各级人民代表大会。"这体现了人民是国家权力终极来源的民主制原则。

要落实这些原则，需要让人民真正能够参与国家及社会公共事务的管

---

① 王邦佐，等. 新政治学概要 [M]. 上海：复旦大学出版社，1998：123.

理，形成实质上的而不是形式上的民主。为此，需要在新闻自由的条件下，让人民真正能够通过新闻媒介，掌握信息，反映情况，表达意见，实施监督，从而能够了解和参与政策法规的制定、权力的形成和使用，了解和监督权力机构和人物，选用、罢免有关人员。

无民主，不自由，反过来，无自由，不民主。如果没有新闻自由，就没有充分的新闻媒介活动，重要的信息得不到足够的传递，正确的思想观点得不到足够的展现，人民的情况、意见和愿望得不到及时的反映和表达，舆论监督达不到足够的强大，民主政治就会打折扣，乃至荡然无存。

可见，新闻自由是实现民主政治的重要条件，构成民主机制的一部分，同时也成为衡量社会的民主意识、民主程度的重要标志。

新闻自由还关乎社会和谐稳定、科学发展与风险防控。和是和平、和睦，谐是谐调、谐美，和谐是各方面搭配得当与匀称，不过于突兀与偏激。

社会和谐的基本特征有：① 社会结构合理，关系协调，行为规范，相互理解；② 社会压力有效释放，矛盾妥善解决，冲突及时化解；③ 运筹得当，决策科学。

社会的科学化发展和风险防范需要发扬民主、集思广益，需要充分、及时的信息传递和意见交流，需要最大限度地调动一切积极因素。为此，也需要公众能说话，需要自由而充分的信息和意见流动。

3. 求真的需要

揭示真相、探求真知、追求真理，既是人的需要和社会的需要，也是思想文化发展和真理发展的需要。这些只有在新闻自由的条件下，才能充分实现。真实、真相、真理的获得，都需要信息的自由流动，并在充分讨论、越辨越明中显示出来。思想理论也需要在信息自由交流和意见自由交锋中进化，不断取长补短，提升自洽性、完整性、先进性，不断根据新情况推陈出新，与时俱进。

4. 传媒发展与国家形象的需要

古今中外，新闻自由度较高的时期和区域，新闻传媒的发展也相应较快。唐代堪称中国古代社会中新闻传播自由度最高的时期，中国古代报纸正是萌芽于唐代。中国的四大发明中有两大是报纸之母，然而中国报纸的发展却由世界领先变为远远落后于西方，活字印刷用于报纸也晚于西方好几十年，主要原因正是缺乏新闻出版自由。

新闻传媒业壮大与否关系到国家的软实力，影响到能否有效地在国际上树立国家形象。此外，新闻媒介也是社会发展和进步的重要标志和工具。

三、新闻自由是一种权利

新闻自由是传播自由的一种，传播自由是自由的一种，自由是人权的一种。

1. 人权

人权的观念是人类思想发展的产物。古代人只论行为的对错，到17、18世纪，权利才成为流行的提法。人权可分为绝对权（absolute rights）和当然权。绝对权是在任何情况下都必须保障的。人的生存权就是无条件的绝对权。这种意识也有助于尊重其他生命。

每个人、每个社会的基本价值观里，都应有一条——"关爱生命"。人类的许多个人品质与此有关，如人文观念、人道精神，如扶残助弱、尊老爱幼，如向善嫉恶、见义勇为。许多社会问题也与此有关，包括食品安全、医患矛盾、道德败坏、腐败严重、民生问题、环保问题、无视生命、谋财害命、草菅人命。有些其他价值观，如友善、爱民、爱国，也需有关爱生命为重要基础。

当然权是不言自明、当然应有的，但在特殊情况下也可被限制。如自由、平等、公民权。每个人生而就有权自由地生存、发展、做自己愿做的事情，这是当然的，不言自明、无须论证的。

当然权与绝对权有密切联系。自由是生命质量的重要内容和保障。"生命诚可贵，爱情价更高，若为自由故，两者皆可抛。""无自由，毋宁死。"不是生命不重要，而是自由与生命的价值同在；自由的重要性超出了个人生命，关乎所有人的生命。

2. 自由权

人类在奴隶制时期，有了奴隶与自由人之分。奴隶没有人身自由，自由人有衣食住行、劳动婚姻、参与公共事务等自由权利。这些权利又受到各种限制，包括经济条件的限制，社会环境的限制，政府权力的限制。1789 年法国颁布的《人权与公民权利宣言》（简称《人权宣言》），把人人皆有自由权利的概念载入宪法性文件。

传播是人们的生存和发展中必要的、经常的活动，传播权，或者说传播自由权，是自由的具体内容之一，包括信息权、言论权等。对这些权利，在一般情况下都应予保障。对敌人的反动宣传也要限制，但这像剥夺杀人者的生存权一样，是另外范畴的问题。法国的《人权宣言》第十一条宣告："自由地表达思想和意见是人类最宝贵的权利之一，因此，每个公民都有言论著述和出版的自由，但在法律规定的情况下，应对滥用此项自由负责。"

3. 传播自由权

从人身自由权的概念，发展出了言论自由、出版自由、新闻自由、表达自由、接收自由、信息自由等权利概念，可统称为传播自由权。

言论自由是人身自由的内涵之一。言论有口头的和书面的方式，发表、出版自由是言论自由的形式之一。

出版自由 freedom of the press 中的 press 一词，是个有 800 年历史的词汇，最初指压或压机，延伸为印刷或印刷机、印刷品、出版或出版物、报刊。而出版物、报刊在其出现后的四百多年里，几乎涵盖了所有的大众传媒性质的新闻媒介，出版界代表着整个新闻界。于是 press 一词又有了新闻媒介、新闻界的含义，如 press conference（新闻界招待会、记者招待会），World Press Photo Foundation（世界新闻摄影基金会），*A Free and Responsible Press*（研究报告《一个自由而负责的新闻界》），中国新闻出版广电总局名称中的"新闻"，也译为"press"。"press"还被延伸为报刊、广播、电影、图书等大众传媒的总称，如《一个自由而负责的新闻界》的序所说，在提供该报告的新闻自由委员会的出版物中，无论 press 一词出现于何处，均为这些媒介（media）的总称。

出版界代表着整个新闻界的时候，出版自由也就意味着新闻自由，于是在西方，这两种自由都使用"freedom of the press"一词。中国 1995 年新版的《马克思恩格斯选集》中译本，也把旧版中多处"出版自由"改成了"新闻出版自由"。

人的表达方式除了言论，还可以有体语、图像，等等。基于言论自由、出版自由、新闻自由，其他各种方式的表达也应有自由。表达自

由 (freedom of expression) 就成为更全面的概念。

如果只有表达自由，而没有获得信息、接收信息的自由，那么表达自由也会落空。一则缺乏必要的信息，表达就难以正确，于是"不了解情况就没有发言权"；二则表达的内容不能被接收，就成为自说自话，说了也白说。因此知晓权、接收权又成为表达自由的前提和内涵。

随着信息理论的发展，又发展出信息自由的概念。电脑、通信卫星、数字化技术的发展和整合，把人类带进了信息社会，其特征为：信息、知识急剧增长和更新，被以"爆炸"来形容；信息传播的速度快、范围广、方式丰富多样，既广泛普及和共享，又高度系统化和集中化；信息被整合与利用，成为最重要的战略资源，信息产业成为国民经济中的主要产业。在信息社会中，信息的自由流动比以往任何时期都重要。新闻是信息的一种，新闻自由、表达与接收自由的必要性与合理性，既得到了信息社会特征的支持，也成为信息自由的理论基础。

4. 新闻媒介的传播自由权

新闻媒介的传播自由涉及采访和报道权、编辑和评论权，媒介的创办和传播权。它们是公民权利的自然延伸，实现公民权利的重要条件，也是实现社会文明进步的重要条件。没有这些权利，就无法承担相应的社会责任，无法发挥新闻媒介的应有作用。

新闻自由还是公民政治权利的基础，因而也被视为政治权利。在民主宪政国家，公民有政治知晓权、参与权、表达权、监督权，中国宪法也规定：中华人民共和国的一切权力属于人民，公民对于任何国家机关和国家工作人员有提出批评和建议的权利。而要实现这些权利，就必须有新闻自由。

四、马克思主义新闻观与新闻出版自由

1. 新闻观的三个维度

新闻观就是关于新闻的根本看法。例如，有的人认为新闻就是新的听闻和见闻，应有闻必录；有的人认为新闻就是一种报道，应根据宣传需要用事实说话；有的人认为新闻是一种信息，应客观、中立地提供。

新闻离不开传播，新闻观包括对新闻传播及其媒介、新闻传播事业和

产业的根本看法。可从三个维度来把握新闻观。一为新闻及其传播，二为新闻媒介，三为新闻事业和产业。对这三方面是什么和应该怎么样的看法，构成完整立体的新闻观。

第一个维度主要为新闻及其传播的内涵、作用、要求。这方面的根本看法称为狭义上的新闻观。

第二个维度是新闻媒介，处于新闻传播七大环节（信息源、传者、内容、媒介、受传者、效果、反馈）的中心，承前而启后，且与其他各环节密切相关，又与社会直接相连——直接产生社会影响并受到社会的影响和控制。该维度涉及新闻媒介的性质、特点和作用，社会责任及其实现等问题。

第三个维度涉及新闻传播事业和产业的性质、特点、作用和发展规律，影响因素和管理控制。

如果说，上述第一个维度是原点和基础，那么第二个维度是主体，第三个维度是重点，这三个维度相互影响，相辅相成，构成广义上的新闻观。

2. 马克思主义新闻观

我们很少看到马克思主义思想家和革命家对新闻本身的直接看法，他们的许多有关论述反映的是报刊思想、传播思想、宣传思想、新闻工作思想，属于广义上的新闻观。

马克思主义新闻观就是符合辩证唯物主义、历史唯物主义世界观和方法论的新闻观。机械的、教条的、脱离客观现实和历史环境的看法，即使搬用了马克思主义者的许多原话，也不是马克思主义的，反之，有许多新闻思想、观点、论著，即使没贴马克思主义标签，也是马克思主义的。

辩证唯物主义和历史唯物主义是科学，符合科学的才是马克思主义的，可以把马克思主义新闻观称为"科学的新闻观"。以此观之，不符合新闻本体、要求、规律的认识和理论，都不是马克思主义的。例如，新闻是一种信息，宣传是一种传播，两者明显不同，即使是新闻传播和宣传，两者的内涵、作用、要求、方法等也不同，但许多人仍把它们混为一谈，以宣传方法代替新闻方法，宣传规律代替新闻规律，结果难免在信息传递、意见交流、舆论监督等方面有所缺失，不具备足够的公信力、影响力和国际竞争力，还会造成新闻媒介缺位、片面、错误且得不到及时纠正，甚至被有些人以宣传需要为借口，肆意封锁信息，歪曲事实，操纵舆论。这显然不符合马克思主义。

同时，与时俱进的才是科学的，马克思主义的。不应把"文革"中或之前的新闻观，或马克思主义者曾说过什么，都作为今日的马克思主义新闻观。

3. 马克思主义新闻观包含新闻自由思想

新闻出版自由思想是马克思主义新闻观的重要内容，马克思主义经典作家对新闻出版自由有过不少论述。

马克思本人就对自由出版充满礼赞，他说："自由的出版物是人民精神的慧眼，是人民自我信任的体现，是把个人同国家和整个世界联系起来的有声的纽带；自由的出版物是变物质斗争为精神斗争，而且体现为把斗争的粗糙的物质形式理想化的文化，自由的出版物是人民在自己面前的公开忏悔，是人民用来观察自己的一面镜子……自由的出版物无所不及，无所不在，无所不知。自由的出版物是从真正的现实中不断涌出，而又以累增的精神财富汹涌澎湃地流回现实去的思想世界。"

1841年12月，普鲁士政府颁布了新的书报检查令，对此，马克思在1842年2月写下《评普鲁士最近的书报检查令》，集中抨击了普鲁士政府的文化专制主义，阐述了新闻出版自由思想。马克思指出："出版自由本身就是思想的体现、自由的体现，就是肯定的善。"

"没有出版自由，其他一切自由都是泡影。""自由的一种形式制约着另一种形式，正像身体的这一部分制约着另一部分一样。只要某一种自由成问题，那么，整个自由都成问题。只要自由的某一种形式受到排斥，也就是整个自由受到排斥。"

"由于人民不得不把具有自由思想的作品看作违法的，因而他们总是把违法当作自由，把自由当作非法，而把合法当作不自由。书报检查制度就这样扼杀着国家精神。政府只听见自己的声音，它也知道它听见的只是自己的声音，但是它却欺骗自己，似乎听见的是人民的声音，而且要求人民拥护这种自我欺骗。"

恩格斯认为："每个人都可以不经国家事先许可自由无阻地发表自己的意见，这就是新闻出版自由。"

　　列宁在十月革命前夕，谈到出版自由，他的定义是："出版自由就是全体公民可以自由发表一切意见。"十月革命胜利后，列宁签署颁布了《关于出版自由的法令》，其中保证："在新秩序确立之后，政府对报刊的各种干预将被取消。到那时，报刊将按照这方面最广泛、最进步的法律，在对法院负责的范围内享有充分自由。"

　　有人用民主集中制来否定言论自由、新闻出版自由。实际上，民主集中制是中国共产党的组织原则，不是思想原则，组织需要服从，思想则需要自由。决定了的事情要执行，也要继续议论，因为决定有可能错误。议论就是检验，就是监督。① 让别人有言论自由，也就让自己有选择的自由。

第二节　新闻自由的实行

　　新闻自由的实行遇到许多棘手的问题，人们对此进行了四五百年的探索和斗争。好在有关重要原则已获得国际社会的认同，并进入各个民主国家的宪法和其他法规。

　　但政治、经济、文化、社会的不当制约仍然存在，现在仍需要从思想理论到现实社会中，给新闻自由排除障碍，创造条件。

一、几百年的争取

　　新闻出版自由理论出现已有 370 余年，期间在许多国家都经过了长期且激烈的斗争，至今在世界的有些地方仍有很大的争议。

　　由于政治和文化传统的影响，这种斗争在英国不是"你死我活"，而是经过反复震荡和相当长时间"量"的变化，才转化为"质"的进步。其中，四个约翰奠定了理论基础，并直接促成了法国的《人权宣言》和美国宪法第一修正案的颁布。

---

　　① 张曙光. 读马克思论出版自由的感想［EB/OL］. （2016 - 03 - 23）［2019 - 07 - 24］. http：//www. aisixiang. com/data/98054. html.

1. 约翰·弥尔顿及其《论出版自由》

17 世纪 40 年代英国资产阶级革命起步时，政论性小册子等出版物起了很大的作用。1641 年 6 月和 7 月，资产阶级和新贵族占主导的议会先后取消了皇家特许出版公司和"星室法庭"。各种报刊和新闻印刷品纷纷涌现，同时也打破了以往新闻书的形式和不刊登国内政治新闻的限制。

这一时期还出现了对言论和出版自由的强烈呼声，为西方报刊的"集权主义理论"向"自由主义理论"蜕变提供了理论基础和现实武器。

当时主张和论述出版自由的有多人，而最受西方新闻界推崇、被视为新闻自由思想奠基人的，是思想家、政论家和诗人、叙事长诗《失乐园》《复乐园》和《力士参孙》的作者约翰·弥尔顿（John Milton，1608—1674 年）。

弥尔顿在革命爆发后发表了许多文章和政论小册子，抨击封建统治和宗教旧规，阐述自由民主思想。1643 年，保皇派也办报刊进行反动宣传，议会通过法案，规定未经出版检查官审阅批准，不许印刷任何出版物，并成立出版检查委员会。弥尔顿对此十分反感，径自出版了两本关于离婚的小册子，遂被召至议会的出版检查委员会接受质询。他借机慷慨陈词，以杰出的辩论否定出版检查制度，阐述出版自由思想。

答辩词当年未经许可就匿名出版了。第二年获准出版后又署名出版，这就是著名的 "*Areopagitica, or A Speech for the Liberty of Unlicensed Printing to the Parliament of England*"。这本小册子后来被称为《论出版自由》，中文译本名为《论出版自由：主张无许可印刷自由的演说》。

书中主要内容是反对强权控制，让知识、智慧、真理能被自由地认识和表达：

（1）书报检查制度限制人们获得知识和智慧。弥尔顿说：杀人只是杀了一个理性的动物，而禁止好书则是扼杀了理性本身。真理能够战胜谬误，怀疑真理的力量而实行许可制和查禁制，是伤害了真理。意大利、西班牙的宗教法庭对书籍的限制极为严格，而那里的风气却比其他地方更坏。

（2）言论出版自由是最重要的自由，是一切伟大智慧的乳母。"它像大国的嘉惠，使人们的精神开朗而又高贵。它解放了、扩大了并大大提高了我们的见识。"弥尔顿呼吁："让我有自由来认识和表达，凭良心作自由讨论。"

（3）革命者决不能因自己集团的利益而食言，恢复旧时钳制出版的政策。弥尔顿对议员们说："你们以英勇而自如的指挥谋划，给我们带来了这种自由……现在除非培育我们的诸位议员对纯正自由的爱已经不如往昔，否则就无法使我们在能力、知识和追求真理的热情上倒退。我们可能再度变为愚昧、粗暴、拘泥和奴性化，一如诸位当初所发现的那样，但必须诸位首先变成暴虐、武断和专横，一如旧统治者那样。"

弥尔顿论点基础的假定是人们运用理性可以辨别好与坏、正确与错误。而要运用这种理性，人们就必须不受限制地去了解别人的思想观点。只要让真理参加"自由而公开的斗争"，真理本身就具有战胜其他意见而生存下来的无可比拟的力量。后来从弥尔顿的这种思想，演绎出了关于"观点的自由市场"和"自我修正过程"的理念。即让所有人都自由表达自己的思想，人们会做出理性的选择；正确的思想、真理会通过吸收新的观点来自我修正和发展，最后战胜虚假和错误的思想观点而留存下来。

然而，人并不总是理性的，正确的思想往往会被多数人的非理性和少数人的别有用心所埋没。此外，弥尔顿也认为，可以对自由讨论的权利加以限制，对不诚者不给予充分的自由，诚实而认真严肃的人应可享有不受政府检查的自由。当时英国的报业还处在初创阶段，良莠混杂，弥尔顿甚至把新闻书排除在出版自由的适用范围之外，他还担任了克伦威尔政府的新闻检察官。可是，如何判断、谁来判断"诚实而认真严肃"与否？

弥尔顿的演说在当时的英国也影响有限，但给思想家们很大的启示。弥尔顿后来的文学成就使他名声大噪，又带来"人以文传，文以人传"的循环效应，在他去世一百余年后，《论出版自由》又再版，在不久以后的法国大革命中，被译成法文广为流传，成为人们争取新闻出版自由的重要武器。

2. 约翰·利尔本及其《天赋人权辩护书》

与弥尔顿同时代的约翰·利尔本（John Lilburne，译李尔本）则从人的权利角度，给言论、出版、新闻自由提供了支持。利尔本是代表小资产阶级和中下层农民利益的平均派领袖，在1645年，即《论出版自由》正式出版的第二年，他推出《天赋人权辩护书》，1649年，以他为首的平民党发表了新人民公约。他认为人人生而平等，都应享有自由权利，包括选举权；立法权只能源于人民，由人民意志所选择的机构行使；法律面前人人平等，一切特权都应废除；出版自由十分重要，是人民的天赋权利。

约翰·弥尔顿和约翰·利尔本的新闻出版思想在广为传播的过程中，不断得到修正和补充，形成了系统的自由主义新闻和传媒理论。其间两个最重要的里程碑，是另外两个约翰树立的。

3. 约翰·洛克及其《政府论》

约翰·洛克（John Locke，1632—1704 年）是英国革命后期的资产阶级思想家，自由主义的奠基人，欧洲资产阶级启蒙运动的先驱，古典自然法学派的杰出代表人。

洛克出生于一个律师家庭，父亲是个清教徒。1652 年，20 岁的洛克进入牛津大学的基督教会学院，学习哲学、物理、化学和医学。当时学校主要负责人都支持资产阶级革命，主张实行君主立宪制。

洛克最初的成名之作是《人类理智论》（1690 年），在该书中他论述了人类知识的起源、性质及局限性。洛克的观点基本上是经验主义的，明显受到培根（Francis Bacon）和笛卡尔（René Descartes）的影响。

洛克的政治性论著影响更大。在《论信仰自由书》（1689 年初次发表时未署名）中，洛克主张国家不应干涉宗教信仰自由。洛克虽然不是提出宗教信仰自由的第一位英国人，但是他提出的有力论证成为公众支持这种方针的因素之一。

洛克最重要的著作是《政府论》（1690 年），在该书中他提出了自由和宪政民主的基本思想。洛克坚信人人皆有与生俱来的权利，这些权利不仅仅包括生命权，还包括个人自由和拥有财产。洛克声言政治的主要目的是保护个人的财产，这种观点有时被称为"更夫政治"。

洛克还认为："人民仍保留有一种至高无上的权力，当他们发现立法机关的行为与其职责相违背时，就会将其取消或改组……"

洛克从理论上论证了天赋人权，形成了"主权在民"学说。为了保障民权，提出了分权学说，立法权与执行权分开，到 18 世纪，又由法国思想家孟德斯鸠（Montesquieu）发展成立法、司法、行政三权分立、互相制衡学说。

洛克关于思想言论自由的具体观点有：

(1) 人有四项自然权利：生命、自由、财产和惩罚权。自由是其余一切的基础。

（2）自由权利包括使用各种词汇来表达自己的思想。

（3）不应指望任何人抛弃自己的观点，盲从于不可理解的权威，无论人们的理解怎么错误，理性是其唯一的向导。

4. 约翰·密尔及其《论自由》

约翰·斯图尔特·密尔（John Stuart Mill，1806—1873 年）是 19 世纪英国著名哲学家、逻辑学家和经济学家、政治理论家、政治活动家。他曾长期在东印度公司供职，后来又做过英国议会议员。更重要的是，他是西方新闻传播自由主义理论的集大成者。

密尔出生于一个教育环境良好的家庭，其思想受到父亲以及英国和法国经验主义和实证主义者柏克莱（George Berkeley）、休谟（David Hume）、边沁（Jeremy Bentham）、孔德（Auguste Comte）等人的影响。密尔著作较丰，除《论自由》外，还有《逻辑体系》《政治经济学原理》《代议制政府》《功利主义》等。密尔是古典自由主义最重要的代表人物之一，自由主义的几乎所有原则在密尔的著作中都有论述。

密尔的代表作是《论自由》。其目的是要在充斥着宗教不容忍与伪善的社会里，为个人抵御这些压迫势力提供一些保护。《论自由》的第二章专门探讨了言论自由问题，标题就叫《论思想自由和讨论自由》，这部分论述对报刊自由主义影响最大。

《论自由》中有一句话最能揭示全书的主旨："如果整个人类，除一人之外，意见都一致，而只有那一个人持相反意见，人类也没有理由不让那个人说话。正如那个人一旦大权在握，也没有理由不让人类说话一样。"这部著作的要义可以概括为：只要不涉及他人的利害，个人（成人）就有完全的行动自由，其他人和社会都不得干涉；只有当自己的言行危害他人利益时，个人才应接受社会的强制性惩罚。

密尔的这种个人自由观念是建立在"最大多数人的最大幸福"这一功利主义原则之上的。他认为，人类的一切行为都应该是为最大多数人创造幸福、维护幸福和增加幸福，社会为此所能做的最大贡献的主要方法之一，就是保障其成员思想和行动的权利。人类难免犯错，自由讨论才是最有可能发现新真理的途径，而对任何探究的封杀和排斥，都会对人类造成损失，因而都是不明智的。他还认为，只有通过争辩，才能让我们学会更好地表述和捍卫真理，并使真理保持旺盛的生命力。没有争辩，或者不允许争辩，只会让已经建立起来的真理变得不堪一击。其关于言论自由的基本逻辑是：任何见解都有可能是正确的，或多少包含了一些正确和错误、合理的和不合理的成分，所以在压制任何论点的时候，都有可能在压制正确的论点，或使社会失去言论中正确、合理的那部分。某种见解即使全错了，也仍有存在价值，可帮助人们认清正确见解，以免正确见解因养尊处优而缺乏生命力。

5.先贤的重视和局限

美国《独立宣言》的撰稿人之一、宪法第一修正案的倡导者和第三任总统杰弗逊认为，新闻出版自由是人民的需要，社会的需要，是立法、司法、行政"三权"之外的第四种制衡力量。他说："离开了对新闻出版自由的保障，其他自由也就无保障可言。"

"没有监察官就没有政府，但是哪里有新闻出版自由，哪里就可以不需要监察官。""如果让我选择有政府而无报纸，或是有报纸而无政府，我将毫不犹豫地选择后者。"

然而，人并不总是理性的，媒介大众化以后非理性因素的影响更大，真理在意见的自由市场中并不一定能胜出。而且，媒介众多而注意力有限的矛盾使媒介越来越以市场为导向。进入垄断时代后，意见的自由市场也成为垄断市场。正确的意见即使没有被故意压制，也会由于声音微弱而遭湮没，或干脆进不了市场。这是生活在自由竞争时代的约翰们始料未及的。

二、有害内容问题

在传播自由、新闻自由的环境中，虚假、错误、有害的内容也不可避免地会散布出来。理想的状态是只让真实、正确、有益的内容能自由传播，只让对社会负责任的个人和机构有传播自由。

然而如何判断正确有益的或者错误有害的呢？

如果由一些新闻检查官员来判断，则他们并不一定比同时期的大多数人高明，还往往会受到各种关系的掣肘，或掺有私利。

大多数人的判断也不足为据。一个时期大多数人都认为真实、正确、有益的东西，可能后来被证明是相反的，大多数人都认为错误、有害的东西，也可能是相反的。历史上这样的例子很多，如地球为宇宙中心之说。

可以由实践来检验，然而如果在实践检验的结果出来之前已经不允许传播，又怎么能得到足够的实践检验呢？

判断个人或机构是否对社会负责任也同样困难，也经常存在黑白颠倒的情况。

而如果判断失误，使有用的信息不能传播，正确的意见不能面世，则于社会于个人都很不利，还会动摇民主政治的基础，产生种种严重后果。在大众传媒时代，新闻自由是保障公民的知情权、表达权、监督权的必要条件，是充分发挥大众传媒的社会作用、防止信息封锁和舆论钳制的前提。没有新闻传播自由提供保障，其他自由也随时可能被剥夺。可以说，新闻传播自由是一切自由的基础。

此外，错误的意见也有积极作用，让人们能够在错误与正确的辨识中，更加清楚地认识和自觉地抵制错误，更加清楚地认识和自觉地接受正确。

可见对虚假、错误、有害内容的防范限制也要十分慎重，不得以此为由，或以多数人认为应该限制为凭，更不得以少数或个别人的意见为据，肆意限制传播自由。

三、维护稳定和意识形态安全问题

社会稳定是社会发展和人民幸福的重要条件。如果在一定的时期内，过量地传播负面信息乃至谣言，又缺乏有效的正确引导，就有可能损害社会稳定。

然而对什么是过量，什么是谣言，往往并不容易判断，从尽可能大地保护、尽可能小地限制信息自由来看，不应轻易下结论。简单的禁堵也不是长期有效或始终利大于弊的。

社会矛盾和问题总会出现，稳定是相对的。需通过情况的全面反映、意见的充分表达及时化解矛盾、解决问题。

即使对公认的错误言论，也要审慎对待。只要不是故意犯错，不会造成明显而即刻的危险，就要让人说话。一方面，真理有可能掌握在少数人甚至个别人手中；另一方面，说了出来，才能进行讨论批评，让人们看到问题所在，让真理越辩越明。此外，简单封堵并不能让人心服，还会造成敌对情绪。在数字化时代，封堵更难，人们也会对简单封堵产生不满。

因此，要以疏代堵，需认真研究：

什么是自由与稳定的关系？不自由则不民主，不自由和民主就会思想落后、经济落后；专制横行，社会不公；就会滥用权力，无法无天。这些都会从根本上导致社会不稳定。

什么信息和意见是不利于社会稳定的？例如，不应把反映民生问题的信息、舆论监督的意见归为不利于社会稳定的因素。恰恰相反，屏蔽、压制这些信息和意见，才是最不利于社会稳定的。

为什么会负面内容过量？是积弊太多太深，还是有人别有用心？两种情况都会有，应当审慎区分，从根本上解决。

为什么缺乏有效的正确引导？是效果不够还是正确性不够？两种情况都会有，前者往往与引导的方法和媒介的公信力有关，后者往往与引导的思想理论水平有关，两者又都与引导的价值观是否正确完善和得到广泛认同有关。

怎样避免矛盾过度积累和激化？当疏堵结合、以疏为主，不能一味强调限禁传播。限禁易造成信息闭塞、言路堵塞、决策错误、权力失控，不论对国家、社会还是统治者，都会从根本上造成不稳定、不安全。

在数字化、全球化时代，信息封锁越来越难，人们出境学习、旅游、工作的机会和能力也越来越多，以简单限禁来保障社会稳定和意识形态安全日益不现实，引发怀疑不满的副作用却会日益增大，因而更要靠信息沟通，意见交流，思想疏导，靠发展真理，保持意识形态的先进性，提高宣传引导的吸引力、传播力和影响力。

总之，要尽可能大地保护，尽可能小地限制新闻传播，实现动态稳定、和谐稳定、持久稳定。意识形态安全和国家软实力，也要靠"百花齐放、百家争鸣"，不断吸收人类文明的优秀成果，保持意识形态的先进性和吸引力。

四、必需的调控

人并不总是理性的，自由表达并不能完全保障真理的胜出。

在任何市场上，自由竞争的结果必然走向垄断，包括新闻媒介市场。垄断者首先保障的是自己的利益，当其利益与公共利益发生矛盾时，后者就得让路了。这是早已发生、仍在发生、还会发生的事。

当传者自律不够、新闻自由被滥用时，会产生各种负面后果。这就会带来他律的限制，而这种限制很可能会损害必要的新闻自由。

因此，新闻自由不是指不受任何调控，社会对新闻媒介的必要调控也是新闻自由的题中之义，包括法律的规范、行业的自律，兴办公共媒体，开展媒介批评等。

1948 年 12 月 10 日，联合国大会通过了《世界人权宣言》，其中第十九条宣告："人人有权享有主张和发表意见的自由；此项权利包括持有主张而不受干涉的自由，以及通过任何媒介和不论国界寻求、接收和传递消息和思想的自由。"在第二十九条第二款又提出："人人在行使他的权利和自由时，只受法律所确定的限制，确定此种限制的唯一目的，在于保证对旁人的权利和自由给予应有的承认和尊重，并在一个民主的社会中适应道德、公共秩序和普遍福利的正当需要。"

当今世界上实行民主制度的国家，在宪法中都有言论出版自由等条款。中华人民共和国成立后，曾于 1954 年 9 月 20 日、1975 年 1 月 17日、1978 年 3 月 5 日和 1982 年 12 月 4 日通过四个宪法，现行宪法为 1982年宪法，并历经 1988 年、1993 年、1999 年、2004 年、2018 年五次修订。每个宪法版本中也都有这样的条款。包括：

第三十五条："中华人民共和国公民有言论、出版、集会、结社、游行、示威的自由。"

第四十一条："中华人民共和国公民对于任何国家机关和国家工作人员，有提出批评和建议的权利……"第二十七条还规定："……一切国家机关和国家工作人员必须……必须接受人民的监督，努力为人民服务。"

第四十七条："中华人民共和国公民有进行科学研究、文学艺术创作和其他文化活动的自由……"

传播自由就包含在言论、出版和文化活动等自由中，包含在批评、建议和监督的权利中（要行使这些权利，必须能够了解情况、表达意见），是这些规定所含的原则精神和逻辑前提。

同时，中国宪法第五十一条规定："中华人民共和国公民在行使自由和权利的时候，不得损害国家的、社会的、集体的利益和其他公民的合法的自由和权利。"第三十八条、第五十三条分别规定："禁止用任何方式对公民进行侮辱、诽谤和诬告陷害。""公民必须保守国家秘密。"其他法律中也有不少与传播相关的限制性规定。这些规定对新闻自由、传播自由能否顺利实施也是很重要的。

第三节　新闻传媒的社会责任

一、必须履行的义务

1. 有哪些责任

新闻传媒的社会责任不仅在于控制虚假、不良、有害、侵权内容的传播，防止消极影响，而且在于提供优质的新闻、评论和公正的交流平台，发挥积极作用，包括信息传递、意见表达、思想引导、舆论监督等作用。

仅从提供信息来看，人们对事物、环境、世界的认识是否客观，据此做出的判断和行动是否正确，取决于新闻媒介中的信息是否真实和准确，客观和全面。

2. 为什么要必须履行义务

国有、公有的新闻传媒是用社会公共资源办的，自然要服务于社会、承担社会责任，那么私人资本办的媒介或个人的"自媒体"，为什么也要承担社会责任？

（1）权利和义务的关系。公民的权利和义务是相互依存、相辅相成、对立统一的，自由的权利和责任的义务也是如此。有义务就要有权利。反过来，有权利也就要有义务。

传播自由是一种权利，新闻传者如果没有这种权利，也就难以履行相应的责任和义务。反过来，新闻传者也不能只享有自由权利而不履行责任义务。

（2）影响巨大而资源有限。新闻媒介的正面积极影响和负面消极影响都很大，因而在很大程度上关乎公共利益。而其资源则是有限的，包括物质资源、广播电视频率频道资源和受众的注意力资源。

（3）以自律求自由。对传者的权利要有尽可能大的保护，尽可能小的限制，而如果传者自律不够，便只能施以他律，过度的他律又会损及新闻自由。

3. 新环境带来新问题

新媒体、移动传播让人人可面向公众进行传播，给传播自由和社会责任的实现带来了新的可能，然而也带来新的问题。一方面，对传播自由的必要限制和问责变得十分困难，尤其是对新媒体的跨国越境传播。另一方面，用技术手段对移动传播的限制往往把必要的传播自由也限制掉了，引发了许多不满、抗议、司法诉讼。

新闻传媒的全球化主要以商业化运作手段展开，并且迫使相关市场上的公有和国有传媒也趋于商业化，以取得相应的市场竞争力。这又给加强新闻媒介的社会责任、遏制商业化的消极影响，都带来了新的难度。

二、西方的新闻自由和传媒责任问题

1. 问题

（1）自由被滥用。争取新闻出版自由，是西方资产阶级在革命时期反对封建统治提出的口号。经过几十年、上百年的反复拉锯，终于确立了新闻出版自由原则，新闻媒介得到迅速发展。然而，滥用新闻出版自由，有悖新闻职业道德的情况也日益严重。

如在 19 世纪的美国，许多报刊沦为个人和少数利益集团的工具，或肆意攻击他人和对立党派，毁坏他人名誉，或制造耸人听闻的虚假新闻，等等。

（2）理性不可靠。这时的思想界也已认识到，人并不总是理性和明智的，并不总是会选择优质的信息和意见。还有许多受众缺乏对媒介的批判和监督能力，又倾向于接受低级趣味的内容。随着传媒的发展，众多下层民众成为传媒市场的主体。一些传媒降低格调以迎合市场，大量采用黄色新闻手段，渲染肤浅庸俗、刺激轰动、色情暴力的内容，乃至侵犯个人隐私。同时忽视有意义的内容，还起了维护现状、阻碍社会变革的作用。

（3）垄断＋私利。自由竞争的市场必然会走向垄断。19 世纪末 20 世纪初，传媒业与其他行业一起进入垄断时代。自由竞争、信息与意见的自由市场名存实亡，一些垄断性传媒机构又只传播有利于自己的信息和意见。有的传媒则屈从于大广告主的压力。

这些都给社会带来越来越大的危害，遭到社会各界和公众的强烈批评。

2. 社会责任论的提出

1942 年 12 月，时代出版公司的创办人亨利·卢斯（Henry Luce）建议芝加哥大学校长罗伯特·哈钦斯（Robert Hutchins），对新闻自由的现状和前景开展一项调查研究。时代公司提供 20 万美元经费，大不列颠百科全书公司提供 1.5 万美元经费。哈钦斯挑选了一批专家学者，组成"新闻自由委员会"，开始进行这项研究。

该委员会共 13 名正式委员，有法学教授、经济学教授、政治学教授、哲学教授、宗教哲学与伦理学教授、人类学教授、历史学教授和政治家、教育家、银行家，还有 4 名外国顾问，包括时任中国驻美大使的胡适博士（他于 1944 年回国后无法参加这项工作）。哈钦斯任主席，因此该委员会又被称为"哈钦斯委员会"。

1947 年，该委员会提交了著名的研究报告《一个自由而负责的新闻界》。该报告总结了面临的问题，提出了一系列新的见解。同年，该委员会的成员威廉·霍京（William Hocking）发表著作《新闻自由：原则的纲要》。这两个文本成为新闻媒介社会责任理论的奠基之作。

过去中国学者以为，哈钦斯委员会是对新闻自由提出异议，实际上该委员会不仅不反对新闻自由，而且要寻找出拯救新闻自由的途径，克服实践中的问题，使之能被更好地实行。

3. 新闻自由委员会的主要创新观点

（1）自由的实现要有具体条件。拥有自由行为所必需的手段和设备，没有来自外部的不当阻碍和控制，要受到他人相等的自由权利的限制，以不损害他人的、公众的自由为界线。

（2）公众的利益高于媒介的自由。媒介不能为所欲为，公众有获得新闻的权利。保护新闻媒介的自由，仅仅是为了通过媒介保护公众的权益。

（3）媒介机构有义务承担社会责任，满足公众对媒介的需求。新闻界在社会和政治中有特殊地位，其自由应与责任相伴。这些责任包括：提供真实、全面、客观、重要的信息和解释；提供交换意见的论坛，发表与自己相反的意见；介绍和阐明社会的目标和美德；监督政府、保卫个人；维持财务上的自足，即经济不受利益集团左右。

（4）对新闻自由的主要威胁来自新闻界自身。政府对新闻自由的威胁已经退到次要地位，而新闻界不约束自己，只图私利，不能满足社会的需要，反而损害公众的利益，那么公众将不得不呼吁政府或通过自己的组织来管制新闻界。

（5）政府也可采取措施（这与过去认为政府绝对不可插足新闻媒介有所不同）。政府要积极地保护自由，包括制定传媒业的反垄断法规，支持新入行的传媒业者，以遏制媒介过度集中、缺乏必要的竞争性，保持意见市场的多元性。必要时政府可创办自己的媒介，作为私有新闻工具的补充。

4. 社会责任论在西方的实践问题

（1）努力推行。社会责任理论提出后不久，就被许多国家接受，对私有传媒形成一定的压力，包括舆论的影响、受众的选择。此时正逢电视大发展，许多国家纷纷办起公共电视台，由国家、政府和社会出资，公共机构拥有和管理。

西方人士又提出对不承担社会责任者进行问责，纷纷建立起新闻媒介评议机构。

如 1953 年 7 月英国成立了新闻界的自律组织——新闻媒介总评议会。1991 年在评议会的基础上建立了新闻媒介投诉委员会，其中非新闻界的委员达到了 40%，还建立了独立的财政委员会，以使该委员会独立于新闻界，从而更具有代表性、独立性和约束力。它做出的裁决具有准法律效力，犹如医疗事故鉴定机构，违反规约者将受重罚。美国也出现了新闻评议会、专业协会、内部督察员、媒介批评期刊等。

（2）对私有传媒缺乏强硬的问责措施。他们虽然大多标榜独立，但绝大多数仍受经济利益左右，往往与政治势力有千丝万缕的关系。他们一般以营利为主要目标，广告收入为重要经济来源，因而特别注重受众的数量和质量，同时又迎合目标受众中的多数人，注重刺激、轰动、趣味的内容，新闻报道也有娱乐化、媚俗化倾向。社会责任论虽有道义的力量，但没有很大的威慑力，更没有强制力。

（3）公有传媒也有问题。目前西方各国的报刊基本上是私有的，网络媒体绝大部分是私有的，广播电台和电视台则有一部分是公有的。公有在这里指的是公共所有，既不同于国有，也不属于某个社会团体或政党，名义上独立于政府，但实际上许多公有传媒都有半官方色彩。一般由国家、地方议会或议会选定的独立委员会——如加拿大广播电视委员会（CRTC），决定其基本方针、经济预算和拨款、最高决策和管理机构人选，并监督其服务于社会公益的状况。

公有媒介要提供有益于社会但并不一定能获得最多受众的内容，如精英文化、高雅艺术、公益传播、教育和儿童节目。许多公有电台、电视台起初不播广告，且很少有纯娱乐性内容，经济来源稳定、不用通过市场竞争。然而，公有台有"大锅饭"可吃，或还有垄断性地位，使其缺乏竞争压力和创造活力，呈现出机构臃肿、效率低下、懈怠浪费和官僚主义等短板，节目呆板俗套、吸引力不强。

而私有媒介可以完全按市场需求、受众口味提供内容。有些私有传媒原本就很注重社会效益，其经济上的独立、对政府的批评监督又强于公有传媒，更符合西方人士对媒介的期望。这些都增加了私有媒介的市场竞争力。

于是公有媒介的市场份额每况愈下，不得不在内容和经营上与私有媒介趋同。于是西欧在 20 世纪 80 年代出现了广播电视私有化浪潮，不仅新办了许多私有台，还有一些公有、国有台也转为了私有。公有台则尽力提高吸引力和竞争力，在媒介内容和经营管理上越来越多地采用私有台的做法，如增加纯粹娱乐性节目和商业性广告。于是许多专家和公众提出：既然公有台与私有台的内容已很接近，那么还要不要公有台？

三、中国的新闻自由和媒介责任问题

1. 从目标看新闻自由与媒介责任

要根据社会和新闻传播的目标，来看新闻自由和媒介责任问题。

社会发展的目的应为人的幸福，目标应为人的解放和全面发展，衡量标准应为生产力解放和人们精神文化生活水平提高。新闻传播发展和管理的总体目标为充分发挥其积极作用，防止其消极影响。在中国，中国共产党的宗旨是为人民服务。社会主义国家是人民当家作主的国家，人民应能

享有比资本主义国家更多的民主权利，为此也需有更多的新闻传播自由。

具体目标在不同的社会、不同的时期有所不同。对西方来说，经济利益集团对媒介的垄断控制是很突出的问题，因此他们在提出社会责任论时，就呼吁政府制定媒介领域的反垄断法规。对当代中国来说，发挥宣传、指导、教育作用是新闻媒介的重要任务，要采取各种措施，提高这方面的针对性、吸引力和影响力。西方理论界尽管也承认新闻媒介有宣传作用，但是对新闻媒介主动发挥宣传作用基本持否定态度，认为会妨碍新闻传播的真实全面和客观公正。

对于大众传媒追求经济效益和市场竞争，西方理论界基本只关注其负面影响，而中国现在还处于利用其积极作用的起步阶段，不仅要尽力提高经济效益，壮大新闻事业，而且要通过创造经济效益，推动传媒贴近实际、贴近生活、贴近群众，提高吸引力和传播力，提高宣传艺术和服务水平，克服唯上唯权、脱离群众、缺乏国际竞争力等弊端。

改革开放以来，中国的新闻传播取得了很大的进步，然而从社会需要来看，与经济、文化、科技等发展相比，仍有很大的改进余地。在发展的过程中，又出现许多新问题，包括片面追求经济效益，迎合市场降低品位，从商业化的方向背离社会责任。为此，要充分发展新闻事业和产业，提高履行社会责任的能力；优化传媒环境，包括健全法制、改进管理，健全市场、保持必要的多元化和竞争性。不断趋于信息通畅、言路通畅、宣传有效、监督有力。

上述目标都需要充分的新闻传播自由和媒介责任，包括真实、全面、客观、公正、及时地提供各种有价值的信息，提供意见交流的平台，发挥信息、宣传、文化和其他服务的作用；包括客观反映舆论、及时代表舆论、正确引导舆论、勇敢实施舆论监督，防止带来负面作用。

而从新闻自由与媒介责任的关系来看，实现人民的新闻自由，也是中国新闻媒介社会责任的重要内涵。充分发挥传媒的社会作用，就包含着人民的新闻自由。反过来，人民的新闻自由是传媒履行社会责任的保障，使传媒能够充分、及时地发挥作用，让人民了解情况、表达意见、反映愿望、实施监督。在中国，实现新闻自由和履行媒介责任意味着做好党和人民的耳目喉舌，代表人民的利益，实现人民的意志和愿望，防止权力滥用和腐败。

2. 观念、方式和条件

经过跟封建主义的几百年斗争，新闻自由思想确立了一系列相应的观念和实行方式。包括公民的知晓权，表达权，媒介利用权，意见广告权——公众可以付费在传媒上发表意见。此外还有自由采访、编辑、出版、批评，自由获得信息，政府信息公开，对公众人物反向倾斜保护（公众人物受到新闻媒介不实批评的伤害时，对轻微的名誉侵权应容忍，不能要求赔偿，除非能证明传者确有恶意。媒介发生失误是不可避免的，必须让新闻界有"喘气的空间"）等观念和措施。

然而践行这些观念和方式要有一定的条件。往往只能让实力强大的传媒机构，以及对那些机构有重要影响的经济、政治力量，享有最大限度的传播自由。这正是资本主义社会难以克服的矛盾。

社会主义社会要继承人类文明的一切成果，包括新闻自由思想和相应的观念、方式中的有益成分。中国建立政务信息公开制度，正是借鉴了国外保障知晓权的措施。在指明资本主义社会无法解决普遍自由的物质条件时，要防止走向另一个极端，否定必要的、有用的思想、观念和方式。

现在仍需要思想观念的发展和进步，对新闻自由和媒介责任有正确的、全面的认识。如果把新闻自由作为资产阶级的专利，如果把媒介责任仅限于宣传、指导、教育，而对守望社会、建设民主政治、实现人民的权利等作用知之甚少，或不予认同，就会使新闻传播在真实、全面、客观、公正、及时方面严重不足，使新闻媒介在意见交流、舆论监督方面障碍重重，宣传指挥有误时还会产生广泛、严重的危害。

随着经济的发展、社会的进步，人民的新闻自由可以有更多的实现机会和方式，媒介的社会责任也可以得到更充分的落实。

第十八章
社会调控与提高素养

对新闻传播的社会调控，指的是以社会力量进行的调控，有别于自然的调控和传者自我（传媒机构内部和传者个人）的调控。

对新闻传播的社会调控主要通过新闻源（包括对信息的封锁和透露）、传者（包括对新闻机构和人员）、内容（包括对质量和范围）、媒介（包括鼓励、扶持和约束、禁止）来进行，还要对调控者进行调控。

新闻自由和媒介责任需要调控来保障，新闻机构和媒介市场需要调控来优化。调控的方法有法治的、权力的、经济的、行业组织的、社会公众的等。所有这些调控都由人进行，受制于人的媒介素养。

第一节　社会调控的目标和方法

一、调控的目标

调控新闻媒介的总体目标，应是充分发挥其积极作用，消除其消极影响，包括充分发展壮大新闻事业和新闻传播产业。保障、规范、促进新闻自由和媒介责任，是其中的关键。

新闻自由需要一定的政治、法律、经济、文化、技术、市场、受众等条件，需要有良好的"生态环境"。

由于新闻媒介有宣传功能，议程设置、授予地位、树立形象功能，不直接掌握新闻媒介的组织（包括企业）和个人，也会通过各种方法对新闻媒介施以影响和控制，其中有的是合理的、有益于社会的，有的则只利于个人或小团体，牺牲社会的媒介资源、受众的传播和消费权益，甚至牺牲媒介责任和公共利益。

不能掌握和直接影响新闻媒介的人，便实现不了应享有的传播自由，并受到传播侵害。

因此，需要通过社会调控，保障人们的传播自由不受侵犯，创造传播自由的环境和条件，促进传播自由的实现；保证传媒社会公器功能的实现，使社会和公众能获得一定质量的传播服务；规范传播活动，限制滥用传播自由，使社会和公众能不受或少受有害传播的影响。

现代传媒大多在市场中运行。市场可调节资源、供需和有关各方的利益，促进商品流通、信息集散和竞争升级。然而市场也有失灵之处和副作用：不能自动解决宏观、长期目标问题，不能完全满足公益的需要；市场主体会在私利、权力、财势、旧观念、旧习惯等种种因素的影响下，采取损公利私、损人利己的行为，或偏离竞争的公平、公开、公正原则，进行不合理、不正当的竞争；市场还有垄断化的倾向。有些传媒机构在市场的诱导下，片面追求经济效益，降低内容格调，迎合低级趣味，放弃社会责任。需要通过社会调控，更好地发挥市场的积极作用，同时弥补其不足之处，消除其消极影响。

还要对调控本身进行调控。要防止对传媒过度的调控，错误的调控出于少数人的调控。这些调控在历史和现实中都很多见，包括封建主义对传媒的专制统治（统一管制），资本主义对传媒的经济控制，社会主义社会中错误的理论路线和方针政策对传媒的不当控制。这些调控以不同的方式，使新闻传媒被少数人操纵，剥夺人民的传播自由，阻碍社会的发展进步。要以科学合理的调控，防止、纠正这些不当的、有害的调控。

二、调控的方法

影响新闻媒介的社会力量主要有法制、权力、经济、社会组织（包括传媒行业）、社会舆论和受众。对媒介进行调控也要运用和针对这些力量。

1. 法制的调控

法制包括法规、制定和执行法规的制度、实施法制的体系（包括公、检、法部门)。法制的调控方式最为规范，反映了社会的管理水平，也是目前世界上大多数国家的主要调控方式。

在封建时代也有关于媒介的法制，但主要目的是限制传播自由。如英国 1586 年颁布的"出版法庭命令"，通篇都是限制出版的规定。

在资产阶级革命风暴后，一些国家有了允许传播自由的法规，但往往并不认真实行，仍以限制为本。如 1850 年普鲁士宪法规定"每一个普鲁士人都有权利以口述、书写和印刷的方式自由表达自己的意见"。但这一切自由受到一个重大保留条件的限制，即"在法律范围内"，而当时的法律恰好是专制独裁的法律。中国清朝末期戊戌变法运动失败后的第十年——1908 年 8 月，朝廷颁发《钦定宪法大纲》，其中也规定："臣民于法律范围以内，所有言论、著作、出版及集会、结社等事，均准其自由。"在 1908 年 3 月颁行的《大清报律》及其修订版、1911 年颁行的《钦定报律》中，也有类似条款，但同时又收入了前些时候制定的禁止刊载规定，还新增了不少限制性条款。

中国正在建立、健全大众传播法制。要以保护、促进性条文为重要内容，包括保护人民的传播自由，传者的采访权、发表权、批评权、监督权，等等。限制、禁止的范围尽可能小，处罚尽可能轻。保护和限禁的条文要具体明确，可操作性强，自由裁量空间小，更不能被任意解释和延伸。

在移动传播时代，又有许多新问题要通过法制来解决，包括对移动传播权利的保障，对自媒体的管理，对个人隐私的保护，对信息技术企业的垄断和不作为、乱作为、不正当竞争等。在移动传播中，许多信息和评论是人们即时即兴发送或转发的，难免有失误、失当之处。只要事出有因，不是故意出错，就不应以谣言论处；只要不会造成明显、即刻的危险，就不应轻易封禁。这不仅关系到传播权利，其中许多内容还是很宝贵的，如关于突发性事件和舆论监督性内容，可在很大程度上弥补专业机构和人士的不足。

法是重要的，更重要的还在于真正的法治——依法治理。

2. 权力的调控

权力是一个、一些或许多人对别人造成支配性影响的能力。对新闻媒介的权力调控有政党的政治权力调控，政府的行政权力调控，传媒所有权、占有权、使用权拥有者的经济权力调控，以及广告商等传媒收入来源的影响和控制。

权力调控的特点是集中度高、速度快、力度强。这既是长处，又会成为短处，如果调控不当，危害也会很大。

目前中国从中央到地方的党委宣传部，对新闻媒介进行政治思想、组织人事、媒介方针、传播内容等指导和把关，主要报纸是"党报"——共产党的机关报，其他新闻机构也基本是在党的组织和干部领导之下。

党领导新闻媒介既作用于传媒机构和有关行业组织、政府部门，又通过制定规范调控市场。政策、纪律、指示和思想教育是党政部门的经常性调控措施。政策和纪律是比较基本的、普遍适用的，指示是更为经常性、特定性的。

政府部门实施行政权力的调控。目前中国政府对大众传媒的管理正在转型。由完全、直接的控制转向部分、间接的控制；由单一的计划管理转向计划与市场相结合；由政府职能与事业单位职能不分、宣传管理与经营管理不分转向相互分离。政府职能中还增加了保障市场机制发挥、促进传媒产业发展等任务。具体工作包括协助制定和监督执行有关政策法规；收集、提供政策信息、市场信息、环境信息；组织实施重大项目；进行行政的、经济的奖惩；等等。

行政手段一般具有权威性和强制性，能直接产生作用，因而生效较快。但如果主观片面地、盲目地指挥，则负面作用也会较大。长期以来，过于依赖行政手段，许多干部只习惯于使用行政手段，违背传播规律、新闻规律和经济规律的情况普遍存在，压抑和扭曲了传媒的发展。

现在仍要运用行政手段，还要加强工商和广告管理，同时又要注重行政管理的科学性和规范化，强调按照法律和行政法规，依法施政，避免个人独断专行。还要尽可能利用经济的方法、信息的作用、社会的力量等，进行引导、服务和弹性化控制，并伴随思想教育工作，避免简单粗暴的作风、官僚主义。

3. 经济的调控

调控传媒的经济手段有投资、信贷、税收、发行费率等优惠，经济资助、奖励、惩罚等。作为世界贸易组织成员方，则要遵守该组织关于服务贸易、国民待遇（别的成员方的经济实体可享有与本国实体同等的待遇）、最惠国待遇等条款。

经济调控的长处有方式灵活、富于弹性，副作用较慢、较小并易于纠正，但比较间接、缓慢。

经济调控当以鼓励、扶持为主，限制、惩罚为辅。在扶持方面，一要防止不正之风、权力寻租，二要注意扶持的范围和程度，尽可能避免对落后和惰性的保护，对公平竞争的冲击。

4.社会的调控

这种调控主要是社会组织、团体、舆论和受众的调控，包括非执政党（执政党的调控归为权力调控）、工会、青年团、妇联、行业组织等。行业组织有记者协会、报业协会、广播电视协会等。

法制的和权力的调控比较刚性，副作用较大，因而一般用于底线的守卫，确信无疑的必要调控。经济的调控在某种程度上也会这样，如英国当年的知识税。而社会调控的副作用可以比经济调控更小，且可用于各种对象和情况。

有些情况很难用别的调控方法，如传媒片面追求经济效益、降低格调以迎合受众。可采用讨论、批评、表彰等社会调控的方法，使传媒的社会效益与经济效益更加一致。

舆论的调控还需要传媒的参与，但由于种种原因，传媒上的批评性内容打"死老虎"或"活老鼠"较多，打"活老虎"或对同行的批评则鲜见。广东某电视台播出的日本 MT 公司削皮刀广告中说，如果还有人无动于衷，那他就是木头做的。一位曾被日本兵抓去做劳工的老人看后感到很受侮辱，上访了近百次，方得到有关部门的干预和解决。要是其他传媒及时介入，如此侮辱性广告早就可被制止了。这方面的改进有赖于传媒体制的改革、舆论监督条件和动力机制的完善。

受众的目标一般是分散的，影响力朝着不同的方向，往往互相抵消，而当受众的目标大体一致时，会产生很大的调控力。尤其是在新闻媒介走向市场以后，媒介价值的实现，主要通过市场需求方，包括受众、广告客户和其他衍生产品的购买者，其中受众是核心，广告跟着受众走，其他衍生产品的销售也与该媒介的受众数量、成分和口碑直接相关。如果某部电视剧观众踊跃，好评如潮，该剧的原著小说、开发的商品也会畅销。

5. 其他调控

新闻媒介还受到社会的文化、意识形态的潜在影响。这种影响往往通过传者及其他"把关人"潜意识的作用，广泛地渗透到传媒的各个方面，包括媒介的内容、形式和传播方式。这也是一种"看不见的手"进行的软性、隐性调控。

西方国家的传媒虽然大多独立于政治机构，并以权力的监督者自居，但仍然有意无意地符合了本国主流意识形态和统治者意志。

许多社会问题可以通过发展、进步来解决，促进大众传媒发展的方法也可以成为调控传媒的重要措施，如改革传媒体制，完善传媒市场，发展传媒产业，可以有力地改变传播内容单一、渠道不畅等问题。

新闻媒介积极作用的发挥、消极作用的削弱，新闻自由和媒介责任的落实，社会调控和机构管理的实施，都离不开人，受制于人的媒介素养。即使是法治，也是广义上的人治的一种——法的制定和实施，都是人为的。因此提高人的新闻素养和媒介素养，是实现社会调控目标的根本措施。

第二节　提高新闻素养和媒介素养

一、新闻素养的含义

"素养"就是素来的修养，既包含了"素质"——素来、长期过程中形成的一定质地，又有修炼培养之意，如道德素养、经济素养、信息素养等，主要由有关的知识、态度和能力构成。新闻素养就是对新闻的认识和利用方面的素养。

1. 对新闻及其媒介的认识

对新闻及其传播媒介的认识是新闻素养的基础和重要内涵，包括：

（1）认识新闻的含义。

（2）认识新闻的作用。

（3）认识新闻与宣传的区别和联系。

（4）了解新闻传播的要求，认识新闻的优劣。

（5）了解新闻生产，认识新闻质量的影响因素。

（6）对新闻媒介的认识。

2. 对新闻及其媒介的利用

有了上述认识，就有了自觉把握、科学利用新闻及其传播媒介的基础。

（1）避免把新闻媒介的反映都当事实，把部分的反映都当全部。如果绝大多数甚至所有新闻媒介都被错误地使用，更会带来大灾难。即使是现在，如果错误的宣传畅行无阻，有些重要信息和不同意见无从传播或片面反映，其后果也会很严重。

（2）维护权利、履行义务。这方面的权利有公民的知晓权、表达权、批评监督权，言论、出版、信息、传播自由权，以及作为新闻消费者的权利，还有作为新闻传者的采访权、发表权、编辑和出版权。与此相应，又有应该履行的义务，包括遵守道德和法规，不侵犯他人的自由权和名誉权、隐私权、著作权等其他法定权利，保守国家机密、维护人民的国家和社会利益。作为新闻传者，还有义务提供真实、全面、客观、及时、受众需要的信息；提供意见交流平台，正确引导舆论，监督权力机构和人物，弘扬优秀文化，促进社会的政治和文化目标实现；以及防止消极影响，保护消息源的利益和安全。

需要说明的是，对新闻权利也应采取最大和最小原则，即予以尽可能大的保护，尽可能小的限制。同时，这种限制必须是公开的、规范的、得到公众认可的，既便于人们掌握和遵守，又避免权利被随意侵犯。

（3）按照新闻规律，提高新闻传播的质量和效益。规律就是事物内在、本质的，有稳定性、趋势性的联系。新闻规律就是关于新闻现象和活动的规律，表现在新闻传播要求上，包括新闻价值的要求，全面客观公正的要求，传播质量和社会效益的要求。不仅专业新闻工作者要按照新闻规律，有关领导、管理者也要了解、尊重新闻规律。现在许多其他组织和个人也在经常制作、发送新闻和时事评论，按照新闻规律、提高新闻传播的质量和效益已是全社会的事。

（4）全面、充分地发挥积极作用，防止消极影响。新闻媒介要全面、充分地发挥信息传递、意见交流、舆论监督等作用，同时防止消极影响。新闻媒介即使只是少作为、不作为，也会使社会的正常运行缺少了重要环节，使社会、组织、个人的决策和行为变得盲目。舆论监督软弱和缺位，还会使国家社会蒙受巨大损失，甚至引起社会动荡。在现代社会中，许多社会目标如民主政治，许多公民权益如知晓权、表达权、监督权，必须依靠新闻媒介来实现。新闻媒介是社会公器，说的就是新闻媒介应为社会利益、公众利益所用，而不该为个人或小集团利益所用，应对社会公众负责。

二、新闻素养的作用

1. 对个人、组织和社会的作用

对不同的人，新闻素养有不同的作用。对普通公众，新闻素养可帮助他们明智地选择新闻及其媒介，客观地认识事物和环境，并更好地通过新媒体发出新闻性信息，优化信息环境。

对新闻工作者，新闻素养是其必备的任职条件。现在许多新闻工作者和管理者并未受过良好的新闻教育，因此亟须补上这一课。

对领导、管理人士，新闻素养可帮助他们更好地利用新闻做好工作，包括对环境做出更准确的判断。新闻素养还决定了能否科学合理地建构、发展和利用新闻事业，充分发挥其积极作用，避免新闻缺位，防范误导作用。

而对各种组织机构，新闻信息是做出判断和决策的重要依据，新闻媒介是进行组织沟通、社会沟通的重要工具。对执政党而言，新闻媒介又直接关乎接受社会监督、加强自身建设和做好执政工作。因而提高新闻素养可有效地促进组织机构的建设和运行。

社会中的政治、经济、文化等许多问题，都与新闻媒介有关，而新闻素养则是优化新闻体制和活动、提高新闻传播及其媒介质量和效果的前提。

2. 正确认识新闻传播中的问题

有人说，对医院、医生的负面报道影响了公众的认知，是医闹泛滥乃至对医生行凶的原因之一，应限制这类报道。按此说法，那么对城管、官员、教授、各行各业的负面情况报道，都应严格限制。这种限制对监督、解决负面问题是否有利？如果掩盖问题、使问题越来越大，是喜是忧？

要求新闻媒介负面新闻所占比例与社会中正面情况与负面情况的比例相当，也是不符合新闻规律的。好事不出门，坏事传千里。许许多多飞机在正常飞行，安全到达，这些飞行信息成不了新闻，某一架飞机掉下来了，便成了新闻，许多人想了解怎么回事、什么原因等。可见坏事更容易成为新闻，尽管它们在事物总数中的比例只占很小一部分。

更好的办法应是让人们正确地认识新闻。如果把社会比喻为大海，那么新闻媒介只是瞭望塔，新闻只是瞭望报告，而不是大海全貌的反映。

人的注意力是有限的，每个新闻媒介的容量也是有限的，新闻只能反映真实、新鲜且传播对象需要的信息，不可能反映社会的全貌。

如果把新闻报道中的人和事比喻为汪洋大海，新闻媒介仍只是瞭望塔，新闻仍只是瞭望报告，而不是人和事的全貌。

如果报告说，前面有条鲨鱼，或一块礁石，不要认为大海里到处都是鲨鱼或礁石。

如果95％以上的报告都是风平浪静、阳光明媚之类，估计没人会一直关注。这也正是许多新闻媒体吸引力不强的原因之一。

还有人一看到西方媒体关于中国的报道负面新闻的比例很大，就断定是敌视中国。怀有敌意的不是没有，但西方大多数新闻媒体是商业性的，吸引眼球、赚钱对它们更重要，它们对自己本国的报道，也是负面新闻占很大比例。

3. 化解新媒体时代的困局

新媒体使传统媒体的受传者大量流失，广告收入随之减少，社会影响也相应下降，有些传媒为了能继续生存发展，不惜以降低品味、低俗化刺激化娱乐化吸引受众。

新媒体中的新闻平台受传者虽多，然而信息技术公司等机构的新闻平台自知在严肃高级内容上不如传统媒体，大多只是从受传者兴趣，而不是他们的根本、长远利益出发，以博眼球取胜。那些耸人听闻、不顾实际内容的标题便是表现之一。于是靠新闻提升机构的美誉度、间接获利的设想也多半落空。

随着传播技术的发展，受传者的选择余地和主动权几乎无限地扩大，迫使传媒机构越来越趋于迎合而非引领受传者。如今，人际传播、群体传播、大众传播及其媒介，已在移动传播的收发终端（主要为手机和平板电脑）中全面融合，受传者的需求和满足方式日益综合化和个性化，迫使传者相应转型，尽可能发掘他们的新需求，采用适应他们的新方式。

受传者则陷入了选择的困境和陷阱。而且，人选择媒介，媒介影响人，进而影响人对媒介的再选择，如此循环，会形成各人素质的马太效应。

传统媒体时代主要是由传者选择新闻和时事评论内容，新媒体使受传者选择媒介的自由自主程度大大提高，可在很大程度上摆脱传媒机构的不良利益动机。然而如果选择时完全按自己的喜好，所选媒介和内容就会同质化，造成"偏食"和"营养不良"；如果选择者的媒介素养、新闻素养缺乏，选择能力低下，不能做出明智的选择，则还不如由别人选择。

人工智能使很多媒体机构可通过算法生产内容，实现更精准的受传者定位，更充分地迎合他们。正在人们越来越多地选择与自己的既定立场观点、态度兴趣相一致的信息时，媒体又越来越多地给人们推送这样的信息，久而久之，会使人们处在"信息茧房"和"意见回音壁"中。既不利于个人素质的提高，也不利于群体和社会的交流黏合。

此外，受传者越来越多地成为传者，弥补了职业传者的许多不足，然而他们的总体素质和传播水平不高，使大量虚假信息和过激评论充斥媒介世界。

根本的出路在于提高全社会（包括受传者或用户）的新闻素养和媒介素养。传播效果的产生，经济效益和社会效益的实现，最终还要通过受传者选择、理解、记忆等过程，何况新媒体的发展又使受传者的选择主动权越来越大，对传者的影响也越来越大。过去主要从传者方面解决新闻传播问题，现在和将来则需更多地从受传者方面来解决。帮助他们提高新闻素养和媒介素养，明智地选择优质媒介和内容，使市场的力量成为促进传媒社会效益与经济效益相统一、优胜劣汰的正能量，同时提高他们制作、发送新闻的能力和社会责任心。

三、媒介素养的含义

媒介素养一词源于英语中的"media literacy"，就是对传播媒介（主要为大众传媒）的认识、利用和参与方面的素养。不仅有个人的媒介素养，还有社会的、组织的、传媒机构的媒介素养。后者的媒介素养与个人的媒介素养直接相关，但又不是个人媒介素养的简单叠加。如社会的媒介素养水平，既要靠每个人，又要靠社会的传媒理念、体制、管理中所蕴含的媒介素养。

1. 认识传媒

对大众传媒的认识是媒介素养的核心，直接影响甚至决定了对传媒的利用和参与。这种认识主要表现在以下几个方面：

1）了解大众传媒的种类和特点

大众传媒是传播工具的一种，内容公开，形式大众化，可大量复制，传播时间快、空间广，单向传播多、信息反馈少。这些在数字化时代又有所变化，如自媒体没有传媒机构。大众传媒可分为国有、公有、私有，事业性的和经营性的，还可分为信息性、公共性、政治性、经济性、文化性、商品性的，还可进行其他分类，各种传媒又有各自的特点。

2）了解大众传媒的作用和影响

大众传媒有传递信息、宣传教育、集散文化、提供娱乐和其他各种服务的功能，它们产生相应的作用，具体表现在政治、经济、社会、文化、生活等各个方面。在整个社会系统中，大众传媒是信息系统、监督系统、文化系统和政治宣传系统的重要组成部分。

大众传媒的每一种功能都可有正负两方面的作用。传递的信息可能是真实的、全面的，也可能是虚假的、片面的；宣传教育内容可能是正确的，也可能是错误的；聚散的文化可能是先进的，也可能是落后的；提供娱乐等服务可能是满足合理需求的，也可能是迎合低级趣味的。有的传播对某些人有积极作用，对另一些人则有消极作用。大众传媒可帮助人们获取信息、表达意见、增长知识、休闲娱乐等，影响到每个人的生存和发展，而且在人们生活、学习、工作中的作用越来越大。此外还有许多潜移默化的影响。传媒延伸了人的感官，又限定、同化了人的认识，人们的观点、态度，甚至性格，往往都与传媒有关。

各种传媒对人们的影响又不一样。如印刷媒体较能调动受众的思维积极性，报刊较有深度；电视媒体感染力强，但表达理性思维较难，受众在接收过程中较少产生积极思维，容易使人沉湎于无益的声像和故事而浪费许多精力，甚至降低行动能力。

3）了解大众传媒的评价标准

作为宣传工具，大众传媒的评价标准有正确性、有效性；作为信息工具，评价标准有真实、全面、客观、公正、及时、充分、舆论监督作用等；作为文化和娱乐工具，评价标准有健康性和先进性、丰富性和生动性、艺术性和创造性。掌握这些标准有助于准确地选择传媒，明智地分辨传媒内容，有效地利用传媒接收和发出信息，同时也可对传媒做出合理的评判，以自己的"货币选票"或其他方式影响传媒，形成良好的传媒环境。

党政干部、知识分子和媒介工作者对传媒的影响和利用甚于他人，对传媒的认识也应多于他人，因此还要了解与传媒直接相关的其他问题，包括传者、受众、效果问题，传播的社会调控问题，传播事业、传媒产业问题，新闻传播问题。

2. 利用传媒

1）传和受的利用

传者可利用传媒进行告知、表达、宣传、指导、教育、服务，要避免低效、无效、负效，避免给他人和社会带来副作用。

受者可利用传媒获得信息、知识、观点、娱乐、咨询等，也要对媒介及其内容进行明智地选择、识别、解读、吸收，尽可能趋利避害。

为此，需要有一定的传媒认识，对传媒及其内容有一定的分析能力，同时要有相应的传播能力，包括采访和写作、摄影和摄像、编辑和评论能力。

2）新媒体的利用

人们利用新媒体方面的素养日益重要。首先要会利用，包括会使用相关的设备和软件。

一是尽可能充分地取其利而避其害。如善于选择质量高的网站、信誉好的信息源；对陌生的网站、不靠谱的传者，能根据其内容质量、文字错误率等"硬指标"，主办者、参与者等"软指标"，做出大致的评判，对各种聊天、游戏、色情等内容有自我控制的"定力"，对网络安全问题有一定的防范意识和能力。

二是注意社会效应。现在通过新媒体，个人和机构都可轻易地成为面向社会的传者，需要在发出传播内容时，用好传者的权利，履行传者的义务，承担传者的责任。对传播效应有一定的预判，力求信息的真实准确，意见的合理正确，不以无聊、有害、侵权内容污染新媒体环境。

3. 参与传媒

现代社会中，大众传媒与每个人的利益都休戚相关，应引起公众的关注和积极参与，包括对传媒的支持、评论和监督、奖惩。即使是普通人，也可通过多种方式参与、影响传媒。如通过电话、邮件等，提供信息和观点、意见和建议，通过参加征文、评选、受众调查、节目互动，乃至通过"用脚投票"（选用或抛弃某个媒体）向传者发出有力的信号。

要有积极参与的意识。帮助、促进和监督传媒提高质量、履行社会职责，既是维护社会和人们自身的利益，也是每个公民的权利和义务。2002年加拿大一家报纸批评了总理，结果总编辑被报业公司老板"炒"了，引起舆论大哗，许多订户退了这份报纸，使该公司的声誉和收入受到很大的打击。

还要有参与的品格和能力。能较好地使用现代传播工具，给传媒提供富有价值的信息和意见；能向传媒发出促进而非促退的信号，鼓励传媒提高内容质量、承担社会责任。

四、媒介素养的作用

媒介素养的作用可大致归为四个方面：

1. 使人深入了解传媒

大众传媒已是现代社会中的重要组成部分，通过传媒，人们可对社会和人生有更透彻、更深刻的认识。

2. 使人更好地接收传播

大众传媒及其内容经过了许多人的把关，不可避免地会受到"把关人"的思想、能力、利益、环境的种种影响和制约。大众传媒的市场化运作，传播自由度的逐渐提高，媒介及其内容也日趋复杂。在当今全球化、网络化时代，中国受众接触境外传媒也越来越多。面对形形色色、铺天盖地、无时不在、无孔不入的大众传媒，受众需要有较高的选择、分辨能力，趋利避害。

媒介素养还可使人从传播中获得更丰富的内涵。比如对影视剧，不仅仅看情节，还可深入鉴赏其中的思想内容、人物性格，乃至画面、色彩、灯光、声音等艺术元素。

3. 使人更好地发送传播

从传播的需要和内容来看，以什么传媒、怎样的方式才能达到最佳效果？这些都需要通过媒介素养来解决，例如，可选用更适合传播深度内容的媒体，或更能创造议题设置效果、潜移默化效果的媒体。媒介素养还包括操作现代传播工具的能力。

在互联网高度发达的今天，谁都能轻易地从网上向受众发布信息，发表言论和作品等。媒介素养让人对社会产生积极作用，屏蔽消极影响，承担传者的责任。

4. 优化传媒环境，提高传媒质量

传媒环境包括传媒体制、市场、受众等，决定了传媒的需求和条件。对传媒的许多问题，如信息传递、意见交流、舆论监督不够畅，吸引力、传播力、国际竞争力不够强，过度娱乐化乃至庸俗、低俗化等，传媒人做过许多改进努力，之所以问题仍然存在，主要由于无力改变环境。而最基础、最根本的环境是人，是全民、全社会的媒介素养。包括：各级党政干部的媒介素养，尤其是对媒介有直接影响的干部；媒介人的媒介素养，他们对传媒的影响更经常、更直接，其他人的媒介素养很大程度上也与传媒的"言传身教"有关；一般公众的媒介素养，他们既是党政干部和媒介人的后备者，又对传媒有很大影响，有些传媒甚至完全以受众为导向。

五、新闻素养、媒介素养的提高

要明确提高的目标、对象、内容和方法。

目标可分为基本目标、较高目标和对不同对象的目标，便于分阶段、分对象地实施。基本目标应是对新闻和媒介有基本的了解，包括了解新闻传播的作用和要求，对个人和社会的影响。较高的目标可包含提升新闻和媒介的利用和参与水平；改进新闻传播的体制机制、组织机构、媒介质量、经营管理；改善受众环境和社会对传媒的管理控制。

对象可分为党政干部、知识分子、媒介人、青少年、网民和其他公众。党政干部、知识分子和媒介工作者对新闻和媒介的影响与利用甚于他人，有关的认识也应多于他人，包括了解传者、受众、效果问题，对传播的社会调控问题，传播事业和产业问题，等等。

提高的内容当含新闻与媒介知识，以及有关传播能力、传播权利与责任的知识，包括传播自由与媒介责任思想。对党政干部和媒介人还要有更高的要求。媒介人虽然已有较多的新闻和媒介知识，然而大众的认识在不断深入，新媒体、移动传播的发展又不断带来新情况、新问题，媒介人也要及时更新有关认识，与时俱进。

新闻素养、媒介素养的提高也是一项"系统工程"，需要家庭教育、学校教育、社会教育和媒体"言传身教"齐头并进、相辅相成。具体方法包括：① 通过课程、讲座、出版物等各种方式普及、更新有关知识，提高新闻传播能力。② 改进专业新闻与传播工作，做好示范和表率。

第十九章

新 闻 法 治

新闻法治是对新闻传播最重要的调控，标志着一个国家的调控水平。中国早就有过新闻出版法律、大众传播法制，但要真正完善法制、充分实行法治，则还需很多努力。

第一节　新闻法、法制和法治

一、新闻法

新闻法是关于新闻传播活动、媒介和行业的法，主要调整两方面的关系：一是新闻传播活动、媒介、行业与国家、社会公共利益的关系，二是新闻传播与公民、法人等个体利益的关系。过去是大众传播法的重要组成部分，数字化时代延伸至人际传播、群体传播的法。

有的国家有专门的新闻法或新闻出版法。由于新闻活动涉及社会生活的方方面面，需要调整的社会关系错综复杂，现在所有国家的新闻法都不是单一的法律，而是一种领域法，即存在于多种法的形式中。

宪法中有些条款与新闻和大众传播直接有关，如关于言论出版自由、关于人民的政治参与权和监督权、关于发展文化事业的条款。

法律可分为若干门类，如行政法、民商法、刑法、程序法等。有些法律在很大程度上与新闻和大众传播相关，如新闻法、出版法、著作权法、信息公开法、保密法、隐私权法。另一些法律间或涉及新闻和大众传播，如关于邮政、电波等法律。

西欧陆地、北欧等大陆法系国家实行成文法，有的就有专门的新闻法或新闻出版法。而实行判例法的英联邦国家、美国等英美法系国家，或称海洋法系国家，一般没有专门的新闻法或新闻出版法，除了依据《宪法》和《民法》《刑法》《保密法》等里面的相关条款，还以判例为司法依据。

现代社会中，新闻法健全与否，是一个国家的民主是否充分、法制是否健全、社会是否成熟的重要标志之一。

二、新闻法制和法治

如前所述，法制包括法规、制定和执行法规的制度、实施法制的体系。

法制中，制定法规的制度尤为重要。这种制度好，没法可以有法，法不完善可以完善；这种制度不好或缺失，法就无从健全和完善。

有了法和法制还不够，还要有真正的、彻底的依法办事，实行法治。为此，要有完备的、可操作性强的法，有制定、执行法规的健全制度和完善体系，权力机构、社会组织和公民个人依法办事、守法行事。

许多国家在许多历史时期都有法和法制，包括一些封建国家的晚期或末期，但并不都真正实行法治，只是在有限的范围和程度上实行。法治是一个国家现代化程度的重要标志之一。

新闻法治是对新闻传播最重要的调控，标志着一个国家的调控水平。中国早就有过新闻出版法律、大众传播法制，但要真正完善法制、充分实行法治，则还需很多努力，包括借鉴国外经验，健全保障性、授权性法规，提升法在新闻领域的地位和作用。

第二节　借鉴外国的新闻法

英国的"星法院命令"，即1558年英国女王颁布的"出版法庭法令"，是世界上最早的新闻出版专门法之一，并随着英国的殖民扩张推行到其他国家。其主要精神是管制而非保障新闻出版自由。现在外国的新闻法一般在大众传播法之中。

中国的法借鉴了许多外国法的精神和条款，外国的大众传播法及其中的新闻法也有不少值得参考之处，尤其在以下几个方面。

一、对表达自由的保障和限制

表达自由就是个人向外部表现思想、主张、意思、情感的自由，包括通过言论、著述、出版、请愿、游行等进行表达，包括传媒的创办、编辑、批评、发表、传输进行表达。

立宪国家都将保障表达自由列入宪法条款，作为大众传播立法的核心问题。如美国宪法修正案（1789 年）第 1 条、法国《人权宣言》（1789 年）第 11 条，中国宪法中也有相关规定。

新闻自由是表达自由的题中之义，保障新闻自由也是新闻立法的核心。有些国家新闻法的名称就叫《新闻出版自由法》。最早是瑞典于 1766 年制定的，1881 年法国议会也通过了《新闻出版自由法》。

为了防止自由被滥用，各国法律也对表达自由进行了明确的限制。如日本宪法第 12 条规定：国民不得滥用宪法保障的权利，负有为公共福祉而利用这一权利的责任。所谓"公共福祉"，是指共享社会生活的众人所共有的生存和发展利益。

美国等海洋法系国家的大众传播法大量表现在法庭判例中。在限制自由表达方面，法院依据的主要原则有"利益衡量"原则和"最小限制"原则。

"利益衡量"（balancing of interest）原则也称"利益比较"原则：如果自由表达带来的利益与其他利益有矛盾，则比较各方利益的大小、轻重，做出合理的判断和协调。该原则不应以模模糊糊的、不知何时可能出现的利益损害为依据。还应考虑到对自由表达的处置会带来不良后果。涉及公众人物的诽谤案中对媒介的倾斜性保护，实际上正是利益衡量的结果，对错误批评公众人物进行处罚会削弱舆论监督。

"最小限制"原则：在限制自由表达时，应选择达到必要目的所需的最小限制。其中又有"明显（或明确）而即刻的危险"（clear and present danger）原则：1919 年美国联邦最高法院法官霍姆兹（Oliver Wendell Holmes）在一份判决中说：一切行为的性质应由行为时的环境来确定。即使对自由言论最严格的保护，也不会保护一人在剧院谎报火灾而造成一场混乱。应考察有关言论是否造成了某种明显而即刻的危险。后来又被进一步明确为：明显而即刻的危险是不但非常可能即刻发生，且事件的发生还具有严重危害。如果还有时间通过讨论去揭示某种言论的虚假与荒谬，通过教育过程来避免其危害的话，可以运用的补救方式就是允许人们有更多的言论，而不是以强制来让人们保持沉默。唯有紧急情况才可以证明压制的正当合理性。不应禁止或剥夺某种宣传，除非这种宣传是旨在煽动或激起迫在眉睫的非法行动，且确有可能产生这样的后果。此外，有关的处罚也应尽可能小，达到惩戒目的即可，避免因过重而带来副作用。

二、对知晓权、信息公开的保障和规范

知晓权应是一项基本人权，也是实现表达自由的前提条件之一。"不了解情况就没有发言权。"但直到二战结束以后，知晓权才在许多国家从一项应然的权利转化为法定的权利。

信息公开是保障公民知晓权的重要措施，是民主制度的基础，包括政府的和政府从外部获得的、与公众相关的、不在保密范围之内的文件和其他信息，都应向人们公开。

1766 年瑞典国会制定的新宪法规定政府公文要公开，禁止新闻检查。1789 年法国在《人权宣言》中提到公民有权向公务员索取行政文书。1951 年，芬兰颁布《政府文件公开法》。1966 年以来，瑞典、美国、丹麦、挪威、法国、荷兰、加拿大、澳大利亚等国相继制定了专门的信息公开法。

美国的《信息自由法》（Freedom of Information Act，简称 FOIA，也译作《信息公开法》）始立于 1966 年。从 1946 到 1966 年间，已有许多规章制度来规范各种机关（包括行政部门、军事部门、政府控制的公司、总统的执行机构等）掌控的信息。1966 年的《信息自由法》整合了已有规章制度，确立了"全面公开"原则，即应当全面、充分地公开信息，以公开

为原则，不公开为有限的例外（该法限定了信息保密的范围），而且不仅
应向请求人提供其指定的某个领域的信息，还应提供相关领域的信息，以
表明机关已做出充分的努力。这与此前的行政传统是相反的。该法在1974
年、1978年、1984年和1986年经过四次修改，进一步扩大了政府公开其
文件材料的范围，并提高了可操作性。

这部法律对世界上其他国家制定同类法律影响较大，包括其中一些具
体规定，如应当有选择地采取三种方式（在《联邦登记》上刊发、机关内
部设立对外开放的阅览室或在网上设置电子阅览室、向请求人公布有关档
案），向所有人（本国公民或外国人，自然人或组织机构）公布以各种形
式（电子数据库、磁带、书面印刷物等）存在的不在豁免之列的所有文件
材料（机关占有与控制的材料、由机关自己制作与获得的材料）；机关对
公开的请求必须在法定时间内予以答复（FOIA规定是20个工作日，特殊
情况下延迟不超过10个工作日，但是在请求人能证明迫切性的情况下，机
关应在收到请求后7~8个工作日内就予以答复），逾期不予答复的，请求
人可以启动申诉程序。[①]

构成美国信息公开法律体系的，还有与《信息公开法》相伴的《隐私
权法》（Privacy Act），《联邦顾问委员会法》（Federal Consultant
Committee Act），以及1976年通过的《阳光下的政府法》（Government in
Sunshine）。

日本于1969年，最高法院在两个判例中确认知晓权是宪法规定的表达
自由的一部分，1981年1月通过《信息公开权利宣言》。菲律宾于1987年
在宪法中规定："应承认人民得到公共信息的权利。除了法律所规定的限
制以外，应向公民提供官方记录与文件，与官方行为、交易或决定有关的
文件，以及作为决策基础的政府研究资料。"

英国的《数据保护法》（1984年）、《地方自治体法》（1985年）、《个
人资料查询法》（1987年）等，既包括信息公开的内容，也包括个人信息
保护的内容。2005年元旦起实施《信息自由法》。

同时，许多国家都有保密法规，对公民的知晓权做出一定的限制。

---

① 毛华.信息公开暨行政程序立法研讨会纪要［EB/OL］.［2019-09-27］. http：//
chinalawinfo. com/research/academy/details. asp? lid＝4040.

三、关于诽谤和公众人物

从法律上说，诽谤是以永久的形式，发表毁坏他人名誉的言辞，包括书面、图像等形式的表述，使人在一般社会成员的判断中威信下降，在职业或行业上受到伤害，或令人回避和躲避。说话中毁坏他人名誉的表述不是永久性的，但出版物、广播电视电影等大众媒介则被认为是永久的形式。一些国家的《诽谤法》中，就有关于新闻报道的直接规定。

在海洋法系的美国，关于诽谤的两个典型案例是纽约时报公司对沙利文案、格茨对韦尔奇出版公司案，由此确定了针对公众人物和普通百姓不同的司法原则，并被其他国家借鉴。

1. 保障对公众人物的批评

1960 年蒙哥马利市警察局长沙利文（L. B. Sullivan）起诉《纽约时报》诽谤，诉讼长达 4 年。当地法院和州法院都判沙利文胜诉、《纽约时报》赔偿 50 万美元，而联邦最高法院的终审判决，认定《纽约时报》的文字广告有差错，但沙利文作为公共官员，应被视为特殊的名誉权对象，有别于普通公众，批评者即使言辞过激或所举事实有所不确，也应被视为在所难免而受到言论自由原则的保护，不能以此为由剥夺人民的批评权利，否则等于扼杀媒介和大众的声音。沙利文不能证明对其职务行为进行批评者是出于实际恶意——即明知不对或不顾事实，便不能得到损害赔偿。

由此确立了一项司法原则：政府官员提出诽谤起诉，其担负的原告举证责任不仅要证明被告言辞不实或错误，还要证明被告"确实恶意"。而证明被告"确实恶意"是很困难的，这使媒介监督得到了较大的保护。

此后的案件中，法院又把涉及"公共官员"的时报案原则扩大到"公众人物"，即在社会中有独特的显著性或有相当的权力和影响力者。他们通常身处公共事件的前列，会影响到这些事件的解决方式。

1971 年的一个诽谤案中，布伦南（William Brennan）大法官甚至提出，只要诽谤诉讼的内容涉及公众或普遍关注的问题，任何批评者都可以受到"时报案"原则的保护。于是娱乐和体育明星、工商界大亨、学术界精英，甚至社区的头面人物，都可作为公众人物，对他们的攻击只要涉及公众问题，都可以受到时报案原则的保护。

2. 防止对普通百姓的诽谤

一些缺少自律的新闻媒体滥用时报案原则及其推论，出于狭隘的商业或集团利益，随意攻击谩骂他们讨厌的人，一些平头百姓受到诽谤、名誉受损时被戴上"公众人物"的帽子，状告无门。于是最高法院不得不重新考虑"确实恶意"原则的适用范围和具体标准。但由于这一问题涉及新闻自由权和个人名誉权之间的微妙平衡，处理起来极为棘手。

直到1974年，最高法院才在"格茨对韦尔奇公司案"的裁决中确定：公众人物以外的私人提起诽谤诉讼时，不需举证说明被告"确实恶意"，只需证明所指控的内容失实，并确实给原告造成了损害，即使诽谤的内容被指控涉及公众关注的问题。

四、关于隐私权

隐私是个人不愿公开的、与公共利益无关的私人情况，如疾病、私生活、日记信函所载私事。在现代社会中，如何保护个人的隐私，如何保证个人数据不被泄漏、不被非法利用，已经成为各国人权组织和法学家关心的重要课题。1980年，国际经济合作组织通过了《理事会关于隐私保护与个人信息国际流通方针》，要求加盟国参照施行。

世界上第一部与保护公民隐私权相关的法律是瑞典的《国家信息法》。1974年美国制定了隐私法，1977年德国制定了关于防止滥用个人信息的法律，1984年英国也制定了数据保护法。现在已有近20个国家制定了个人信息保护法。

美国许多保护隐私权的规则见于判例中。例如，媒体对公民肖像的使用方面，美国比较重要的原则之一是由判决形成的"布恩规则"。根据该规则，肖像在新闻材料中使用后，本报本刊可以在介绍本报刊的广告中再次使用。此后这一规则又发展为：促销或介绍报刊等大众媒体需使用人物姓名、肖像时，不得用直接或暗示的方式表明该媒体已得到该人物的授权。

公众人物的私人情况有的与公共利益无关，有的可反映有关人物的思想情感、道德品行——这又是与公共利益有一定关系甚至较大关系的。因此"公众人物无隐私"不完全正确，也不无一定的道理，还要从公共利益出发进行权衡。

　　以上四种法律内容在各国大众传播法体系中都占有较大份额。此外较重要的还有对某一类传媒进行管理和规范的法律性文件，如美国的《电信法》，德国的《信息与通信服务法》，意大利的《公共和私人广播电视体制的规定》，等等。

第三节　探索中国的新闻法

一、立法情况

　　中国最早的新闻出版法是清朝政府于 1906 年颁布的《大清印刷物件专律》，两年后的 1908 年、光绪皇帝和慈禧太后去世前不久，颁布了《大清报律》和《钦定宪法大纲》，前者于 1911 年修订为《钦定报律》。此后的民国时期，专门的新闻出版法有 1930 年的《出版法》、1937 年的《修正出版法》。这些法的主旨也是对新闻出版进行控制而非保护。

　　1949 年 9 月底公布的《全国政协共同纲领》第 49 条规定："保护报道真实新闻的自由，禁止利用新闻进行诽谤、破坏国家人民利益和煽动世界战争。"

　　此后的每个宪法版本中，都有关于言论出版等自由的规定，但由于对宪法的重视不够，由于缺乏相应的具体法律法规，由于以权代法、以政代法严重，没有得到很好的实施，有时反而采取相反的政策，如"文革"时期。

　　改革开放以来的法制建设大潮中，制定新闻法也被提上了议事日程。

　　1984 年 1 月，全国人大教科文卫委员会与中国社科院新闻所合建"中国社会科学院新闻研究所新闻法研究室（起草小组）"。1985—1987 年底，该研究室和上海的新闻法起草小组、新闻出版署新闻法起草小组，分别拟出新闻法草案。最后汇集到新闻出版署，又重新拟出一份《新闻法（草案）》。这个草案在内部征求意见，先后改了十多稿。

　　1987 年中共中央十三大提出，要抓紧制定新闻出版法。1994 年，中共中央批准了全国人大党组向中央提出的八届人大期间立法规划，其中有

《新闻法》和《出版法》。

在制定《新闻法》的过程中发现，许多新闻问题的政策性很强，而政策会有发展变化，一时很难以法律的形式确定下来，《新闻法》的立法条件尚不成熟。难点主要为：

（1）有关新闻自由的具体条款。如谁可以办新闻传媒，能否规定符合一定条件的公民、法人、党团和其他社会组织都可创办报刊、广播电视等新闻传媒？能否规定新闻活动不受法律以外的权力干预？没有这方面的具体规定，新闻法中的"新闻自由"也会像宪法中的"言论、出版自由"那样难以操作。目前在此类规定上仍意见不一，或与现行政策不一。

（2）有关舆论监督的具体条款。如能否规定，新闻媒介可以批评一切违背宪法和法律法规的人和事？

（3）有关管理的具体条款，如与宣传部门的关系。

（4）对新媒体的认识与规范仍在探索中。在传播技术高速发展的今天，传媒的许多新突破很难被预知和事先纳入法律规范。

尽管如此，中国现在仍没有新闻法，只是存在于其他各种形式的法中。

（1）宪法。除了上述中国《宪法》第三十五条的规定外，还在第二十二、三十八、四十一、四十七、五十三条都有与新闻活动相关的规定。

（2）法律。中国三组最重要的基本法律都与新闻活动有关，它们是《刑法》和《刑事诉讼法》，《民法通则》和《民事诉讼法》，《行政诉讼法》和《行政处罚法》。

如《刑法》规定，"以造谣、诽谤或者其他方式煽动颠覆国家政权，推翻社会主义制度的"，"为境外的机构、组织、人员窃取、刺探、收买、非法提供国家秘密或者情报者"，构成"危害国家安全罪"。"严禁用任何方法、手段诬告陷害干部群众"，禁止"公然侮辱他人或者捏造事实诽谤他人"。

《民法通则》规定："公民、法人享有名誉权，公民的人格尊严受法律保护，禁止用侮辱、诽谤等方式损害公民、法人的名誉。"

其他相关法律还有《著作权法》《广告法》《消费者权益保护法》《妇女权益保护法》《公司法》《合同法》《反不正当竞争法》《统计法》《档案法》《邮政法》《国家安全法》《保守国家秘密法》《戒严法》《防震减灾法》

《证券法》《未成年人保护法》《预防未成年人犯罪法》《治安管理处罚条例》等。

（3）行政法规。这是国务院制定的领导和管理国家行政事务的各种规范性文件，其效力低于宪法和法律，但在实际执行中往往更经常被使用。如《出版管理条例》《印刷业管理条例》《广播电视管理条例》《音像制品管理条例》《电影管理条例》《卫星电视广播地面接收设施管理规定》《关于严禁淫秽物品的规定》《关于严厉打击非法出版物的通知》《外国记者和外国常驻新闻机构管理条例》《政府信息公开条例》。

（4）行政规章。这是国务院所属部委等制定的规定、办法、实施细则、规则等规范性文件。如《报纸出版管理规定》《期刊出版管理规定》《关于广播电台电视台设立审批管理办法》《关于部分应取缔出版物认定标准的暂行规定》《新闻出版保密规定》等。

（5）地方性行政法规。这是省、自治区、直辖市，以及省、自治区人民政府所在地的市，和经国务院批准的较大城市，由当地人民代表大会及其常务委员会，根据其行政区域具体情况和实际需要制定的规范性文件。如《河北省新闻工作管理条例》《新疆维吾尔自治区广播电视管理条例》等。中国幅员辽阔，许多地方的经济、文化和管理水平有很大差异，有必要确立针对本地情况、适合本地特点的地方性规定。

二、限禁已充分，保障尚不足

目前中国的新闻和大众传播法中，限制、禁止性的条款已比较完备，包括禁止危害国家安全、泄露国家秘密的规范，禁"黄"的规范，不得损害公民、法人的权益和公共利益的规范等，从宪法条款到基本法律、专门法律、司法解释、行政法规和规章等，形成完整的体系。那种认为一讲自由就会忘记一切约束、一讲权利就会淡化各种义务的担心是多余的。

中国就大众传播的侵权问题也形成了一系列司法原则。其中著作权方面有专门的《著作权法》，其他方面有：

（1）名誉权。名誉有个人和组织、团体法人的两种。名誉关系到能否受到他人尊重、能否顺利从事有关活动，如企业的名誉受损，会造成经济损失。名誉权就是名誉不受歪曲、贬低的权利。

同时具备下列三个要件才构成侵害名誉权：对特定对象造成了名誉侵害，具有法律上能够确认的损害名誉性质，给受害者造成了精神或财产损失。

上述西方司法实践中关于权力人物、著名人物等"公众人物"的原则，也已有所借鉴。

（2）隐私权。中国的法规中已有不少与保护隐私权相关的条款。[①]但是对下列情况的传播，如果不是主要以营利为目的，不属于侵犯隐私权，包括：已经公开的情况，个人在公开场合的活动，具有危害他人和社会性质的私密情况，本人同意放弃隐私权的，"公众人物"的。

（3）肖像权。这是公民对于再现自己形象的专有权利。未经本人同意、以营利为目的使用公民肖像，为侵害肖像权行为。

（4）姓名权和名称权。名称权指的是组织、团体法人的名称。姓名权和名称权的拥有者具有选择、使用、变更自己的姓名或名称的权利，他人干涉、冒充、盗用即构成侵权。

然而正如大众传播法专家魏永征先生指出，对新闻活动及其主体的保障、授权性规范还有欠缺。一是有些权利还没有进入法律范畴。"新闻自由"尚处于置之不论的境地，新闻工作者在传播活动中的权利，如采访权、发表权等仍法无明文，没有成为具体明确的法定权利，只是习惯权利，有关权利遭到侵犯时难以得到法律的有力保护。二是对有些已被法律承认的权利，保护也还不够完善。例如，舆论监督已写入法律，但舆论监督的对象应承担何种义务，当舆论监督权遭到侵犯时应如何请求法律救助，对干扰破坏舆论监督者应如何制裁，仍有待法规明确。名誉权和舆论监督权往往会有冲突，有些人就钻法律空子，以保护名誉权为名抵制舆论监督。

此外，政府信息公开条例尚属行政法规，有待进一步完善，包括扩大公开范围，规定公开为通则、不公开为例外，进一步明确、细化什么当公开、有关的责任和处罚，成熟后上升为法律。对传媒机构的独立经营权，传媒市场壁垒的去除，传媒受众的消费权、申告权，也需从法律上进一步保障。在转型中的国家，不完善是正常的，只见成绩不见问题是危险的。

---

① 魏永征，张鸿霞. 大众传播法学［M］. 北京：法律出版社，2007：168.

随着依法治国、建设社会主义法治国家的不断推进，新闻与大众传播法也将不断得到健全和完善。

三、数字化时代的新要求

数字化给新闻传播的方式和各个环节带来的变化，需要新闻法做出新的保障和限禁。如对传者，需由新闻机构扩展到各种其他机构和个人；对内容需由整体扩展到片段、词语；对媒介需由传统媒体扩展到新媒体、社会化媒体乃至社交平台；对受传者，需由接收扩展到转发、评论等行为。其中有许多新的棘手问题，包括删帖、封账号、关键词屏蔽、新媒体版权、个人信息保护等。新闻法也由大众传播法延伸至人际传播、群体传播的法，与大众传播法相交叉。

数字化日益加深媒体融合、传播融合，需要把关于新闻传播、新闻媒介的法制理念、精神、原则，辐射到其他传播、其他媒介，如把新闻自由和社会责任辐射到表达自由、信息自由、传播自由。

数字化传播带来的新问题层出不穷，不能因此而随时制定或改变法律，可以先采用行政法规、部门规章乃至政策规定。但他们都不得与宪法、法律相冲突，而应是宪法和法律精神的具体化。

第二十章

新 闻 事 业

新闻事业就是新闻传播事业，包括新闻机构和媒介、体制和管理、教育和研究等。探索新闻事业的形成和发展，特点、规律和趋势，帮助认识新闻现象、改进新闻活动、发展新闻事业，是新闻学的重要任务。

第一节 新闻事业的形成和发展

一、古代传播媒介

自从有了人类，就有了信息传播，指真实、新鲜、传播对象需要的新闻性信息的传播；就有了相应的传播媒介，包括表情、动作等体语，叫唤、敲击等声音，后来又发展出火光传信、结绳记事，刻画表意，直至语言，它们也可用来传播广义上的新闻。

中国在秦代，开始较多地出现以石刻、木刻、器皿铸刻等形式发布官方新闻信息。如公元前221年秦始皇统一六国后，发布诏书通告天下："廿六年，皇帝尽并兼天下诸侯，黔首大安，立号为皇帝，乃诏丞相状、绾，法度量则不壹歉疑者，皆明壹之。"现在出土的器皿、木牍等许多文物上，都有各种方式铸、刻或戳印的这四十字诏书，当年几乎家喻户晓。

狭义上的新闻媒介，即以新闻性信息为重要内容、面向广大公众连续传播的媒介。迄今发现最早的是古罗马的政府公报。公元前59年，尤利乌斯·恺撒当选为罗马共和国末期的执政官后，发布的第一道命令就涉及

"政务公开"：每日公布元老院的工作。于是在罗马议事厅外，出现一块涂有石膏的木板，上面有尖笔写下的元老院会议记录，以及政令、战绩、税收、法庭审判等内容。当时这媒介被称为 Album，后人称之为《每日纪闻》。这种官方的手抄新闻，断断续续持续到公元 330 年罗马首都东迁。有学者认为，罗马帝国之所以能长期统治辽阔的疆域，与它有一个发达的信息传播系统不无关联。

在中国，最早是唐代的邸报，别称有进奏院状、朝报、京报等，主要内容是皇帝诏书和起居，官吏任免和奏章，以及战报、法令、刑罚等。邸报萌芽于唐代的朝政公报和新闻信，成型于宋代的官报，发展于明清的新闻书，消亡于清末的近现代报刊勃兴。宋代还有存在于民间的非法报刊，形态与邸报相近，自称"新闻"，官称"小报"，屡禁不止，有时半公开存在，最后也被近现代报刊替代。

二、近现代报刊

报和刊起初并没有如此明确的区分。有许多装订成册的新闻书，或含有新闻和其他内容的、连续出版的册子。

与古代报刊相比，近代报刊是出版人员自行采写和编辑而不是统治者钦定的，反映在形式上是有独立的报刊名称，可区别于其他报刊的。

与近代报刊相比，现代报刊内容上是有现代思想的，形式上是报和刊明确分家，并使用现代白话文的，传播上是大量复制、面向大众、短周期连续出版的。

1. 近代报刊诞生的里程碑

（1）欧洲"手抄新闻"出现。14 世纪到 15 世纪，手抄新闻就在意大利兴起。1566 年，当时欧洲商业中心城市威尼斯的"手抄新闻"，流传到罗马以及欧洲各国，被称为"威尼斯公报"（*Venice Gazzetta*）。这些手抄新闻最初以船期、货价为主，主要满足商人们的需要，后来又增加了政治、军事等信息，这也是与经营密切相关、商人们十分关注的内容。

（2）现代印刷出现。1440—1450 年，德国人古登堡在中国的造纸与油墨技术、朝鲜的金属活字印刷技术等基础上，创造了金属活字机械印刷术。最初印刷《圣经》等，1457 年就被用于印刷新闻纸。这种印刷术很快传到欧洲许多大城市，进入 16 世纪前后印了许多带有新闻性的小册子（如《哥伦布发现新大陆记》）和传单。

（3）职业记者出现。16 世纪初，收集、写作（不是仅仅抄传）、出售新闻的人员在欧洲的主要商贸城市逐渐多起来。16 世纪 30 年代起，世界上最早的职业记者——专门采集、抄写、出售消息的人在威尼斯产生。

（4）印刷周报出现。1605 年在安特卫普（现属荷兰）出现每半月出版的《新闻报》。1609 年，德意志地区出现每周出版的新闻纸：《通告——报道或新闻报》和《报道》。1615 年，"德国报业之父"爱格诺尔弗·艾莫尔（E. Emmel）在法兰克福创办了周报《法兰克福新闻》（*Frankfurter Journal*），每期刊有数条新闻，被视为世界上第一家真正的报纸。该报延续到 1902 年。

（5）日报出现。1650 年，德国书商里兹（T. Ritzsch）在莱比锡创办了世界上第一家日报《新到新闻》。这也可以作为新闻事业初步形成的标志。

可以把日报出现作为新闻事业初步形成的标志。

2. 现代报纸诞生和初步发展的里程碑

（1）综合性廉价报纸成功。上述报刊的制作成本较高，社会需求量又较有限，发行量都不大，也没有很多的广告收入，因此价格较贵，并不是广大普通公众消费得起的，称不上面向社会广大受众的大众媒介。也有办廉价报纸的尝试，有的失败了，有的只是广告性的。18 世纪 60 年代到 19 世纪 40 年代的第一次工业革命，使资本主义经济和社会有了高速发展，19 世纪初出现了不少以广告为主要收入、零售价仅一美分（美国）或一便士（英国）的廉价报纸，普通大众也能买得起，成为面向大众的而不是以前那样只面向有钱"小众"的报纸。然而它们经营很难，时生时灭。直到 19 世纪 30 年代时，以美国的《太阳报》为标志，廉价报纸获得成功，随后涌现了一大批类似的报纸。新闻媒介从形态和内涵上都演进到了现代报纸时代。

（2）通讯社出现。随着报刊的发展，出现了专门提供新闻的通讯社。1835 年法国人哈瓦斯（Charles-Louis Havas）在巴黎创办了世界上第一个通讯社——哈瓦斯通讯社。14 年后，曾服务于哈瓦斯通讯社、后成为柏林《国家日报》社长的德国人沃尔夫（Bernhard Wolff），在柏林创办了沃尔夫通讯社。又一年后的 1850 年，曾任哈瓦斯通讯社译员的德国人路透（Paul Julius Reuter），在英国伦敦创办了路透社。1848 年，美国纽约的六家报社成立了港口新闻联合社，共同采访欧洲船只带来纽约港的新闻，是为美联社的发端。通讯社降低了办报成本，提高了办报质量，促进了报纸进一步发展。

（3）商业性报纸成为主流。廉价报纸勃兴之初，有些报纸为了经营成功，大量刊登低俗内容，或编造轰动新闻；有些报纸走高端路线，但销量不大。19 世纪后期，以普利策（Joseph Pulitzer）1883 年接办的美国纽约《世界报》（*The World*）的成功为标志，高级的廉价报纸取代了政党报纸的主流地位。同时，报社进入现代化经营，报业集团也开始在美国和欧洲出现。

三、电子媒体

电影最初也常用作新闻媒介，后来被广播电视等其他电子媒体所替代。

1. 广播

1819 年，丹麦科学家奥斯特（Hans Christian Oersted）博士发现了电与磁的关系。1831 年英国科学家法拉第（Michael Faraday）确定了电磁感应定律。

1864 年，英国科学家麦克斯韦尔（James Maxwell）发现了无线电波，并测出无线电波的速度为每秒 30 公里，与光速一样。1888 年德国科学家赫兹（Henrich Rudolf Hertz）找到了无线电波产生、发射和接收的方法。

1895 年，意大利人马可尼（Guglielmo Marconi）和俄国科学家波波夫（Alexander Stepanovich Popov）发明了无线电报。1899 年和 1901 年，马可尼成功发送了越海和越洋电报。

1906 年，加拿大人费登森（Reginald Fessenden）在美国以调幅方式进行了语言和音乐的传送、接收试验。

1919 年，马可尼无线电报公司在加拿大开办了世界上第一座有营业执照的广播电台。1920 年，美国 KDKA 电台获得营业执照，开始播出新闻。此后，世界各国纷纷建立广播电台。1922 年，英国广播公司（BBC）成立，法国国家广播电台成立，苏联莫斯科电台成立。1923 年上海也出现了广播电台。1924 年日本东京广播电台成立。到 1995 年底，世界上所有国家都建立了广播电台。

2. 电视

1873 年，英国工程师威罗毕·史密斯（Willoughby Smith）发现了硒的光电效应。

1884 年，德国科学家保罗·尼普柯（Paul Nipkow）运用硒的光电效应，发明了电视扫描盘，即电视显像管的雏形。

1925 年，英国科学家贝尔德（John Logie Baird）成功地进行了电视画面的发送和接收试验。

1930 年，英国广播公司与贝尔德合作，试验成功了结合声音的电视图像传送。

1936 年，英国广播公司建成世界上第一座定期播出节目的公共电视台。

1950 年，有线电视出现。

1954 年，美国广播公司正式播出彩色电视节目。

1957 年，苏联发射第一颗人造地球卫星。1962 年，法国、美国通信卫星发射成功，开始用卫星传输电视信号。

3. 网络媒体

1946 年，第一台电子计算机在美国宾夕法尼亚大学诞生。1969 年，第一个计算机网络诞生，即美国的国防高级研究计划署（Defense Advanced Research Project Agency，简称 DARPA 或 ARPA，阿帕）的阿帕网（ARPANET）。这是将加利福尼亚大学和斯坦福研究院的 4 个节点连接起来，形成资源共享的电脑网络。此后联网的计算机越来越多，网络越来越大，终于成为"一网打尽全球"的国际互联网（Internet）。

1987 年美国《圣何塞信使报》上网，成为世界上最早的网络新闻媒体。

2000 年，全球网民超过 4 亿，2003 年接近 7 亿，2005 年突破 10 亿，2011 年跃上 20 亿。随着互联网的发展，人类进入信息时代。

2012 年，开发智能电视，使电视机同时成为网络媒体的终端。

网络媒体还使手机成了真正的第五媒体，并通过移动互联网，把我们带入全民传播、媒介化社会时代。

4. 手机等移动终端

1985 年，第一台现代意义上的可以商用的移动电话诞生。此后由第一代的模拟制式手机（1G），发展到第二代的 GSM、TDMA 等数字手机（2G）。

21 世纪初，手机发展到了第三代（3G），成为"第五媒体"。

2009 年，电子阅读器占据北美印刷图书市场 10％以上的份额。

2011 年 6 月，全球手机用户突破 50 亿；中国大陆超过 9 亿，其中上网用户达 3.18 亿。

同年，美国苹果公司的智能手机 iPhone 和平板电脑 iPad 风靡全球，引起其他产商纷纷效仿，开启了移动网络的新时代。

纵观中外历史，新闻媒介、新闻事业随着社会需要和条件而诞生、发展、变化。主要为政治、经济、文化、科技的需要和条件，如市场经济和资产阶级革命之于近现代报刊的诞生和发展；工业革命之于廉价报纸的兴起、大众化报纸成为主流；文化传统、文化水平之于新闻媒介的内容、形式和普及率，印刷和声光、电子技术之于报刊和电子媒体的发展。

第二节　新闻事业的种类

一、新闻体制与相应的新闻事业

新闻事业很大程度上取决于新闻体制，即关于新闻活动的体例制度，包括关于新闻媒介及其机构的权属、运行和管理的规定。

在现代社会，新闻体制一般在宪法、法律、行政法规、行政规章、地方法规等法的形式中确定下来，强制实行，对新闻媒介的品种、内容、质量和效益、变化和发展，都有决定性作用。

新闻体制取决于政治体制，两者又基于共同的政治制度。

社会的其他规范，包括政策、道德、习俗、专业要求等，也影响和制约着新闻体制。从深层看，政治体制、新闻体制都受到经济、文化和社会背景，包括社会思想和传媒理论的影响。

新闻体制也是发展的，随着思想认识、社会需求、环境条件、科学技术的发展而与时俱进的。从体制供求来看，当某种体制变化的社会、经济效益大于成本时，就可以进行体制创新。

当今世界上，有美国那样的以私有为主，英国广播电视那样的公有私有并举，中国和朝鲜那样的国有制。从内外部关系和运行看，有企业型、市场化和事业型、机关化的。从外部控制看，有以政治权力为主和以经济势力为主、以法治为主和以人治为主。这些体例制度的组合，构成一个国家的新闻体制，决定了新闻事业的机构和媒介、经营和管理、教育和研究等其他方面。

二、传媒理论与相应的新闻事业

可把传媒理论大致分为下列几种，它们反映、解释和影响了相应的新闻体制和新闻事业的其他方面。

一是传媒的集权主义理论。认为国家、社会的利益高于个人的利益，政府和执政者是国家、社会利益的代表；新闻传媒对国家、社会的影响巨大，应受到严格的控制，使之完全服从统治当局。只有国家、政府或其特许的组织和个人才能办新闻媒介，如英国 16 世纪的出版特许制度。并要对传媒内容进行严格的事先审查，对犯规者进行严厉的惩罚，直至处死。

新闻事业诞生于封建社会，初期便被纳入封建集权主义的防范和限制之中，发展极其艰难和缓慢。新闻媒介基本是统治者独享的工具，用于自上而下的传播。服务于专制统治，对社会的控制作用有余而沟通、协调、革新作用缺乏，在一定程度上延缓了社会的发展进步。集权主义新闻制度在 20 世纪的典型代表，就是法西斯新闻统制。

二是传媒的自由至上主义理论。认为每个人的快乐和幸福才是最终目的，国家、社会是为人服务的，政府和执政者不过是受委托办事的，权力源于人民；人人都生而有言论自由、新闻出版自由，新闻媒介还应是人民监督政府和执政者的有效工具。这些思想理论成为资产阶级争取新闻自由、建立资本主义民主政治的有力武器，也是资本主义前期的新闻事业指导思想。然而垄断资本主义时代的现实打破了昔日梦境，于是出现了传媒的社会责任理论。

三是传媒的社会责任理论。认为自由主义新闻思想应坚持，但自由、权利应与责任、义务相伴，新闻传媒应承担社会责任。该理论只是在自由主义新闻理论和体制框架内的修正，缺乏有力的实现措施，因而作用仍较有限。

四是传媒的社会主义理论。社会主义有不同的模式，新闻媒介也与之相应。以苏联为代表的模式认为，国家是阶级统治的工具，无产阶级通过它的先锋队共产党、联合其他劳动阶级掌握国家机器；在社会主义国家，新闻传媒应是党和人民的耳目喉舌，既要用于宣传、指导和教育，又要用于联系群众，考察政策，开展批评和自我批评，满足人民的精神文化生活需要。作为党的新闻传媒，还要坚持党性原则，主要为按照党的纲领、章程和原则行事。

五是传媒的发展传播学理论。认为国家的发展尤其是经济的发展，是发展中国家的首要任务。新闻媒介要给发展创造良好条件。通过宣传，来树立国家形象、贯彻落实政策、凝聚鼓舞人心；通过引导，来化解矛盾、整合社会、团结人民；通过交流，来献计献策、形成共识、齐心协力；通过反映，来守望环境、了解民情、监督权力。

此外还有发源于法国、英国等西欧国家的批判学派和民主参与理论。认为垄断资本掌握了大量文化产品，把它们作为营利工具，传媒的社会责任论在实践中无法实现。公共传播机构日益官僚化使人们对社会责任论的失望进一步加深。于是提出民主参与的新闻思想，反对新闻媒介的集中垄断和政府控制，主张公众和社会团体民主参与，发展小规模、社区化、双向性、受众广泛参与的媒介。他们的批判是深刻的，方案是理想化的，新媒体对这种理想提供了很大的支持，但迄今对新闻事业的总体影响仍较有限。

一个社会里，会有不止一种传媒理论影响其新闻事业。当今许多西方国家既以社会责任论为主导，又承袭了自由主义传统。许多第三世界国家既受发展传播学的影响，又借鉴了西方国家或社会主义的传媒思想和理论。中国采取社会主义的传媒理论和体制，同时也吸收社会责任论、发展传播学和民主参与理论的有益思想。

三、不同社会的新闻事业

1. 封建社会

封建社会诞生了古代报刊。它们基本处于专制统治的控制之下。只有国家、政府或其特许的组织和个人才能办新闻媒介，如英国16世纪的出版特许制度。各种出版物都要受到严格的事先审查。对"惹事"的媒介人进行严厉的惩罚，直至处死。

于是新闻媒介基本是统治者严控独享的工具，用于自上而下的传播。服务于专制统治，对社会的控制作用有余而沟通、协调、革新作用缺乏，在一定程度上延缓了社会的发展进步。

中国在秦始皇统一六国之前的东周为分封制社会，之后为中央集权制社会。新闻媒介也受到集权控制。唐朝的古代报纸雏形还能自由制作和传播，宋代加强中央集权，建立"定本"制度，由枢密院确定邸报的版本，其他内容的新闻媒介都属非法。从宋代到清代，民间报刊都被蔑称为"小报"，属限禁之列。新闻媒介成为中国封建社会发展缓慢、具有"超稳定性"即超凝固性特征的重要原因之一。此后的中国社会和新闻体制仍然带有浓厚的封建特征，新闻媒介基本上是权力的奴仆，而非权力的监督者。

欧洲也有过类似于中国封建社会的媒介管控，不过那时王国林立，有些地方较为开明，或资本主义萌芽出现较早，不久就把封建性的媒介管控冲垮了。

封建社会后期的民间报刊成为新思想的传播者和旧社会的掘墓人。如英国资产阶级革命时期的一些出版物，法国大革命前的启蒙主义报刊，如中国维新变法时期的《循环日报》《中外纪闻》，辛亥革命时期的《中国日报》《神州日报》等。

2. 资本主义社会

资本主义社会发展了近现代报刊和电子媒体。它们基本处于资本的控制之下。它们逐步走向社会大众，发展成政治系统的"第四权力"、经济系统的沟通工具和"无烟工业"、文化系统的主要实体和大众社会的必需品，在很大程度上发挥了社会瞭望、沟通、整合、监督、控制、服务作用。然而又在很大程度上被利益集团所控制，成为他们谋取政治和经济利益的工具，甚至以牺牲社会利益为代价。

自由竞争资本主义时代的自由至上主义认为，每个人的快乐和幸福才是最终目的，国家、社会是为人服务的，政府和执政者不过是受委托办事的，权力源于人民；人人都有言论自由、新闻出版自由，新闻媒介还应是人民监督政府和执政者的有效工具。这些思想理论成为资产阶级争取新闻自由、建立资本主义民主政治的有力武器，也是资本主义前期的新闻事业指导思想。

然而垄断资本主义时代的现实打破了昔日梦境，于是出现了传媒的社会责任理论，认为自由主义新闻思想应坚持，但自由、权利应与责任、义务相伴，新闻传媒应承担社会责任。该理论只是在自由主义新闻理论和体制框架内的修正，缺乏有力的实现措施，因而作用仍较有限。

一些较强调平等、福利和社会调控的资本主义国家中，报刊也基本私有，但社会影响较大的广播电视，曾经基本为公有和国有，现在一半左右为公有，其余为私有。然而那些公有的广播电视机构现在正面临市场份额下降、创新能力不足，以及效率不高、官僚主义等问题，日益向私有媒介趋同。

发源于法国、英国等西欧国家的批判学派和民主参与理论认为，垄断资本掌握了大量文化产品，把它们作为营利工具，传媒的社会责任论在实践中无法实现。公共传播机构日益官僚化使人们对社会责任论的失望进一步加深。于是提出民主参与的新闻思想，反对新闻媒介的集中垄断和政府控制，主张公众和社会团体民主参与，发展小规模、社区化、双向性、受众广泛参与的媒介。他们的批判是深刻的，方案是理想化的，新媒体对这种理想提供了很大的支持，但对新闻事业的总体影响仍较有限。

3. 社会主义社会

社会主义社会十分重视发展新闻媒介。它们基本处于党政权力的控制之下。苏联模式的社会主义模式中，国家是阶级统治的工具，共产党执政，新闻媒介是党和国家的喉舌，主要用于宣传、指导和教育。新闻机构是事业单位，要坚持党性原则，与上级保持一致。

20 世纪 80 年代以前，苏联新闻媒介全部国有党管，事业性、机关化管理；充分发挥宣传、鼓动和指导作用，但社会瞭望、意见交流很少，舆论监督缺失。对苏联的社会主义建设和卫国战争起了很大的宣传作用，但是对长期存在和发展着的官僚主义、权力腐败、欺骗和压制人民等导致苏联解体的根本原因，不仅没有以新闻媒介的信息传递、意见交流、舆论监督等功能予以积极化解，反而起了推波助澜的作用。中国 20 世纪 50 年代初学习苏联，形成了与苏联基本相同的新闻体制和工作方式。

1978 年以来，中国新闻理论和实践不断探索新路，包括研究和借鉴国外理论，如社会责任论和传播学、公共新闻学、新闻专业主义，等等。既要搞好宣传教育、舆论引导和工作指导，又要充分发挥瞭望社会、整合社会、反映民情民意、建设民主政治等作用，努力实现人民的知晓权、参与权、表达权、监督权、传播自由权。并逐步走向企业化、市场化、产业化、集团化和法制化，不断发展新闻产业，壮大新闻事业。现在新闻媒介仍为国有党管，但实行企业化管理；内容仍以宣传为主，但努力改进宣传方式，并尽可能增加其他内容，发挥多种作用。

4. 第三世界国家

第三世界国家即发展中国家，它们有的采取资本主义制度，有的采取社会主义制度，现在大多以某种制度为基础，同时借鉴利用其他社会中的一些做法，新闻媒介也是如此。如中国以社会主义为基本制度框架，同时借鉴资本主义社会中的市场经济体制、传媒的社会责任理论和相应的实践。

发展中国家又有一些共同的特点，主要为经济相对不发达，由此产生一些共同的社会需要，如以发展为首要任务，以鼓舞民众、凝聚人心为新闻媒介的重要任务之一。新闻媒介还要通过宣传来树立国家形象、贯彻落实政策；通过引导来化解矛盾、整合社会、团结人民；通过交流来献计献策、形成共识、齐心协力；通过反映来守望环境、了解民情、监督权力。这些需要形成了发展传播学的核心。

一个社会中，会有不止一种传媒理论影响其新闻媒介。当今许多西方国家中，既以社会责任论为主导，又承袭了自由主义传统。许多第三世界国家中，既有发展传播学的影响，又借鉴了西方国家或社会主义的传媒思想和理论。中国采取社会主义的传媒理论和体制，同时也吸收社会责任论、发展传播学和民主参与理论的有益思想。

第二十一章
近现代西方新闻事业

近现代新闻媒介诞生于西方。其中近现代报刊得以诞生的直接因素，是市场经济的发展和科技的进步。而廉价报纸出现——近现代报纸发展的重要里程碑之一，又是工业革命带来的资本主义经济和社会发展的直接结果。

19世纪后半叶起，商业性报纸成为主流，挤掉了官方报刊和政党报刊，以独立的经济地位带来独立的、以读者需要为导向的报道和评论，并成为"第四权力"。

从19世纪末期起，资本主义进入垄断时期，几乎涵盖了新闻业的报业，也从自由竞争时代进入垄断竞争时代，并向寡头垄断发展。其标志是报业集团的出现和扩张。

20世纪电子媒介诞生和发展，是基于社会需要、技术进步和体制允许的条件，这些都是社会发展到一定程度以后才有的。反过来，电子媒介也大大影响了政治、经济、文化和社会。如美国总统罗斯福（Franklin Roosevelt）利用广播进行"炉边谈话"应对经济危机。

第一节　总统制国家的新闻事业

总统制是由选民分别选举总统和国会，由总统担任国家元首和政府首脑，行政机关从属于总统，独立于议会之外。总统定期由公民直接或间接选举，只向选民负责，不向议会负责。与议会制的根本区别，在于行政与立法分开（在议会制国家即使设有总统，其职位也只是国家元首，不兼任政府首脑，作为政府首脑的内阁首相或总理，由议会中的多数党产生，只对议会负责）。

总统在任职期间，没有因政见不同而倒台的风险，可以积极推行政策。议会中反对党占多数时，权力制衡强，行政权力不至于过度集中，但摩擦成本也高，运行效率受限，行政与立法机构常在许多问题上陷入僵局。

目前世界上采取总统制的国家，除美国和菲律宾、印度尼西亚、孟加拉国、巴基斯坦等国外，还有大多数拉丁美洲国家、大多数中亚和非洲国家，如墨西哥、智利、阿根廷、巴西、危地马拉、博茨瓦纳、科特迪瓦、喀麦隆、加蓬、卢旺达、肯尼亚。

这些国家在权力分立的程度，总统与其他中央国家机关的具体关系以及总统产生的方法等方面也有差异，甚至在某些方面或程度与议会制相近。

新闻媒介在西方总统制国家基本为私有，广播电视少量公有，补充公益性传播，但市场占有率不大。总体而言，新闻媒介在信息传递、意见交流、舆论监督方面表现出较好的新闻专业精神。然而在经济利益的左右下，新闻媒介的公益作用受到限制，负面效应难以去除。

以实行总统制的典型国家——美国为例阐述新闻媒介的作用。

1. 社会作用

美国的新闻媒介后来居上，较好地满足了社会和公众的信息、文化、交流等需求。

新闻媒介还被寄予"第四权力"的厚望，即司法、立法、行政权力之外的第四种制衡力量。新闻媒介常因监督权力而受追捧，揭露政治经济权势丑闻的"扒粪新闻"深得人心。

19世纪末到20世纪初，美国期刊上揭露性的报道和文学作品大量出现，激发了民众推动立法改革的热情，国会在社会压力和总统的亲自倡导下，出台一批涉及大众生活的法律，如《食品药品纯净法》《肉类检查法》。揭丑报道虽因第一次世界大战而减少，但对美国报刊乃至图书的题材产生了深远影响。

然而也有许多新闻媒介热衷于色情暴力、虚假炒作，乃至制造舆论、误导政策。

2. 权力关系

与新闻媒介的社会地位和作用相应，美国的报社和通讯社是私有的，广播电视台也基本是私有的（社会责任论兴起以后出现一些公有的）。党派曾经也拥有新闻媒介，然而从政党、政府的利益和需要出发选择新闻、发表评论，被社会和公众日益不认可、不理睬，这样的新闻媒介被挤出市场，以至现已没有政党、政府办的新闻媒介，除了仅用于对外宣传的 VOA（美国之音）之类。

在一些特殊时期，政府对新闻媒体既爱又恨，直接插手干预的事件屡屡发生。美国 300 年的新闻史，始终存在着政府与媒体对抗、博弈、妥协、合作等过程。早期，一个州议会主席可以下令将报社关闭，或将总编辑逮捕入狱。200 年后，一家报纸也可通过不间断的揭露报道，把总统赶下台，如 1972—1974 年《华盛顿邮报》的"水门事件"报道。

美国新闻机构在法庭上的原告和被告席出现频率之高，也可居世界之首。有些官司打到了联邦最高法院，如纽约时报案、五角大楼文件案。

现在美国的新闻媒介仍有偏见，仍有被利益集团控制的迹象，仍有虚假新闻和不负责任的评论，但其对权势的约束也仍发挥着重要作用。

3. 利益追求

私有的新闻机构一般以营利为目的，无论是通过媒介直接获利，还是通过影响社会舆论、公众情绪、政客利益、政策制定而间接获利。

新闻媒介的经济效益与社会效益有时是一致的，如好的社会效益能提高媒介声誉，赢得更多的受众和广告收入，私有的新闻媒介也会通过利他而利己。然而新闻媒介的经济效益与社会效益毕竟不是完全成正比的，有时还会有矛盾，许多情况下，多数新闻媒介或无所作为，或见利忘义。

自由竞争的新闻业与许多其他行业一样，也自然而然地走向集中和垄断。现在主要的新闻媒介已大多属于上市公司，基本由经济巨头拥有，他们或通过迎合市场，尽可能取得销售和广告收入，或通过左右舆论，尽可能取得有利于他们利益集团的社会和政治影响。往往造成"外部不经济"——有损于公共利益，甚至危害国际秩序。比如许多战争的背后，有经济因素带来的媒介因素。

1990 年 11 月 29 日，联合国安理会的表决给美国用武力把伊拉克逐出科威特开了绿灯，美国传媒放在突出位置大量报道，而联合国大会在一周后以 144 票对 2 票通过了一项决议，呼吁召开一个中东问题的国际和平会议，美国的一些新闻媒介则将此新闻放在很不起眼的角落。其中一个重要原因是美国的主要新闻传媒，大多有军需品的大承包商提供广告、赞助，甚至直接拥有。几乎每个主要传媒公司的董事会里，都有"国防"承包商的代表。美国的全国广播公司（NBC）的拥有者，是美国通用电气公司（GE）——美国最大的军需承包商之一，美国在海湾战争中所用的主要武器系统或其部件，几乎都由 GE 设计、制造或提供维修，包括"爱国者"导弹和"战斧"巡航导弹、鬼怪式轰炸机、B-52 轰炸机、AWACS 飞机及"航星"间谍卫星系统。NBC 在电视上大肆称赞美国武器在海湾战争中的表现，等于在大肆宣传 GE 的产品。

第二节　内阁制国家的新闻事业

1. 政治体制

内阁制也称议会制，其政府首脑（一般称为总理或首相）的权力来自议会（即国会），通过两种途径：第一是国会改选后的多数议席支持，第二是行政首长赢得国会的信任投票。因此未能赢得国会大选的政党，其政府首脑连同其内阁必须提出辞职，而未能通过国会信任投票的政府首脑，连同其内阁也必须辞职，由国会重新在席位居多数的党派中产生新的首脑与内阁。首脑和全体内阁成员一般也是从议会的议员中产生，并在任职后保留议会中的议席。

当多数党的席次不过半数时，几个少数党也可通过建立同盟积聚过半议席，从而获得任命政府首脑的权力，此时的政府称为联合政府，内阁称为联合内阁，其首脑受议会的制约较大。

在很多国家，议会可通过不信任投票罢免内阁或内阁成员，而政府首脑也可以解散议会，向国家元首礼貌性报告后，由元首下令重新举行国会选举。

在采用这种政治体制的国家中，立法体系与行政体系（或称立法机关与行政机关）并不完全分立，而政府首脑与国家元首（head of state，君主或是总统）则分开。在大多数内阁制国家中，国家元首是象征性的职位，通常不享有实际的行政权，只拥有些无关政局的权力，例如，公务员任命权与签署法令、接见外国使节等。不过国家元首也会保留一些在紧急状态中可以使用的特别权力，但是大多数情况下是在得到政府首脑支持后才会得到执行。国家元首的命令必须经由政府首脑的副署才能生效，元首依法不能自行发布政令。

内阁制的优点主要是：① 政府首长（首相/总理）由立法机构最大政党的党魁出任，以确保政府的政策在立法机构得到支持。② 行政和立法机构有联系，可提高政府效率。③ 虽然任期不限，但立法机构可随时罢免不称职的政府首长。内阁制的缺点也与其优点相伴，主要是立法与行政合一，对行政权力的制衡力度不强。当年法西斯主义者正是钻了这一空子。

实行内阁制的政权主要有英国、大多数欧洲国家（如德国、意大利、荷兰、比利时、北欧等）、日本、加拿大、澳大利亚、新西兰、以色列、新加坡、马来西亚、泰国、印度、土耳其、波兰、捷克、匈牙利、波罗的海三国和牙买加等。

2. 新闻媒介

内阁制国家的经济模式和媒介体制也有几种。一是英国式的市场主导型。与以美国为代表的总统制国家相似，注重效率，注重机会平等而不是结果平等，贫富差距较大。"二战"以后报业机构和通讯社是私有的。广播电视机构在英国则起初是私有的，1927年以后公有，1955年第一家私有电视台开播，1973年私有电台开播，但一个地区只准有一个，经营上也严格控制，直到1992年才全面开放私有，形成公私并举、各占半壁江山的格局。

二是过去法国式的国家主导型。法国在"二战"以后报业机构基本是私有的，但政府实行有选择的补贴、抑制资本集中等措施。通讯社"法新社"起初是国有的，1957年改为公有，但仍与政府关系密切；广播电视起初全部是国有的，1964年起建立公营体系。但法国在1982年开放私有广播，1984年开放私有电视，1987年公有的电视一台卖给私有公司，已形成公私平衡的格局。

三是斯堪的纳维亚国家式的社会民主主义型，高福利，高税收，贫富差距相对较小，效率也相对较低。目前报刊私有的为主，广播电视公私并举。

四是日本式的政府与企业合作型。目前报刊基本是私有的，广播电视公私并举，但其公有广电机构 NHK 与政府的关系更为紧密。

3. 英联邦国家案例

英联邦（Commonwealth of Nations，原名 British Commonwealth of Nations）由英国和已经独立的前英帝国殖民地国家或附属国组成。第一次世界大战后，英国势力遭到削弱，各殖民地人民纷纷要求独立，便逐渐用英联邦代替英帝国的称号。英联邦没有设立任何权力机构，主要组织机构有：联邦政府首脑会议、亚太地区英联邦政府首脑会议、联邦财政部长会议及其他部长级专业会议。1965 年起设立英联邦秘书处，其职责是促进英联邦的合作，筹划英联邦各级会议。秘书处设在伦敦。

英联邦有 54 个主权国家，包括英国、加拿大、澳大利亚、新西兰、印度、巴基斯坦、马来西亚、新加坡、斯里兰卡、南非、尼日利亚、赞比亚、卢旺达等。

英国是最老牌的内阁制国家，其新闻体制和媒介模式又推广到英联邦国家。

英国较早进行资产阶级革命，形成现代资本主义国家。19 世纪末期向垄断经济过渡，产生了几十个托拉斯及其他垄断组织，对外的殖民扩张达到了顶峰，殖民地遍布世界，建立了号称"日不落"的大英帝国。1867 年和 1884 年进行了两次议会改革，资产阶级进一步巩固了在国家政治生活中的地位，同时又适当扩大了享有选举权的选民范围。形形色色的社会主义组织和工人组织相继成立，社会下层更加广泛地卷入了政治活动。新的形势使英国报业有了新的变化，在世纪之交出现了一批新的报刊，并且形成了早期的报业集团。

进入垄断时期后，美国的综合国力日益超过英国，"二战"以后更是如此，新闻传媒也与之相应。但英国仍是世界上新闻传媒最发达的国家之一，路透社、BBC 仍是世界上最大的新闻机构之一，影响着全球新闻传播。

新闻体制上，英国报刊业与美国相同，基本上是私有的。广播在 1922 年诞生时是私有的，1927 年收归国有，发展成公有制。电视曾经基本上是公有的。在 20 世纪 80 年代的私有化浪潮中，广播电视大大发展了私有台，现在是公私并举，各占半壁江山。

加拿大现有国土 997 万平方公里，21 世纪初人口 3 100 万，大多数生活在南部与美国接壤的一带。地广人稀使加拿大人特别依赖通信设施，加拿大最早使用电话和广播。现在宽带上网的普及率又名列世界前茅，电子政务曾被评为世界第一。

加拿大有一百多种日报，都是私有的。非日报时生时灭，不计其数。1919 年诞生世界上第一个有营业执照的广播电台。后来也是公有的广播电视台一统天下，直到 20 世纪 80 年代如英国那样发展起私有台，现在也是公司各半。

在全球化时代，加拿大传媒受美国的冲击越来越大，其应对经验和教训对其他国家也越来越有参考价值。

加拿大在经济上处于"三明治"状态：受到来自经济、技术更发达的美国、日本等国和成本更低的发展中国家两面挤压。于是采取了打破"大锅饭"，减少公共开支，减轻企业和个人的经济负担等措施。拨给公营广播电视机构的经费逐年缩减。各种媒体都日益面临来自国外的竞争，尤其是来自"邻居"美国的竞争。1998 年加拿大文化市场中，国外（主要是美国）的大众传播产品就已经占了 45％的图书销量，81％的英语消费类杂志零售销量，63％以上的杂志发行收入，79％的音像带、音乐光盘零售额和音乐会的收入，80％的电影发行收入。美国的《读者文摘》《时代周刊》等杂志皆在加拿大最畅销杂志之列。

加拿大做过许多抵御美国文化产品的努力，积极倡导、资助体现加拿大精神的传媒内容生产和经营。有的措施已实行了几十年，如资助本土影视节目的制作。有的措施则被世界贸易组织判为违规，如仅对本国杂志的发行给予邮政补贴、不给他国杂志相应的"国民待遇"。

第三节　法西斯主义国家的新闻事业

法西斯（fascist）本义是一把被多根绑在一起的木棍围绕的斧头，在古罗马是权力和威势的标志。法西斯主义（fascism）是一种结合了社团主义、工团主义、独裁主义、极端民族主义、军国主义、反无政府主义、反自由主义、反共产主义的政治哲学和社会体系。

第二次世界大战爆发前后的德国、意大利、日本是典型的法西斯集权式资本主义国家，新闻事业的手脚被严重地束缚，主要为法西斯主义的宣传和实施服务。

在德国，1921年6月29日，希特勒（Adolf Hitler）任德意志国家社会主义工人党（又译为德国民族社会主义工人党，即纳粹党）主席。他很重视宣传鼓动，其纳粹党控制的埃耶出版公司，在1923年就控制了59份报纸。他们打着为工人农民谋利益、为国家和青年人谋出路的旗号，大力宣传法西斯主义和争取人心，背后又向大资产阶级人物承诺保护他们的利益。

1933年1月30日，希特勒上台任总理。2月1日宣布解散国会，下个月举行大选，又在当月27日晚发生"国会纵火案"，次日推出《保护人民和国家法令》，取消了新闻出版自由等公民的基本权利，接着查封了50多家共产党报纸和130多家社会民主党人（国会选举时纳粹党的最大竞争对手）的报纸，逮捕了大批反对党人士。于是在3月5日的国会选举中获得了44.5%的议席。

3月23日，被纳粹党控制的国会通过了《消除人民和国家痛苦法》，规定希特勒政府可无须国会和参议院同意就颁布法律，为期四年。这又为纳粹德国的政治一体化、新闻一体化、文化一体化铺平了道路，德国的议会民主制名存实亡。

在纳粹党的牢牢控制下，新闻媒介狂热宣传纳粹主义的"一个民族、一个国家、一个政党、一个领袖"。希特勒在《我的奋斗》一书中写道："报纸的重要性在于能以一致而坚定的重复方法施教。报纸上的言论应趋于一致的目的，不要被'新闻出版自由'的谬说所惑。"二战时，德国新闻媒介更是成为战争宣传机器。

1. 德国的新闻媒介

1933年3月，刚上台的纳粹政府就成立了德国"国民教育与宣传部"，戈培尔（Joseph Goebbels）担任部长，他对新闻界称："你们将会看到这样一种理想的状况：新闻界被组织得那么好，以至于它在政府的手里可以说是可随意演奏的一架钢琴。"该部门在长达10余年的纳粹统治时期，全面控制了德国的信息、言论和精神生活，为法西斯侵略扩张鸣锣开道。

同年 9 月又设立了帝国文化局,戈培尔任主席。下辖报业、广播、电影、文学、戏剧、音乐、美术等管理处,以及全德记者协会、全德报纸发行人协会。此外还有帝国元首新闻办公室共同管控新闻传播。

1933 年 10 月,纳粹政府颁布《编辑人法》,规定记者必须为德国公民;具有官吏资格;曾受专业教育,祖籍为雅利安人且未与其他种族通婚;任用记者编辑的决定权在宣传部,凡从事马克思主义新闻工作,或有其他政治"有害"行为者,一律不得从事新闻事业;由总编辑对报纸内容完全负责,发行人不得干涉新闻和言论,以此保证宣传部的牢牢控制。

新闻媒介内容也受到直接控制。柏林各大报有关负责人每天早晨要到宣传部听指令,包括什么新闻要发布、什么新闻要扣下,新闻如何写、标题如何做,要发表什么样的社论,等等,还有书面指示。对外地的报纸也通过电报和邮件规定内容。戈培尔警告新闻界:不能放纵破坏性的批评,必须积极配合,"批评的自由以及类似抨击政府政策的东西在新政权下都是不允许的"。1935 年 4 月的一份指示禁止刊登政府领导人在宴会上喝酒的照片,以免公众认为政府官员过的是花天酒地的生活。1938 年 5 月征服捷克斯洛伐克之前,一份指示要求新闻界把捷克人在边境挑起的任何事端"以小化大"。宣传部对报纸上的分类广告也不放过,戈培尔警告各家报纸,不允许刊登为无子家庭寻找佣人的广告,因为纳粹政府鼓励尽可能多地生育孩子。

在上述新闻体制下,德国报纸的品种急遽减少,1932 年 4 703 种,1934 年 3 097 种,1935 年 2 527 种,1944 年 977 种。被迫停刊的报纸包括最享盛誉的《伏斯日报》和《柏林日报》。

而报纸的每期发行总量并没有减少,1944 年 2 510 万份,与 1932 年相近,可见不是需求减少,而是集中度大大提高。犹太人控制的两大报团被纳粹政府强行低价收购,由纳粹党的埃耶出版公司经营,使埃耶出版公司成为当时德国最大的报业垄断公司。到 1939 年全面发动战争时,纳粹党已经直接或间接控制了全德 2/3 的报纸。到 1944 年,其发行量更是占据全国的 82.5%。

德国的地方报纸过去很强大,纳粹上台后,禁止党内官员与非党报纸合作,不允许党内官员向后者提供信息或邀请他们参加党务会议。地方独立报纸得不到来自官方的消息和组织机构的支持,处于不公平的竞争地位。纳粹政府还出台了"关闭处于不健康经济状况报纸的法令",以及其他旨在控制私人报纸的法规。

二战期间,十万人以下的城市实行"一城一报"制,其他大城市的报纸也进行合并,集中控制的程度进一步加强。所有报纸都必须宣传法西斯主义。

纳粹政府将广播视为"一种最重要的形成大众思想的工具",完全由其国民教育与宣传部直接掌控。1933年还设立德国广播协会,作为具体操纵全国广播的机构,控制地方广播协会的股份,使地方电台成为帝国电台的附属台。

同时把普及收音机和降低收听费作为重要策略,开发推广难以收听到境外电台的廉价收音机。1933年4月1日起,每晚7时开始播放1个小时《国民的时刻》节目,宣传纳粹意识形态。其中星期三以青少年为对象,希特勒青年团团员集体收听。

对外广播在1939年大大加强。同年颁布命令,禁止收听外台,违者判处监禁,传播外电新闻者判处监禁以至死刑。

电视在1935年就有试验性定期播出。1936年还数小时转播柏林奥运会,1938年正式开播。不久战争开始,电视业中断了。

具有悠久历史的德国沃尔夫通讯社也在1933年被勒令停止发稿,由政府接管,与成立于1915年的"海通社"合并,组成"德国通讯社",二战期间在占领地广设分社。

2. 纳粹式宣传

第二次世界大战期间,德国新闻媒介全部转入战时轨道,成为希特勒的宣传工具。

参加舆论战的广播电台可大致分为三类,即白色电台、灰色电台和黑色电台。白色电台是由政府公开创办的电台,这类电台在二战的舆论战中起主要作用;灰色电台是由政府暗中出资成立的电台,根据战时需要公开或秘密播音,是舆论战中必不可少的重要组成部分;黑色电台即通常所说的秘密电台,往往根据一段时期的战事变化而成立,达到目的之后很快就消失,是广播舆论战中的隐形杀手。

纳粹政府编造各种不义之战的借口,煽动战争狂热。侵占捷克领土前,纳粹分子曾煽动捷克境内的日耳曼人在布拉格等城市寻衅滋事,捷克警察奉命不得采取行动，以防事态扩大。德国报刊却置事实于不顾，造谣说捷克人迫害"可怜的日耳曼人"，并大张旗鼓地宣传。各种耸人听闻的新闻标题赫然出现在各大报刊，竭力推卸战争的责任。

戈培尔将世界分为 6 个广播区，进行有针对性的广播，广泛实施宣传心理战。其中《哈哈爵士》是他们的得意之作。《哈哈爵士》以浓厚的英国乡音、甜美悦耳的声音和幽默辛辣的语言，通过感情的煽动、理智的倾诉、精神的诱惑，使英国听众逐渐产生恐惧、不安、痛苦和混乱。《纽约时报》的伦敦通讯员说："有许多不加深思的英国人，在以失败主义的口气复述着哈哈爵士的话，并引为格言。"

戈培尔公开表示："宣传绝不应该是正正当当、规规矩矩、客客气气的。宣传的使命在于保证胜利。"后人称此为"纳粹式宣传"。

第二十二章
当今中国的新闻事业

当代中国新闻事业的体制和业务模式脱胎于革命战争时期共产党领导的新闻事业，中华人民共和国成立初期学习苏联。改革开放以来在体制上没有很大变化，而机构管理和效益上则明显改观。现在要吸取中外历史经验和教训，根据社会的新要求和传播的新条件，包括新的政治、经济、社会环境和数字化传播技术，进行新的改革和发展。

第一节　中华人民共和国成立 以来的两个阶段

可把新中国成立以来的几十年分为两个阶段。改革开放以前的三十年，被称为泛政治化时代，基本上是按照斯大林时期的苏联模式进行社会主义建设，苏联的许多成功和问题在中国也得到了不同程度的复制。改革开放开启了以经济建设为中心的时代，中国根据以往的经验教训和国际国内新形势，逐步走上了中国特色社会主义道路。显然，这两个阶段同中有异，同的是社会制度，异的主要是经济体制，现在政治体制和文化体制也在逐步改革。

新闻事业也经历了相应的两个阶段。前一阶段基本上只有宣传功能，后一阶段仍然以宣传功能为主，同时逐步发展了其他功能，也是同中有异，可见社会对新闻事业的决定作用。反过来，新闻事业也对这两个阶段的社会都发挥了很大的积极作用，也有很多缺失和负面作用。

第二节　新闻体制和媒介特点

当今中国从中央到地方，政治中心就是最大的城市，也是最大的传媒中心，如北京和各个省会城市。这反映了中国新闻事业的体制和媒介特点。

1. 体制特点

国有党管、计划管理是当今中国新闻体制的重要特点。主要新闻单位都是国有的，由共产党的中央和地方委员会及其宣传部门进行思想政治的领导，并对其直属新闻单位进行组织人事上的管理。主要新闻单位的负责人都是党的干部，听从党的指令，同时也要服从各自的上级主办和主管机构的领导和管理。

现在党也在与时俱进，改善领导方式，提高领导水平和执政能力。提出党的领导主要体现在思想政治指导，政策法规的科学制定、模范遵守和监督执行；提出完善执政方式，以法治取代人治，党政部门不再包办一切，着力做好宏观指导和管理，实行党政分开，让各级人大、政协、政府都真正地、充分地发挥作用，同时实行政事分开，政企分开；开拓、积累和用好执政资源，提高执政效率，降低执政成本（不只是经济成本，还包括队伍素质、民心民意等），巩固执政基础。新闻体制也要做出相应的安排和创新。

政府管理新闻传媒的部门，如新闻出版广电总局，主要负责传媒的宏观规划，设置物质条件、技术和质量标准，发布行业信息，进行监督和奖惩。

新闻机构的设立和新闻媒体的创办方面，现在仍实行计划管理，按照国家关于新闻单位总量、结构、布局的规划，以及申请单位的设立创办条件进行审批。

体制跟着任务走。当前任务主要为建设物质文明、精神文明和政治文明，实现政治、经济、文化、社会的全面、协调、可持续发展，满足人民的各种需要。这与中华人民共和国成立以前夺取政权时期、中华人民共和国成立之初巩固政权时期，都有很大的不同。新闻传媒也要与时俱进，为国家的社会主义民主政治、市场经济、先进文化、和谐社会建设服务，为公众获取信息、交流意见、满足物质和精神文化需求和实现知情权、表达权、参与权、监督权服务。为此，新闻体制和管理也在不断探索改革和发展之路。

2. 媒介特点

与上述体制特点相应，目前中国的新闻媒介基本是国有党管的。主要报纸是"党报"，它们都是综合性的、对开纸张的大型报，都以"日报"命名，如《人民日报》《南方日报》《苏州日报》。广播电台和电视台的地位相当于党报。新媒体中的新闻媒体大多是由传统媒体机构所办（商业性网站迄今没有记者证）。这些新闻媒介有以下特点：

（1）党和人民耳目喉舌。中国共产党要求其新闻媒介的工作坚持党性原则，做好党和人民的耳目喉舌。所谓党性，就是党的根本性质。无产阶级政党的党性，基本特点有阶级性、实践性、先进性和时代性，坚持党性就是坚持这些特点。党的新闻工作的党性原则，就是其党性特点与新闻活动相结合形成的原则，主要有：把党的纲领作为自己的总纲领，不公开传播违背党纲、党章的内容；积极宣传党的基本理论、路线和方针政策；重大的政治报道坚持党的立场和原则、坚持科学性。与党的领导机构保持一致，是许多情况下可用的一种方法。

党的新闻媒介不仅要做好党的喉舌，还要做好党的耳目，帮助党了解社会，了解民情民意，了解政策的实施情况和得失，监督权力的行使和行使者。

只要党是代表人民利益的，党性和人民性是一致的，那么做好党的耳目喉舌与做好人民的耳目喉舌就是一致的，是做好人民耳目喉舌的集中表现。但这两者又不完全相同。党与人民不等同，集中表现也不等于全部表现。坚持做好人民的耳目喉舌，包括对党政机构和人物的监督，有利于保障党始终代表人民利益，传媒始终服务于人民，党的耳目喉舌始终与人民的耳目喉舌保持一致。

（2）宣传引导。作为共产党领导的社会主义国家，中国的新闻媒介要宣传马列主义、毛泽东思想、社会主义理论，宣传党和国家的路线、方针、政策，宣传建设成就、经验和先进典型，宣传新知识、新观念、新思想、新风尚，等等。作为发展中国家，中国的新闻传媒要为经济和社会发展创造良好的国内外条件，起到指导作用、鼓舞作用，凝聚人心作用。其对外传播媒介更是以宣传为主，旨在弘扬中华文化，树立国家形象，让世界了解中国、让中国走向世界。

西方国家的新闻媒介也做宣传，如"美国之音"电台为美国做宣传，商业性媒介为企业做宣传。但西方许多人对媒介宣传心存戒备，尤其将新闻宣传视为片面报道、左右视听之源，新闻媒介尽量隐藏宣传意图，避免宣传色彩。新闻媒介也要提高宣传艺术，尽可能用事实说话，减少、去除宣传腔，新闻报道则要尽可能真实、全面和客观，维护媒介的公信力。

第三节　改革和发展任重道远

中国传媒已有很大的成就和发展基础，但仍有许多问题需要新的改革和发展来解决，包括信息传递的欠缺、社会瞭望功能的不足；意见交流的欠缺、公共空间功能的不足；宣传效果不甚理想，还往往产生副作用；舆论监督（尤其是对权力的监督）软弱和缺位，地区分割、行业分割严重，产业发展难符合经济规律；外部管理的"人治"普遍，规范化、法制化不够；对外传播力、国际竞争力不强，与中国的大国地位不相称。

在市场化运行的过程中，有些传媒片面迎合市场。忽视严肃深刻的内容、降低精神文化水准，迎合层次低、数量大的受众，重轰动性、刺激性、娱乐性、煽情性，趋于媚俗和哗众取宠；忽视贫困、弱势人群，仅关注有较大的消费能力或购买决策权的人。甚至搞"有偿新闻"、广告新闻，为"财源"夸大、编造或缩小、隐匿事实；搞不正当竞争，如垄断信息资源、虚报发行量。

上述问题需要继续深化改革和加快发展加以解决。总体目标为全面、充分地发挥积极作用，防止消极影响。具体目标需根据社会目标和指标，媒介功能和作用，媒体融合、传播融合、行业融合的现状和趋势，设立多维度、多层面的新闻改革和发展目标，包括媒介目标、内容目标、效率目标、效力目标；这些目标之下的更具体目标，如人均媒介拥有量和媒介消费水平目标，媒介的信息传递、意见交流、宣传引导、舆论监督等目标，媒介机构的生产率、竞争力等目标，媒介的公信力、吸引力、传播力、影响力目标，以及国际传播方面的目标。

社会方面，体制要科学化、规范化、法制化，改变人治过宽、过滥，严格遵守、具体落实宪法的有关规定，建立科学的政策法规制定和执行程序，包括征求专家学者和社会公众的意见。管理要由以微观管理为主转向以宏观管理为主，以行政手段为主转向以法制手段为主，同时综合运用行政、经济、舆论等其他手段。要把对传统媒体的管理与对新媒体的管理统一起来。这种统一，应是目标和原则的统一，是面对传播技术和传媒发展新情况的统一，而不是简单地把过去对传统媒体的管理往新媒体上套用。

机构方面，以事业性为主的传媒机构要保障公益性传播，也要借鉴现代企业制度、实施科学化的经营和管法之理。经营性为主的传媒机构要实行现代企业制度，也要进行有益的传播、承担社会责任。

市场方面，要建立起统一、有序、高效的媒介市场和传媒产权市场，实现传播资源的合理配置与充分利用，促进传媒质量和竞争力的充分提高。为此要破除地区、行业的分割和垄断，健全市场管理体系，保障公平、公开、公正的竞争。

第二十三章
新闻传播产业

新闻产业就是新闻传播产业。新闻业起初只是一种行业（trade），约等于报刊业，而现在则成了多个行业的集合体，成了一种产业（industry），包含了以新闻和时事评论为主的报刊、广播电视、新媒体、通讯社等，包含了各种新闻信息、新闻媒介等产品和服务，是新闻事业的主要部分，也是国民经济的一部分。

在大众传播时代，新闻传播产业基本只是传媒产业的一部分，而在新媒体，尤其是移动传播时代，新闻媒介与人际传播、群体传播的媒介融合在一起，新闻传播产业也就与以电脑和手机为渠道的各种相关产品和服务融合在一起。

科学地认识、利用新闻业的产业特点和规律，不仅能提高经济效益和市场竞争力，而且能提高新闻质量和新闻媒介的质量，有力推进新闻事业的发展。反过来，新闻产业的发展，也有赖于新闻事业的体制、政策、管理等改进，新闻媒介的传播力、影响力提升。

第一节　新闻业的产业属性和特点

一、产业属性

1. 产业划分

三次产业分类法是国际通行的重要方法。第一产业部类为广义的农业，包括农、牧、渔、林、狩猎，等等，是以自然界或动植物培育为产品来源的产业。第二产业部类为广义的工业，包括建筑业，是对广义农业的产品及矿产品进行加工和再加工的产业。第三产业部类为广义的服务业，包括第一、第二产业之外的各行各业，如交通、邮政、信息、商贸、金融、保险行业和精神产品系统，公用事业系统，教育、科研、卫生系统等。

鉴于信息业在当今社会中所占比重之大，有人将各种信息业从第三产业中分列出来，归称为第四产业。

还可对这些产业进行其他划分或细分，如划分出文化产业、传媒产业、新闻产业。

20世纪90年代中期出现了"内容产业"（content industry）的概念。这是相对于电信、广播电视设备、互联网设施等信息硬件和平台产业而言的。欧盟将内容产业定义为"制造、开发、包装和销售信息产品及其服务的企业"，包括图书、报刊、电影、广播电视、网络媒体、手机媒体、通讯社、广告业等诸多行业。

2. 新闻传播产业

以新闻和时事评论为重要内容的行业为新闻业。如果说经营性为主的新闻机构和产品属于产业，那么事业性为主的呢？根据上述对事业与产业的界定，它们之中有的仅属于事业，如作为公共物品的对外传播的媒介，但大多既属于事业，又属于产业。

在市场经济环境中，新闻业有许多经济活动，构成国民经济的组成部分，属于第三产业，即广义上的服务业。即使是事业性为主的新闻机构，大多也有一定的经济行为和效益，属于产业的一部分。

新闻业以传递信息为主，大体上属于服务业中的信息产业。尤其是现在，传统媒体正在被信息产业中的网络、手机大量"吞噬"，如《华盛顿邮报》被亚马逊集团创始人贝佐斯（Jeff Bezos）轻松地收购。可见新闻业正越来越多地属于信息产业。

然而，许多新闻媒介中的大部分内容并非新闻和时事评论，因此新闻业也部分地属于其他产业，如文化产业、传媒产业。

新闻传播产业过去基本上只是传媒产业的一部分，然而在新媒体和移动传播时代，它们日益与其他行业的产品和服务融合在一起，与其他产业的交叉部分越来越大，新闻机构如果只是做媒体，生存和发展空间十分有限，而如果同时又做传播平台、数据库等其他信息产品和服务，乃至兼营商业、金融等其他产业的产品和服务，业务空间会很广阔。这时，新闻传播产业又成为其他有关产业的一部分。

既是事业，又是产业，既是信息产业的一部分，又是文化事业、文化产业、传媒产业和其他产业的一部分，这是从不同的角度、不同的侧面看事物的结果，有助于全面地把握，遵循和利用各种相关规律。

二、产业特点

该产业至少有以下三方面的特点。

（1）效益特点。新闻及其媒介面向公众传播，会产生很大的社会影响，因此要把社会效益放在重要位置，因此其经济效益与社会效益密切相关，其设立和运行会受到多种社会力量的影响和制约。

（2）经营方式。新闻及其媒介的创制成本较高，而复制成本很低，因此边际效益很大。这带来了独特的经营方式：尽可能提高质量、降低价格，以增加复制量、提高广告收入。结果绝大多数新闻媒介是免费或半免费提供的。

（3）深受数字化的影响。数码技术的发展，网络、手机等新媒体的崛起，给整个信息业和传媒业都带来很大的变化，包括其中的产品、机构和市场，以及与其他行业的关系。

有不少关于媒介经济、传媒产业及其经营管理的论著，基本上只是把经济学论著中的企业、产品等词替换成传媒机构、媒介等而已，不仅缺乏真正的理论价值和实际意义，还会误导传媒实践。

第二节　新闻媒介产品

一、新闻机构的产品

1. 产品种类和使用价值

新闻机构的产品主要有新闻信息、新闻媒介和广告服务，还有其他传播内容、资料服务、咨询服务，乃至兼营其他行业的产品和服务。

移动时代的新闻机构，小的专注于文本或音频、视频内容制作，中型的致力于多媒体、融合媒体制作，大的还着力于平台建设。这种平台不仅提供新闻性信息，还提供其他多种传播内容，乃至生活、娱乐等服务。与此同时，尽可能利用自己的品牌、渠道、人才、信息、大数据等资源，进行多种经营。

新闻媒介集三种价值元素于一身：传播内容、传播渠道、受众注意力。其中，内容与渠道结合既产生媒介的使用价值，包括对于传者而言的宣传、赢利价值和对于受众而言的获知价值，又与受众的注意力相结合产生广告价值。

这些产品作为用于交换的劳动产品时，也就有了商品性。

2. 新闻及其媒介的商品性

所谓商品，就是用来交换的劳动产品，具有价值和使用价值。专业新闻机构提供的新闻信息及其媒介显然是劳动产品，具有价值和使用价值。许多新闻媒介也通过市场交换实现其价值。其价值量也是凝聚在其中的社会必要劳动时间，只是作为复杂劳动产品，其价值量的计算也较为复杂。

新闻及其媒介的商品性不是与生俱来的，在没有市场经济，也没有广告的时代，或集权控制者不允许新闻及其媒介在市场进行交换，新闻及其媒介仅通过赠送、官费支付等方式流通，这时就不是交换品，没有商品性。

然而现在绝大部分新闻媒介是以等价交换的原则，进行自由自愿的交换，不论是自费购买，还是企业、团体等机构购买，也不论是向受众收费还是不收费，都是通过获得更多的受众换取更多的广告、赞助等收入。

认识新闻及其媒介的商品性，有助于自觉利用其经济规律，开发其经济潜力，进行市场化、产业化运作，提高技术和经营管理水平，提高市场占有率和社会影响力；就可以发挥新闻媒介商品性和市场机制对传者的激励作用，对传播内容和形式的促进作用，提高传播的效率和效果；就可以自觉防止商品性的消极影响。

新闻及其媒介的商品性是在市场交换中体现的属性，直接带来经济效益，而前述新闻媒介的内容特点带来的信息性、公共性、政治性等，是在媒介使用中体现的属性，直接产生社会效益。新闻及其媒介不应完全听从其商品性。

由此可见，我们不仅可以而且需要利用新闻及其媒介的商品性，尽可能通过市场提供这些产品，尽力提高其使用价值，增强其吸引力、竞争力和影响力，同时也要防止商业原则带来的消极影响。

二、新闻媒介的经营原则

新闻机构的产品也要通过经营争取效益最大化。但其中的新闻媒介同时又是社会公器，不能以经济效益的追求损害社会效益。而且，社会效益可以给新闻媒介带来社会声誉，进而获得更多、更优质的受众、广告客户和赞助者，带来更高的经济效益。因此，特别注重社会效益是新闻及其媒介的经营有别于其他经营的基本原则。

此外，媒介又要运用好商业原则。这种原则对新闻及其媒介是一把双刃剑，有时与社会效益相冲突，但如果把握得好又会促进社会效益。

所谓商业原则，就是以价值规律为基础的利润原则，谋求利润的最大化。通过市场交换实现流通的新闻及其媒介，也利用价值规律——其核心是等价交换原则。新闻信息及其媒介可通过提高使用价值和方便性，取得较高的交换价值——在市场上表现为交换价格。

商业原则能促使传媒机构提供更有价值的、更能得到受众和广告客户青睐的产品和服务，同时尽力提高效率、降低成本、方便顾客、扩大市场份额。从而带来媒介质量、服务水平和经营管理水平的提高，经济效益与社会效益的相互促进。

计划经济时代排斥商业原则的良性介入，新闻机构"坐吃皇粮"，助长了无视受众的恶习和官僚主义、教条主义、八股风气。改革开放以来的实践证明，商业原则并非洪水猛兽，完全可以为"我"所用。

此外，商业原则又会引导传媒以商业价值为重，产生许多副作用。除了片面追求经济效益带来的搞有偿新闻等问题，还会：

（1）奉行"多数原则"。即尽可能以多数人为目标受众，尽可能迎合目标受众中的多数人。对高雅、精英内容很感兴趣者，往往不是多数人，于是在多数原则下，这些内容就会受到排斥。多数人的需求又有许多不适当或不健康的需求，于是容易带来媒介的低俗化、娱乐化、炒作化，等等。

　　（2）助长强者更强、弱者更弱的"马太效应"。传媒机构为了提高自己媒介的市场价值，会倾向于把传播内容面向具有较大购买力者，以获取较高的广告收入。这会给贫困人群带来享用媒介资源和服务方面的落差，导致获取信息和机会的不平等。

　　要充分认识新闻传播商品性和商业原则的利弊，利用其积极作用，促进传媒的改进提高、发展壮大，同时防止其消极影响，采用法律的、行政的、经济的、社会的、思想教育的力量和方法，进行规范和引导。

三、提高新闻媒介的使用价值

　　提高新闻媒介的使用价值和获取、使用的方便性，才是提高新闻媒介商业价值的正道。新闻媒介的使用价值可分为三种。一是对社会而言，可用来传播信息、交流思想、进行宣传教育和舆论监督、整合人心、集散知识、提供娱乐等。二是对传者而言，媒介主办者可用来宣传、指导、教育、服务乃至赢利；广告客户可用来树立企业和产品的形象、发布商品信息、影响消费者的观念和行为等。三是对受众而言，可用来获取信息、了解世界、吸收知识、表达意见、享受艺术和娱乐等。

　　新闻媒介作为商品的使用价值，主要是对受众和广告客户而言的使用价值。对受众的使用价值又是更为根本的，广告跟着受众走，其他使用价值也受制于对受众的使用价值。

　　传媒的主办者、广告客户、赞助商等出资者也是受众之一，传媒也要设法让他们满意。然而在比较成熟的市场环境中，他们也要尽可能撇开自己的好恶，以受众满意为先。如果倒过来，出资者只从自己的需要出发"自说自话"，而不顾受众的需要，传媒经营者以为只有广告客户才是经济效益的根本，就会在经营中颠倒主次，最终必然降低对受众的吸引力，被受众抛弃，"皮之不存，毛将焉附"，其他种种使用价值也就无从谈起了。

四、提高新闻媒介的吸引力

　　新闻媒介的吸引力意味着市场竞争力，意味着社会影响力。

　　受众是为了得到某种满足而被媒介吸引，新闻媒介的吸引力与媒介对受众而言的使用价值、与受众能得到的满足程度成正比。提高新闻媒介的吸引力主要通过加大信息的量和提高信息的质来实现，还可从以下几方面努力：

（1）做好群众喉舌。为群众讲话，让群众讲话，在反映民意和舆论监督方面表现出色，总会受到广大受众的欢迎，在舆论监督较少、较难的地方更是如此。以舆论监督著称的《焦点访谈》是中央电视台收视率最高的栏目之一；上海东方电视台《东视广角》等各地"小焦点访谈"，也都在当地收视率最高的时事性栏目之列；以舆论监督见长的《南方周末》是图书馆里被翻阅得最多的报纸之一。研究晚报的学者说，在许多省会城市里，省级的晚报比市级的晚报发行量大，其中一个重要原因，是省级的晚报"更敢讲话"。

（2）借鉴西方的报道方法和技巧。主要为客观报道、解释性报道、调查性报道方法，以及提高客观性、时效性、易读性的技巧。

（3）充分利用新的传播手段。如利用新媒体加速、加宽和加深采编工作，与受众形成新的传播渠道和互动关系。

（4）注重品牌，创造"感觉"。在"信息爆炸"的时代，受众比以往任何时候都更需要在选择上获得帮助。有些严肃深刻的传播内容，虽然受众数量不一定多，但受众的层次高，又可提升媒介的品牌形象。

媒介的吸引力与受众对媒介的感觉也密切相关。现在人们开始关注体验经济，服务领域注意提供值得体验的服务，让人在消费过程中享受到值得体验的感觉。新闻媒介也能给人以良好的感觉，让人体验享用。不仅通过媒介的内容，还可通过美化的形式、谦逊的态度、真诚的服务、良好的品牌，等等。

（5）学习对外传播经验。我国在对外传播在国际竞争中，摸索出了一整套吸引受众的方法，包括原则性与灵活性相结合的方法，提高新闻性和可信性、针对性和可读性的方法，等等。

第三节　新闻传媒机构

从新闻产业的角度看，新闻传媒机构也是产业组织、产业主体，要求实行企业化管理、市场化运作、集团化整合，并采用社会营销方法。这是中国改革开放以来新闻机构主要的发展变化。

一、市场化运作

所谓市场化运作，是指资源从市场上获得，效益从市场上实现。在这过程中，利用市场的供求机制、价格机制和竞争机制，优化资源配置，提高运行效率；采用市场营销、社会营销方法，扩大市场效果、社会效应和经济效益。

中国改革开放之初，日报等机关报主要还是靠公费订阅来发行，而新兴的晚报和其他社会生活类报纸在许多地方不能进入公费订阅系列，只能在一般市场上销售，于是能否受读者的欢迎成了这些报纸生存和发展的关键，满足读者的需要成了这些报社的核心追求。没过多久，这些报纸的吸引力越来越强，市场份额越来越大。许多读者宁看自费的晚报，不看公费的日报。

广告跟着受众走，这些面向市场的报纸经济收入越来越好，各地晚报的经济效益基本上都高于当地的日报。有了经济实力，则设施条件、人才队伍、技术水平等也都能不断提升，使报纸质量、发行能量不断提高，形成良性循环。

这使一些日报社也办起了晚报和其他社会生活类报纸，同时进行自身变革，通过一定程度的市场化运作，有力提高报纸的受欢迎程度。

1992年邓小平发表南方谈话和党的十四大以后，发展市场经济成了社会的主要思潮，新闻传媒的市场化运作在理论和实践上也都获得了长足进展。新闻单位日益重视学习、研究和使用市场策划、市场调查、市场定位、市场营销等理论和方法。结果是谁走进市场早，谁就早得益，谁市场化运作水平高，谁就多得益。

二、集团化整合

集团化整合是利用企业集团的组织形态和发展模式。企业集团是根据集团的章程，以资金、契约为纽带，由众多企业组成的统一体。一般以一两个或若干个主干企业、控股公司等为核心，以该核心控股的成员企业为紧密层，以核心和紧密层机构参股的成员企业为半紧密层，以与核心企业、紧密层企业具有长期稳定的生产经营协作关系的成员企业为松散层。这些成员企业都是独立的法人，既承认企业集团的章程，又有独立经营的资格。

企业集团可获得规模化、集约化的好处，可实现资源共享、优势互补，降低生产和交易成本，并扩大对外影响力。同时，企业集团的各个成员企业作为独立法人，可通过市场协调替代企业内部协调，保持市场竞争压力和市场应变活力，可较大程度地发挥成员企业的积极性和能动性，避免因机构过大、层次过多而使管理成本过高、效率降低、规模不经济。正因此，企业集团的组织形态得以继托拉斯等单体大企业形态之后产生、发展，成为大趋势。

新闻传媒集团的成员单位大致可分为三类。一是文化类，包括书报刊和音像出版机构、广播影视节目制作和传输机构、文艺体育机构等。二是支持和延伸类，包括广告、发行、印刷、信息服务、技术设备等。三是非主业经营类或多种经营类，包括房产、酒店、旅游等。这三类中有的实体机构边界较模糊，含有其他类的经营。

目前中国新闻传媒集团中，支持类和非主业经营类的成员单位可直接采用现代企业制度。文化类成员单位也可成为独立法人，但新闻活动部分仍为事业单位性质。

集团总部一般设有战略研究部之类的智囊机构，和若干横向并列的、实施统一管理部门，如人力资源部、资产管理中心、投资中心、财务中心、技术设备中心、质量管理中心、法律事务中心，有的在纵向上采用企业的事业部制，如上海文广新闻传媒集团，把财经类内容的资源整合成财经事业部，生活时尚类内容的资源整合成生活时尚事业部，还有娱乐事业部、音乐事业部、动画事业部、影视事业部、体育事业部等。

集团化会带来市场过于集中垄断的问题，新闻传媒集团还会有信息和言论过于垄断的问题，因此要防止传媒在一个地方、一个媒体行业过于集中，妨碍多元化和竞争性。

三、社会营销行为

社会营销是市场营销的高级化，是关注社会整体利益、消费者长远利益的市场营销。

　　所谓市场营销，是对产品和服务及其定价、促销和分销进行策划与实施的过程。市场营销观念是适应市场经济的经营思想。在产品经济时代"以产定销""酒香不怕巷子深"，与此相应的有生产观念和产品观念。在卖方之间的竞争较强后，企业又以千方百计把产品和服务推销出去为主要着力点，形成"推销观念"。而在现代市场经济环境下，市场成为全面的买方市场，企业要以买方的需求为中心，"以销定产"；产品售出后，还要做好售后服务，收集反馈意见，不断提高产品质量和品牌声誉。这些就构成"市场营销观念"的主要内涵。

　　过去中国媒体很少，一个地方基本上只有一家日报、一个电台、一个电视台，受众没什么选择余地，基本上是卖方市场。现在媒体多了，数字化使媒体在理论上可以多到几乎无限，买方市场的特征日益增强。许多传媒机构也改变了过去的我说你听、以我为中心的状态，而采用了市场营销方法，根据市场供需状况提供相应的产品，采用相应的价格策略，销售策略，促销策略，开发利用品牌资源。

　　然而单纯的市场营销只追求利润最大化，不顾社会的整体利益，不顾消费者的长远利益。会造成资源浪费、环境污染、妨碍可持续发展，或损害消费者的身心健康，也会受到公众的抵制和社会的制约，最终损坏自己的形象和生存发展环境。于是出现了社会营销观念，即在维护消费者和社会利益的前提下，正确分析目标市场的需要和欲望，对其中符合社会整体利益和消费者长远利益的部分，提供比竞争对手更有效、对消费者更有利的产品和服务，在获得利润的同时，对自己的社会形象和长远利益也带来好处。

　　在西方，社会营销原则一般只有在不影响赢利甚至还能带来更多经济利益时才被采用。新闻机构对社会整体利益、公众长远利益的正、负影响比一般企业更大，新闻传媒又必须把社会效益放在首位，因此更应采用社会营销的原则。在经营中要注重以下两点：

　　1. 以受众的利益和需求为中心

　　市场营销与此前的经营方法的根本区别，并不在于是否承认买方的需求，而是把这些需求放在什么位置。此前只是把它们作为一种考虑因素，而市场营销则要把它们放在中心的位置。新闻传媒的出发点和落脚点都应是受众，不仅在传递信息、反映舆论等过程中当如此，即使是进行宣传教育、引导舆论时也当如此。从传播的效果来看，受众是大众传播的终端，被受众接受与否和接受的程度，便是传播的有效与否和有效的程度。

社会营销与一般市场营销的区别，不在于是否考虑到受众的利益，不在于是否以受众的需求为中心，而在于是否把受众的长远利益也放在中心位置。

以受众的利益和需求为中心，可时时有明确的目标，处处有清楚的价值标准，取得更好的社会效益和经济效益。

2. 关注受众的根本利益与合理需求

受众的利益有个别、眼前、切近、明显利益和整体、持久、长远、潜在利益，后者也可说是根本利益。受众的需求有健康合理的和相反的。受众较容易看到个别、眼前、切近、明显的利益，对受众需求的满足，有的只是迎合、助长了受众中的短视行为，并不符合或有损于他们的根本利益。社会营销不仅以受众的利益和需求为中心，而且当受众的短视与其根本利益有矛盾时，仍坚持后者。当越来越多的受众看到这一点时，便会带来巨大的品牌声誉和经济效益。这也把传媒既要尊重市场规律，又要坚持社会效益第一、不完全以市场为导向统一了起来。

第四节　新闻传媒市场

新闻传媒市场包括新闻媒介、媒体和传媒机构自身产权的市场。

市场能促进流通、集散信息、调节供需、优化资源配置，对中国的新闻传媒还有推动改革的作用。改革开放以来，中国新闻传媒的市场化运作，不断推动传媒机构借鉴现代企业制度，争取独立的经营自主权，让有条件的传媒机构实行企业化转制，并以集团化整合提高市场竞争力。市场也为传媒改革提供了条件。如广播电视系统拟实行节目生产的社会化，除了新闻等少部分节目外，其他节目的制作和播出逐步分离，这要有节目市场体系相配合。对新闻机构，市场机制还促使它们面向受众，最大限度地吸引受众、提高制作和传播质量。充分发展和利用市场，是中国新闻传媒现代化的必由之路。

此外，传媒市场也有不少消极作用。会诱导传媒片面追求盈利，降低社会责任心，趋于媚俗和哗众取宠，甚至搞剽窃盗版等。此外，市场体系不够完善，规范不够健全，竞争不够公平，有些机构故意采取不正当竞争手段，也增加了市场的消极影响。

一、新闻传媒市场特点

新闻媒介是重要产品，但是对许多人来说又不是生活必需品，很难成为供不应求的产品，因此一般是买方市场。而且社会要保持新闻媒介的多元化，防止信息和意见垄断，保持新闻媒介市场有一定程度的竞争性。

新闻媒介对社会的影响比一般商品大许多，其市场受到政治权力、经济权势、利益集团等力量的影响和制约也会较大。

国家的政治结构、政治需要对新闻传媒的体制和市场有决定作用。发展中国家一般对新闻传媒市场的调控力度比较大。中国现在仍面临政治体制改革的重大任务，主要为发展民主，加强法制，实行政企分开、精简机构，完善民主监督制度。政治环境的变化发展是现在和将来决定中国新闻传媒市场状况的最主要因素。

经济不仅直接影响新闻传媒的市场环境，还通过对政治的影响制约而产生根本性作用。中国的政治体制改革，也与经济体制改革和市场经济发展的要求有关，要求有民主的政治环境，稳定的社会环境，完备的法制环境，有效的监督机制。经济发展又是社会稳定、政治体制改革顺利进行的重要条件。这些对新闻传媒的体制和市场带来根本性的影响。

二、新闻传媒市场结构

对新闻传媒来说，竞争又可加强受众观念，使传媒更贴近实际、贴近生活、贴近群众，并提高舆论监督的积极性。

然而规模大的机构可有许多竞争优势，自由竞争的结果是强者越来越强，市场的垄断程度越来越高，竞争性逐步降低。如何兼容竞争活力和规模经济性，形成所谓的有效竞争，保持总体效率最优，成为产业管理调控的重要课题。

中国传媒的集中度从全国范围来看并不高，但从某一地区的媒体行业来看，如某个城市的报业或广播电视业，集中度还是相当高的。

中国新闻传媒分成中央级、省级、市级、区县级的，各级的只能在其所属范围内办新闻传媒，不能跨地区办。还对创办新闻传媒严格审批，如新办报刊和广播电视须有较高行政级别的主办单位和主管单位，因而新卖方的进入壁垒相当高。

如果说，一般行业较为理想的市场形态是垄断竞争市场和适度的寡头市场，那么对传媒业而言，垄断程度应更低，竞争主体应更多元，其产品需更加多样化。

三、新闻传媒市场机制

1. 供求机制

传媒的市场需求主要为受众的需求和广告客户的需求，此外还有对传播内容等的需求，如向电视台购买节目，向新华社订购信息。传媒市场上的需求并不都是应予满足、得到鼓励和助长的，如那些低级趣味的需求。

影响传媒市场需求的变动因素主要有人口的数量和结构，受众的媒介购买能力和消费能力（如阅读报刊的能力）、消费嗜好，媒介效用、价格、获取的方便程度，其他替代品（从类似的媒介到其他文化娱乐活动，如网络游戏），广告客户的需要和购买力。

传媒可以在倾力满足受众和广告客户的需求以赢得市场青睐的过程中，不断提高效用，降低价格，改进服务，刺激需求的增加。需求的发展又可扩大市场，为传媒的发展提供重要条件和动力。如此形成供求相对平衡→不平衡→更高层次的相对平衡，进入良性循环。

物质需求的满足有"定量"，人吃饱了就不吃了，微波炉一户买一个就够了。而精神需求不但不会因满足而消失，反而会由满足而产生更多更强的需求。好电影、好小说可以看几遍，并由此产生出对电影和小说更大的爱好，越看越多。新闻媒介也是如此。

2. 价格机制

市场价格机制一般可分解为价格决定机制、形成机制和波动机制。

从决定机制来看，商品价格的决定基础是价值。在市场中，价格的决定基础又表现为生产价格，即生产成本加平均利润。

价格的形成与供求状况密切相关。供大于求价格就低，小于求价格就高，只有当供求相对平衡时，市场价格才与价值或生产价格大致相符。

价格的波动是经常的，又总是以价值或生产价格为轴心上下波动。导致波动的经常性因素主要有供求关系的变化，价值或者生产价格的变化，货币币值的变化。

价格机制可传递市场信息，调节供求关系，调整经营规模和方向，促进社会资源合理有效地配置，推动传媒机构引入科学的经济体制、经营方略和管理办法，不断提高效率、降低成本，提高质量和信誉，以相对低廉的价格（相对于产品的价值和竞争对手的价格）赢得市场。

价格机制要达到充分有效的程度，必须供求机制灵活，不受过多的阻碍；供应主体的行为市场化，有足够的经营管理自主权；市场结构合理，体系完整，商品市场、生产要素市场、信息市场和市场调控系统完备和成熟。

目前在中国的传媒市场上，价格机制已在相当大的程度上起作用，但仍经常受到市场分割、垄断经营、行政干预等的影响。

3. 竞争机制

市场竞争机制是经济主体运用价格和非价格的手段（如提高质量、改进服务、树立企业和产品的形象）进行市场竞争，产生利益盈损、优胜劣汰。传媒市场上主要为各种供应主体和中介的竞争。

受众的闲暇时间、购买能力、消费能力都是有限的，现代传媒市场中的广告总量也是有限的——主要取决于经济、社会的运行方式和发展水平，广告不在这里做就在那里做，媒介多也不能带来多少广告增量，只是一起瓜分一定数量的广告收入。于是，随着新闻媒介的增多，争夺受众和广告市场的竞争日趋激烈。

竞争能奖优罚劣、激人奋进，有力地提高产业组织的素质和运行效率；能使市场供应者面临压力，尽力降低成本和价格，提高产品质量和服务水平。从而充分开发利用生产要素，提高工作效率和积极性、创造性，采用先进技术和设备，改进经营策略和管理方法，积极寻找和满足市场需求；从而使资源流向利用效率相对较高的地方，形成优胜劣汰。对中国新闻传媒来说，市场竞争还促使他们在一定程度上克服唯上唯权、无视群众等痼疾，更好地服务社会和受众。

对买方来说，竞争可使产品和服务数量充足，品种丰富，质量提高，价格降低，选择余地扩大。

传媒的竞争包括争夺受众和广告客户两个市场，而在一般情况下，广告跟着受众走，因而最根本的竞争是吸引受众的竞争。具体表现为媒介产品和服务的效用、价格和方便性的竞争。

要努力提升竞争的层次，或者说使竞争高级化。从以价格竞争为主转向以质量、服务等非价格因素的竞争为主，从以小规模、低水平竞争为主转向以大规模、高水平竞争为主，对国际竞争从消极防御转向积极参与。

4. 市场机制所受的制约

市场机制受到许多主、客观因素的影响制约。其中有的制约是不必要、不应该的：

（1）产权关系不明确，资产的最终所有权和法人所有权未彻底分离，国家财产与传媒机构自有财产难以界定，国家与传媒机构之间的经济利益划分很模糊，传媒经营管理者的责权利也难以紧密联系。

（2）地区、行业分割，信息、许可、广告、市场等资源的行政性垄断，导致竞争机会和条件不平等。

（3）有关法规不健全和执法不严，有些不正当竞争也未受到及时有效的限制，如违规广告、虚报发行量等。

这些问题都对竞争机制乃至整个市场机制形成制约，以至产生优不胜劣不汰、资源大量浪费等问题。

而有的制约则是必要的。市场机制也会带来负面作用，如使传媒机构片面追求经济效益、忽视公益性需求、不顾社会责任，以及自由竞争必然带来"马太效应"、走向过度垄断。对此既要有制约，又要避免过度制约造成弊大于利。

第二十四章
新闻事业与产业的发展规律

新闻传播事业和产业也有量变到质变、否定之否定、波浪式前进等各种事物发展的一般规律，同时它们也有自己的独有规律，其中又含两"业"的共同规律和各自的独有规律。

两"业"都随着需要和条件而诞生和发展。两"业"的主体部分都是新闻媒介。大部分新闻媒介既属于事业，又属于产业，两"业"也就你中有我、我中有你。两"业"的发展主要表现在新闻媒介系统内部因素和外部因素的作用上，并且都要尽可能实现社会效益和经济效益的统一。

从新闻事业的独有规律来看，新闻媒介总是会受到各种势力的影响和控制，总是要从由少数统治者掌控走向由人民大众掌握；其内容总是要趋于民主化、多样化，其功能总是从单一趋于多元。从新闻传播产业的独有规律来看，新闻媒介受到市场规律的影响，并从经济中心向外辐射；新闻媒介市场与机构都趋于跨媒体、跨地区和全球化；新闻产业又受到新闻事业规律和要求的很大影响。

第一节　发展的影响因素

一、新闻媒介系统内部因素的影响

社会的新闻媒介系统有实体存在的部分和无形的部分。前者有新闻媒介、新闻机构和社会管理机构，如有关党政机构和行业组织，后者包括思

想理论、体例制度、政策法规、职业道德和规范。它们既相互影响，又都
对新闻传播事业和产业有直接的影响和制约作用。

1. 媒介之间的影响

新闻媒介的发展变化，各种媒介的此消彼长，也在很大程度上意味着
新闻事业与产业格局的变动。然而其对整个事业与产业的影响又会受到许
多其他因素的制约，例如，一种新的新闻媒介产生时，如果被政治权势认
为会有颠覆作用，或被社会认为会伤风败俗，这种新的媒介的发展及其对
新闻事业与产业的影响，便会受到很大限制。

2. 社会管理的影响

党的宣传部，政府的媒介管理部门，新闻媒介行业组织，包括新闻工
作者协会以及报业广播电视业等各种媒介行业协会，从不同的角度、以不
同的方式"齐抓共管"着新闻事业与产业。

3. 思想理论的影响

新闻媒介思想和理论对公众、媒介人和管理层产生或显或隐、较长时
期的影响，进而对新闻体制和管理、道德和规范，媒介内容和形式、机构
和行为、受众和市场等，产生深远的影响。因而，新闻媒介思想和理论的
研究和普及具有基础性的意义。

二、新闻媒介系统外部因素的影响

中外传播历史和现状说明政治制度和体制决定了新闻体制，经济、科
技水平决定了传媒业发展水平，社会的价值取向、文化传统和受众的文化
程度制约着传媒的内容和形式，人们随时随地进行传播的需要提升着传播
工具和方法。简而言之，社会需要和社会条件决定新闻体制和管理、机构
和媒介乃至新闻思想和理论、教育和研究。

1. 社会需要的因素

信息、宣传、文化、娱乐等需要，使新闻传播、媒介、事业、产业
应运而生，不断演进。其中，尽可能随时、随地、随心、随意进行传播
的需要，使新闻活动和媒介更快、更广、更多、更方便；政治、经济、
文化、大众社会、人民生活等需要，决定了新闻体制和机构、媒介和
内容。

2. 物质和技术条件因素

传播条件包括物质、技术条件和社会环境条件。物质、技术条件带来传播能力的提升，人类物质文明、传播技术的每一次重要进步，从发明纸张、印刷、电报、广播、电视，到现在的新媒体，都使新闻媒介的质和量产生巨大的飞跃，如印刷、声光、电子技术之于报刊和电子媒体的发展。

3. 政治和经济因素

社会环境条件主要为政治、经济、文化、社会（包括受众）条件。政治的内容包括处理阶级内部的关系，阶级、阶层之间的关系，各大利益集团的关系，以及民族关系和国际关系，等等。政治制度、政治体制决定了新闻体制、机构及其运行，还在很大程度上影响了新闻媒介的布局和主要内容。不论从需要还是条件的角度看，政治对新闻媒介的影响特别大，因此要特别关注新闻媒介的政治环境优化。

由于新闻媒介会有很大的社会影响力，必然会受到各种政治势力的关注、影响、控制、利用。随着政治文明的进步，社会对新闻媒介的管理也必然趋于规范化、法制化，保护、促进新闻媒介的健康发展。

经济对新闻媒介的影响也很大，甚至更为深远。如工业革命给新闻媒介提供了物质、技术和流通条件，提供了城市人群和城市生活方式，社会对信息的大量需求带来生产关系的发展、城市化的进程、大众社会的形成和采用新技术的可能，开辟了对新闻媒介发展的新条件，包括但不限于经济活动需要和经济收入条件。现代新闻媒介的发展，很大程度上依赖于广告，而只有在市场经济中，才有大量的做广告需要。

生产力和生产关系对新闻媒介有重大而直接的影响。生产力主要由生产资料、生产工具和劳动者构成，包括蕴含于其中的科学技术。一个时代的生产力水平决定这个时代的新闻媒介生产能力，包括新闻媒介技术水平。生产力还通过决定生产关系和媒介需求（信息、宣传、广告等需求和购买力）而影响新闻事业与产业。

生产关系是人们在生产过程中形成的相互关系，所有制、分配制都是生产关系的表现。它们显然会对新闻业的生产有直接影响。它们还通过影响生产力和上层建筑，对新闻事业与产业带来间接影响。

经济活动方式也是新闻媒介的重要影响因素。自给自足的自然经济不需要很多信息，市场经济要从市场获取资源和实现价值，需要大量的资金、原料、劳动力等生产要素信息，货价、运费、船期、消费者等市场信息，乃至与市场经济密切相关的政治、军事等信息。正是这些需要，催生了新闻事业形成的标志——近现代报刊的诞生。

4. 文化和社会因素

文化对新闻媒介有更深的影响。文化思想和观念、文化传统和水平，既直接又深远地影响了新闻媒介的思想和理论、规模和品种、内容和形式以及传者和受众。

传统社会中只有臣民意识的民众，与大众社会中具有公民意识的公众，对新闻媒介的期望、要求和利用、参与都大不一样。

社会的空间结构、人群结构、系统结构，也都会影响新闻媒介的格局和内容。如中国东部沿海城市的报纸远多于西部地区，白领阶层的兴起催生、哺育了许多以他们为主要对象的报纸，政党系统的地位和布局决定了党报的地位和布局。

社会上的受众是新闻活动的传播对象和衣食父母，受众的数量、需要、收入、偏好、信仰、文化程度、媒介素养等，都影响着新闻媒介的数量和品种、内容和形式。

新闻媒介可快速增多，在数字化时代更可以几乎无限地增加，而受众的数量和时间、精力和购买力则总是有限的，新闻媒介必然从以传者为中心转向以受众为中心。

第二节　两个效益的对立统一

新闻媒介的社会效益与经济效益有对立性，但不论对于新闻事业还是产业，都要尽可能实现两个效益的统一。

一、两个效益的对立

在许多情况下，好的社会效益并不能带来相应的经济效益，如一些反映和探讨社会深层问题的内容，以及服务于农村地区、少数民族、贫困人群、弱势人群的新闻传播，往往并不能带来数量众多、购买力强、广告商感兴趣的受众，不如替富裕人群服务更能获得广告收入。面向农村、受农民欢迎的报纸很少，农民看不上报成为突出问题，便与此有关。这些情况都需要社会加以调节。

此外，片面追求经济效益也会损害社会效益。如果大多数媒介都只是为富人服务，就会形成接触媒介上的不平等，获取信息和知识上的差距，进而产生机会、能力等一系列的差距。有些传媒为了经济效益而降低格调、迎合低级趣味、搞有偿新闻等，更会直接降低社会效益，甚至产生负面效应。媒体"寻租"就是一种以经济效益甚至不正当的经济收益牺牲社会效益的表现。这里的"寻租"也是一种"权力寻租"，即利用社会赋予的话语权，寻获交易对象。如有些新闻机构和人员利用自己在采访、编辑、发表方面一定程度上的"权力"，向报道对象换取种种"好处"，甚至让舆论监督的对象"花钱消灾"。这些情况都需要社会加以控制。

二、两个效益的统一

新闻媒介的社会效益和经济效益又是可以相辅相成，相互依存、转化和促进的。经济效益能给社会效益的创造提供物质基础，提供资源、设施、技术、人才等条件。经济效益的追求，扩大市场、降低成本、提高收益的努力，可促进传媒积极发掘和满足受众的需求，更贴近实际、贴近生活、贴近群众，更有针对性和吸引力、传播力、影响力，并在一定程度上克服唯上唯权、无视群众等痼疾；促进传媒管理科学化，工作高效化，积极性、主动性、创造性更好的解放和发挥；促进传媒提高国际竞争能力。这些都会带来相应的社会效益。反过来，完全不顾市场效应、经济效益，则会使大众传媒无视受众的需求，缺乏吸引力、影响力和市场竞争力，使传媒机构"吃大锅饭"，效率低下，浪费严重，经济基础薄弱，最终不能产生足够的社会效益。

此外，社会效益也可带来种种直接或间接的、即时或长期的经济效益。社会效益能创造传媒的知名度和美誉度，亲和力和权威性，使传媒获得受众和广告主的青睐，从而提高传媒的各种市场收入和非市场收入。而有些传媒不顾社会效益，通过降低格调、迎合低级趣味、搞有偿新闻等，虽然得到了一些眼前收益，但却损害了传媒的声誉、权威性和影响力，使许多高端受众、重要的广告客户和赞助者避而远之，从长远看无异于杀鸡取卵。

第三节　两"业"各自的规律

一、新闻事业的独有规律

新闻媒介总是会受到各种政治、经济、社会势力的影响和控制。因其有很大的社会影响力，具备设置议题、授予地位等多种功能。有些影响和控制是必要的，有些则是为少数人利益服务的，社会必须有所警觉和防范。

新闻媒介总是要从少数统治者掌控走向人民大众掌握。与此相应，新闻媒介的内容也趋于民主化、多样化，功能从单一趋于多元。这是人类的明智选择。

在新闻传媒也市场化运行的时代，新闻事业又会受到新闻产业独有规律的很大影响。

二、新闻产业的独有规律

新闻产业的发展受到市场规律的影响，包括新闻及其媒介市场的供求机制、价格机制、竞争机制的影响。与此相应，新闻传媒也会从自由竞争走向垄断竞争、寡头垄断，产业主体——新闻机构也趋于规模化、集中化、垄断化。这其中有利有弊，需社会统筹兼顾、全面把握。

新闻传媒机构和媒介市场趋于跨媒体、跨地区和全球化，这其中有机遇也有挑战，需积极应对、及时改进。

新闻产业又受到新闻事业规律和要求的影响。这种影响有的是一种制约，如统治者把新闻媒介仅作为自己的统治工具时，或新闻媒介片面追求经济效益而损害公共利益时；有的又是一种促进，如可推动媒介繁荣，提升媒介声誉和效益。

参 考 文 献
References

［1］陈力丹. 马克思主义新闻观百科全书［M］. 北京：中国人民大学出版社，2018.

［2］胡惠林，等. 中国文化产业发展指数报告（CCIDI）［M］. 上海：上海人民出版社，2012.

［3］匡文波. 新媒体理论与技术［M］. 北京：中国人民大学出版社，2014.

［4］刘建明. 当代西方新闻理论［M］. 北京：中国人民大学出版社，2015.

［5］陆学艺. 发展社会学［M］. 北京：中国社会科学出版社，2010.

［6］栾轶玫. 融媒体传播［M］. 北京：中国金融出版社，2014.

［7］牛静. 全球媒体伦理规范译评［M］. 北京：社会科学文献出版社，2018.

［8］彭兰. 社会化媒体：理论与实践解析［M］. 北京：中国人民大学出版社，2015.

［9］魏永征，张鸿霞. 大众传播法学［M］. 北京：法律出版社，2007.

［10］谢金文. "新闻策划"的概念不确切［J］. 中国广播电视学刊，1998（1）：76 - 77.

［11］谢金文. 海湾战争与美国新闻媒介的倾向性［J］. 国际新闻界，1997（6）：32 - 36.

［12］谢金文. 论新闻媒介的私人物品性［J］. 上海交通大学学报（哲学社会科学版），2006（6）：69 - 75.

［13］谢金文. 市场营销原理在报刊经营中的运用［J］. 新闻出版交流，1996（5）：7 - 9.

［14］谢金文. 消除新闻传媒舆论监督的盲区［J］. 上海交通大学学报（哲学社会科学版），2004（5）：66 - 69.

［15］谢金文. 新闻学导论［M］. 北京：清华大学出版社，2014.

［16］谢金文. 新闻学三维新论［M］. 上海：上海交通大学出版社，2016.

［17］谢金文. 中国传媒产业概论［M］. 上海：上海交通大学出版社，2007.

［18］谢金文. 中外新闻传播史纲要［M］. 北京：北京大学出版社，2013.

［19］谢金文. 中外新闻史概要［M］. 上海：上海人民出版社，2015.

［20］新华社新闻研究所. 邓小平论新闻宣传［M］. 北京：新华出版社，1998.

［21］中国社会科学院新闻研究所. 中国共产党新闻工作文献汇编［M］. 北京：新华出版社，1980.

［22］中国社科院新闻研究所. 马克思恩格斯论新闻［M］. 北京：新华出版社，1985.

［23］中央文献研究室和新华社. 毛泽东新闻工作文选［M］. 北京：新华出版社，1983.

[24] NASH C. What is Journalism: The Art and Politics of a Rupture [M]. Houndmills, Basingstoke, Hampshire, UK: Palgrave Macmillan, 2016.

[25] Ellis G. Trust Ownership and the Future of News: Media Moguls and White Knights [M]. Houndmills, Basingstoke, Hampshire, UK: Palgrave Macmillan, 2014.

[26] TERRY F. New Media: Fourth Edition [M]. Oxford, UK: Oxford University Press, 2014.

[27] MEIKLE G, YOUNG S. Media Convergence: Networked Digital Media in Everyday Life [M]. Houndmills, Basingstoke, Hampshire, UK: Palgrave Macmillan Press, 2012.

[28] KALYANGO Jr. Y, MOULD D H. Global Journalism Practice and New Media Performance [M]. Houndmills, Basingstoke, Hampshire, UK: Palgrave Macmillan, 2014.

后 记
Postscript

    复旦学兄秦绍德力倡"写传世之作，发警世之言"，笔者深以为然。论著的重要性、持久性与科学性成正比，科学性除了需要智慧，还需要耐得住寂寞，甚至要承担风险，而赶时尚则可带来超额利润，甚至一本万利。这不仅考验作者，也考验编辑、出版机构和管理层。

    本书吸收了同仁的研究成果，资料收集整理也得到一些研究生的帮助。尤其要感谢曾经的同事和永久的老师魏永征研究员，上海社会科学院毕业的硕士生肖华东、朱秀泉、孙义；上海交通大学蒋宏教授、博士生董开栋、卢垚、王健美，硕士生林诗吟、谢婷、张杨、王珏瑶、龙慧君、徐金忠。中国新闻学会常务理事商娜红教授曾审阅并提出宝贵意见，中国新闻社杨明静帮助校勘全书，兹一并致谢。

谢金文

2019 年 8 月 10 日